WIZARD

WIZARD BOOK SERIES Vol. 127

投資家のための投資信託入門

引退までに年間経費の20倍を貯めるために

ジェラルド・アペル[著]
長尾慎太郎[監修] 井田京子[訳]

OPPORTUNITY INVESTING
HOW TO PROFIT WHEN STOCKS ADVANCE, STOCKS DECLINE,INFLATION RUNS RAMPANT, PRICES FALL, OIL PRICES HIT THE ROOF, ...AND EVERY TIME IN BETWEEN

Pan Rolling

Authorized translation from the English language edition, entitled
OPPORTUNITY INVESTING : HOW TO PROFIT WHEN STOCKS ADVANCE, STOCKS DECLINE, INFLATION RUNS RAMPANT, PRICES FALL, OIL PRICES HIT THE ROOF, ... AND EVERY TIME IN BETWEEN, 1st Edition, ISBN : 0131721291 by APPEL, GERALD, published by Pearson Education, Inc., publishing as Financial Times Prentice Hall,

JAPANESE translation rights arranged with PEARSON EDUCATION, INC., publishing as Financial Times Prentice Hall through JAPAN UNI AGENCY, INC., TOKYO JAPAN

監修者まえがき

本書は、ジェラルド・アペルが投資信託の選択とトレードに関する解説を著した“Opportunity Investing”の邦訳である。アペルといえば、MACDの開発者としてその名が知られているが、同時に大規模なファンドの運用者でもあり、また精力的に執筆活動もこなしている。日本における彼の既刊本としては『アペル流テクニカル売買のコツ』（パンローリング刊）があり、個別銘柄のテクニカル分析について学ばれたい方は、こちらを参照されるとよいだろう。

ところで、投資活動に熱心な投資家の場合、投資信託に目を向けることはあまりないようだ。その理由のひとつには、投資信託というカテゴリーが初心者向けの商品であると認識されていること、また日本における投資信託の歴史のなかにおいては必ずしも投資家にとって満足できる結果が得られてきていないことがあるだろう。だが、投資信託にまつわる最大の不幸は、その実態が一般にきちんと理解されていないことにあるように思う。

ここで、商品としての投資信託の特性を整理しておくと、投資信託とは、まず初めに、投資するアセットクラス（ユニバース）を定め、次に運用方針を決めて、その投資コンセプトを売るシロモノなのである。したがって、運用上の巧拙は、その絶対パフォーマンスに対し、事実としてほとんど影響を及ぼさない。つまり、提示されたコンセプトに同意して投資家が投資信託を購入した瞬間から、絶対リターンでのパフォーマンスの責任はほとんどが投資家自身にあるのである。一方、運用者が負うべきパフォーマンス上の責任はわずかにベンチマークとの差異にのみ存在することになる。

ここにおいて私たち投資家は、投資信託を選ぶ際には投資対象としてのアセットクラスの選択と運用スタイルに関して、自らがまっとうな選択眼を持たなければいけないということになる。なぜなら機関投資家ならいざ知らず、個人投資家にとっては絶対リターンこそが重要な目的だからである。このような文脈において、投資信託とはけっして初心者向けの商品などではないのである。

さて、個人投資家は一般的に次の２つのタイプに大別できるようだ。

最初のタイプは、投資・トレードを行うアセットクラスを決め打ちし、テクニカル分析などでタイミングを計り、メカニカルなアルゴリズムからなる聖杯を探そうとするタイプ。

そしてもうひとつのタイプは、ファンダメンタル分析などで、常に何を買うべきかを探し求めるタイプである。だが、現実には「どの銘柄でも儲かるパターン」もなければ、「いつ買っても儲かる銘柄」も存在しない。したがって、大なり小なりどちらのタイプの投資家においても、アセットクラスの選択の研究も、タイミングに関する研究も重要なことなのだ。

上記のことを踏まえて考察すれば、投資対象としての投資信託はけっして悪い商品ではないことが分かる。なぜなら、投資信託には個人投資家ではアクセスできない（あるいはアクセスが困難な）アセットクラスに投資できる商品がそろっており、かつそのほとんどは毎日売買が可能だからである。この意味において、アペルが著した本書の意義は大きいといえるだろう。本書には単なる投資信託の選択法だけではなく、状況に応じてスイッチするために最適なタイミングに関する言及があり、これを参考にして運用すれば、個別銘柄の選択に悩まされることもなく、投資信託のみで十分に魅力的なパフォーマンスを獲得できるであろう。

また、本書にはアペルの先見の明を反映して、外国株式、REIT、コモディティといったアセットクラスにも十分なページ数を割いて解説されており、原書が発行された段階で本書のアドバイスに従った個人投資家はかなり優位に立てたものと確信する。

最後に、翻訳にあたっては以下の方々に心から感謝の意を表したい。井田京子氏には、正確な翻訳をしていただいた。そして阿部達郎氏にはいつもながら丁寧な編集・校正を行っていただいた。また、本書が発行される機会を得たのは社長である後藤康徳氏のおかげである。

2007年9月

長尾慎太郎

本書を孫たち――ミリー、キャロライン、アレクサンドラ――と世界中のすべての子供たちに捧げる。彼らが大人になったときに、今以上に平和で良い世界になっていることを祈って。

CONTENTS

第2章 勝利を呼ぶポートフォリオの構築 47

第3章 最も成功しそうな投資信託を選ぶ 75

CONTENTS

CONTENTS

謝辞

株式市場で、長年にわたってさまざまなことを教えてくれた数多くのテクニカルアナリストとファンダメンタルアナリストたちに感謝を述べたい。なかでも、株式市場を理解したり本書の内容を充実させたりするために大いに役立つリサーチと知識を提供してくれたネッド・デービス、エール・ハーシュ、ジェフリー・ハーシュにはお礼を述べたい。

また、シグナラート・コーポレーションのリサーチとポートフォリオのスタッフであるマービン・アペル博士、ローニー・ネルソン、ボニー・ゴートラー、アーサー・アペル、ジューン・チョイにも感謝している。彼らは編集とリサーチに貴重な貢献をしてくれた。

そのほかにも、プレンティス・ホール社の編集と校閲スタッフは、有益で読みやすい作品を作るための励ましと協力、そしてコメントや提案を寄せてくれた。

そしていつものように、最後は結婚50周年になる妻のジュディに、過去も現在も含めて彼女のすべてに感謝を捧げたい。

ジェラルド・アペル

初めに――新しいチャンス

Introduction : New Opportunities

世界は変化している。

もし疑うのなら、新聞を見てみるがいい。

経済と政治の力が結集している場所が、ヨーロッパから（そしてもしかしたらアメリカから）中国や韓国、南アメリカ、そしてそれ以外の発展途上国に移行している。また、核開発をもくろむ比較的弱小国の北朝鮮やイランやブラジルによって、世界の安全が脅かされつつある。

このなかには、良いニュースもあれば、そうでないものもある。変化は問題や不安や恐怖を伴うもので、チャレンジしなければならないこともある。また、進歩や向上、そしてチャンスとも深くかかわっている。

本書はこれらのことについて書いたもので、アメリカの国内外で見つかる投資チャンスを最大限に活用する手助けになるようデザインされている。このなかには、通常のチャンス、つまり株式、債券、投資信託、マネーマーケット関連商品だけでなく、多くの投資家があまりなじみのない商品、外国債券、外国株、不動産関連商品、発展途上国向け投資なども含まれている。本書を読むことで、どこに上のようなチャンスがあり、どれが投資すべき優れた対象かを探し当て、どのタイミングで売買すればよいのかということを学ぶことができる。また、今の自分と自分の経済状態に合い、適切に分散されバランスのとれたポートフォリオを構築する方法も身につけてほしい。

ただ、もしかしたら投資にかかわるリスクをどのように許容したり減らしたりするかということのほうがさらに大事かもしれない。そこで、タイミングテクニック、分散戦略、「割安品」の探し方、インフレやデフレのトレンドを利用する戦略なども学んでいくことにする。

積極的な運用の必要性

資産を増やしていくためには、正しい情報を得て、積極的に運用していくことが今後ますます必要になる。退職金と社会保障の遅延や停止に向けた動きはすでに始まっており、これによって多くの家庭が経済的支柱を失うことになる。さらに、社会保障を「民間」主導にして政府の責任で社会保障資産を増やしていく代わりに個人の責任とした結果、多くの投資家が401Kやその他の退職金制度にかかわる決断を迫られ、さまざまな分野の判断とリスクが政府から個人へと移行した。しかし、無知な投資が重大な結果につながるであろうことは十分予想できる。

積極的かつ十分な知識に基づいた自己管理

受け身の投資家は、投資資本を１つか２つの有名投資信託に投入して、長期の成功を祈る。また、株のブローカーにポートフォリオの構成を任せてしまっている場合もある。どちらのケースも、受動的な投資を推奨し、何があってもバイ・アンド・ホールド戦略を貫き、大勢の顧客と多額の資本を管理する立場から画一的な投資をするであろう他人に管理を任せてしまっている。このアプローチは、株が素晴らしい投資先だった1980年代や1990年代ならまだ良かったが、それ以降はうまくいっていないし、将来の投資先として機能するかどうかも分からない。

積極的な運用の投資家は、さまざまなところから情報（や助言）を積極的に探し出してくるが、それらの情報を自分自身で処理し、評価し、独自の判断を下し、長期と短期の投資計画に基づいて行動する。ただ、これらの計画は、古い投資チャンスが消滅して新たなチャンスが生まれたときには修正を加えていく。

彼らは本当の運用スタイルを取り入れ、長期と短期の投資目標を立て、潜在リワードとリスクのバランスを考慮し、柔軟な姿勢を保っている（投資の条件が変わったときはすぐにコース変更ができるようにしている）。また、彼らはそのために役立つ投資テクニックを習得し、応用する意欲がある。

本書の目的は、読者が「彼ら」のひとりになれるよう手助けすることにある。

本書の使い方

本書は、投資先をモニターする熱意や時間が限られている場合でもメリットはあるし、投資計画にもっと時間と労力をかけたい投資家にはさらなる利点があるようデザインしてある。

最初のセクションでは、おなじみの基本的な投資分野や潜在利益、落とし穴、低リスクでより大きなリターンを得ることができるポートフォリオ構築のための戦略などを紹介する。どの投資先がより大きなリターンを生むかについてインフレ時とデフレ時に分けて比較し、リスクと利益、分散（時間、セクター、地理的など）の度合いに見合った高収益を守るための方法、さらにはオープンエンド型やクローズドエンド型投資信託とETF（株価指数連動型上場投資信託）の選び方についても学んでいく。そのあとは、長期的に優れたパフォーマンスを上げる条件が整った最も成功が見込める投資信託（全体の１％にも満たない）を集めた「初心者向けポートフォリオ」を紹介する。また、たったひとつの投資テクニックで投資パフォーマンスを格段に向上させる方法も伝授する。

本書を読み進めていくと、より積極的で熱意のある投資家はマーケットタイミングのテクニック（一般的なものも特殊なものも含めて、いつその投資対象を仕掛けるか、あるいはいつ現金や現金相当物で保有すべきかということ）を学んでいくことができるようになっている。また、さまざまな投資対象のレラティブストレングスの測定方法を習得することで、ポートフォリオを見直してパフォーマンスの良い部分に重点を置いたり、悪い部分を減らしたりすることも可能になる。

簡単に言えば、まずは何を買うべきかと、投資ポートフォリオの構築の仕方に関するテクニックを学んでいく。これだけでも投資結果は向上するだろうが、本書ではいつ投資して、いつ控えるべきかを知ることで、リターンをさらに上げていく。

われわれは、変化しながらチャレンジとチャンスをもたらす世界で生きている。さあ、この世界に飛び込んでいこう！

第1章

バイ・アンド・ホールドという神話

The Myth of Buy and Hold

ラジオ・コーポレーション・オブ・アメリカ（RCA)、シスコ、ゼネラル・モーターズ（GM)、トランスワールド航空（TWA)、アドミラル、パンアメリカン航空（パンナム）といった企業の共通点は何だろう。実は、これらはかつてみんなアメリカの重要企業だったが(大部分がニューヨーク証券取引所の上場銘柄)、大きく上昇したあと下落してしまったという歴史を持っている。例えば、シスコの株価は1992年の４ドルから2000年初めには82ドルまで上昇したが、2004年にはまた８ドルに下げている。一時は企業のなかの長老的存在で、アメリカ最大の社員数を誇ったGMも、1973～1974年の巨大ベア相場で付けた11ドルから2000年初めには94ドルまで回復したが、その３年後には31ドルまで下落し、そのまま下げ続けて2005年第４四半期には倒産の瀬戸際に立たされている。そして、GMに代わって民間企業のリーダーの地位についたのが、社員数110万人を誇るウォルマートだった。

RCAは、1920年代に家庭用ラジオとラジオ放送のパイオニアとして躍進した企業で、株価は1920年代半ばの11ドルから1929年９月には114ドルまで上昇したが、1932年には３ドルまで落ち込んだ。1960年代に人気を博したテレビメーカーのアドミラルも似たような運命をたどり、復活することはなかった。TWAとパンナムも一時は投資家に大いにもてはやされたが、航空業界再編を生き延びることができなかった。通常、医薬品業界は投資先として安定したセクターのひとつと言われているが、メルクの６ドルから72ドルに上がって28ドルまで下げるというジェットコースター並みの展開は止めることができなかった。Mのつく大手企業と言えばメリルリンチもあるが、こちらもメルクと同様、わずか10年間で６ドルから91ドル、そして26ドルまで下げている。

このような高騰と下落は、個別銘柄に限ったことではない。5500銘柄以上を擁するナスダック総合株価指数は、1984年の約230から2000年には5133まで上昇し、2002年のベア相場の底では1108まで下げている。さらに伝統あるS&P500でさえ、最近も1527.46（2000年）から768.63（2002年）まで49.7％という下げを記録している。

ここでのポイントは簡単だ。ウォール街や投資信託業界が何と言おうと、株を買って保有することにはリスクが伴う。これはたとえ長期投資であっても同じことで、特に株式市場が周期的に落ち込んでいるとき（例えば1930年代、1973～1974、最近では2000年～2005年前半まで）に資産を引き出す必要がある場合はよく覚えておいてほしい。

さらに、1980年代から1990年代（最強の20年間）にかけてはうまくいっていたバイ・アンド・ホールド戦略も、近い将来そううまくいくとは思えない。経済学者のポール・クルーグマンが2005年２月１日にニューヨーク・タイムズ紙に寄稿した記事によると、過去75年間のアメリカの経済成長率が年間3.4％だったのに対して、2005～2080年の平均はわずか1.9％にとどまる見通しだという。株価の動向が経済成長を反映していることを考えれば、アメリカの株式だけに投資していると、リターンが今後の人生にかかる費用の資本成長率に追いつかないということも十分あり得る。

図1.1　強い10年と弱い10年が交互になる場合が多い

概して株式保有によるリターンは10年ごとに変動し、強い10年と弱い10年が交互に起こることが多い。このなかで、1980〜1999年という長期にわたって好調だった20年間は非常に珍しいケースと言える。一方、弱含んだ2000〜2005年は、株式市場がその前の20年間の過度の投機レベルから平常レベルに戻るには長い時間がかかるということを表している

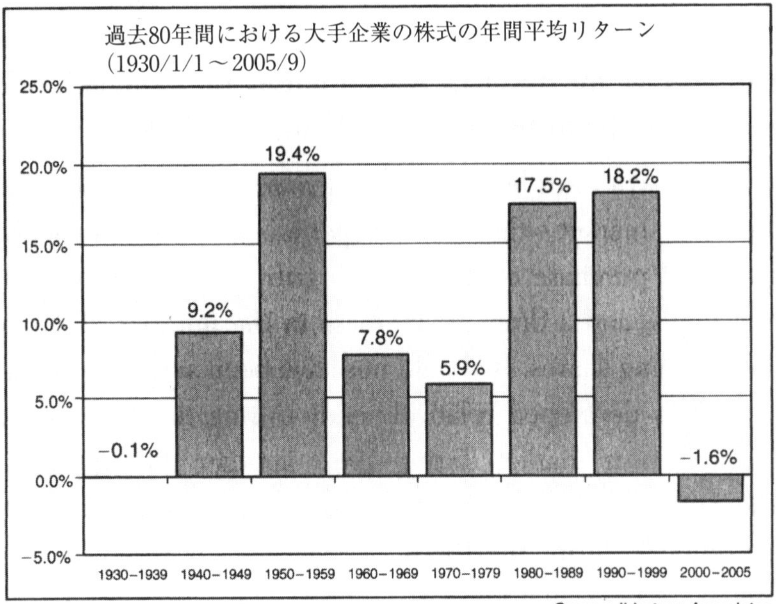

Source: Ibbotson Associates

株式投資のリターンの変化

図1.1は、1930〜2005年の約75年間における株式市場のパフォーマンスの変化を示している。

株式市場に対する投資家の期待は、大きな市場環境の変化を先取りするよりも、現状に引きずられることのほうが多い。例えば1920年代の投資家は「根拠なき熱狂」に浮かれていたが（FRB議長が1990年代をこう表現した)、1929年の株式市場暴落のあとは、みんな極めて注意深くなった（大恐慌と1930年代の株のリターンがトントン以上にならなかったこともそれを後押しした)。株価は全体的な悲観主義を反映し、この時期の「高リスク」銘柄の配当利回りは通常の債券利率を上回っていた。

投資家の警戒心は1940年代まで続いたが、この間に株式市場の動きは大幅に改善し、その10年間のリターンは20世紀の平均リターンとほぼ同水準の年率9.2％まで上昇した。この傾向はその後も続き、1950年代の年率リターンは19.4％に達している。

このような成長率は株式市場に対するさらなる楽観的な期待を生み出し、手数料前払いの複数年投資信託の契約が始まった。アメリカでは高い購入手数料（ロード）を支払って、投資信託を購入する家庭が激増したのだ。しかし、1960年代の比較的早い時期からベア相場が起こりつつあったことは驚くに値しない。このとき、1962年、1966年、そして1960年代の終わりにかけて短期だが深刻な３つのベア相場があったが、それでも全体として見ればこの10年間の株式市場は利益を出していた。

不安定な株式市場は1968年末から1970年代にかけたベア相場から始まり、その間に1970年５月までのベア相場や1973～1974年の下落、1977年の下げなどがあった。ちなみに、この時期は長期投資よりも「トレード」のほうが有利だった。そして、このあと栄光の20年間と呼ばれている1980年代と1990年代に突入していくのである！

発展するテクノロジーが統合し、しばらく続いていた不景気が過ぎ去り、冷戦も終結し、経済成長が進み、金利が下がり、投機熱が高まると、株価は常に上昇している状態になる（ただ、ときどき中程度の下げで中断されることはあった)。このような上昇を後押ししていたのは、投機的な取引の増加と、株価上昇が永遠に続くと信じる空気だった。2000年のブル相場の天井では、S&P500銘柄の配当利回りは平

図1.2　ブル相場の天井を打ったあと15年間も低パフォーマンスが続いた日本の株式市場

1989年末の投機バブルのピークのあと、日本の株式市場にはさまざまなトレードチャンスがあったが、長期投資家にとっては難しい時期だった

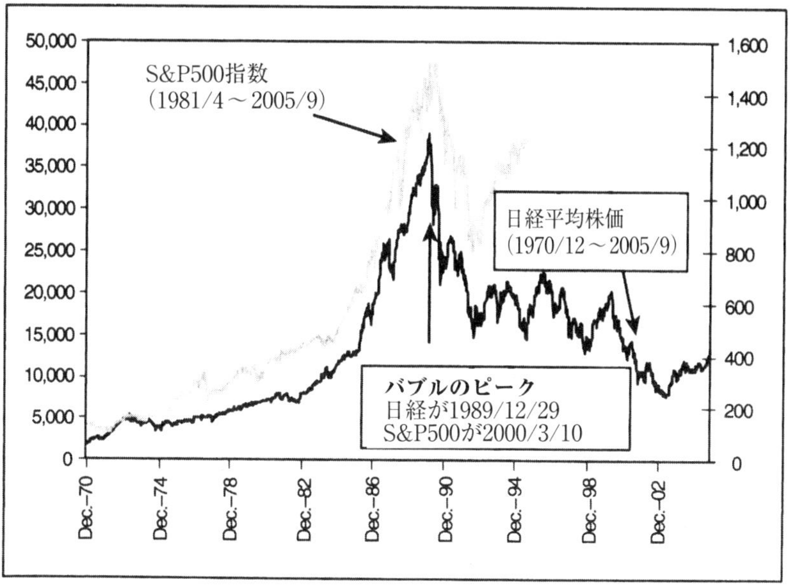

均１％未満で、株価は企業の収益１ドルに対して１株当たり46ドル、資産１ドルに対して１株当たり６ドル、つまり株の実質的な価値と比較した倍率は1930年代初め以来最も高くなっていた。

しかし、2000年５月、ついにそのときが来た。

投機バブルのあとは投資のパフォーマンスが平均以下の年が続くことが多い

日本の株式市場は1989～1990年に付けた天井のあと下落し、いまだ回復していない。

図1.2はS&P500と日経平均株価のピークとそれ以前の期間をそろえて表示したものだが、２つのマーケットの類似点は非常に印象的だ。もしS&P500が日本の株式市場と同じ道をたどるとすれば、少なくとも2010年までマーケットは回復しないということになる。

これはさほど珍しいことではない。1980年の冬が終わるころ、パニック買いによって金は１オンス当たり800ドルのピークを付けたが、そのあと金の価格は2005年の大部分も１オンス当たり500ドル以下にとどまっていた。そして、丸26年が経過した2006年に、最初の４カ月でようやく１オンス当たり650ドルまで上昇した。

教訓——柔軟に、機を見て行動できる投資家になる

この点に関してはしつこすぎるかもしれないが、それは許してほしい。「常識」的なアドバイスのなかには、心配するな、株を信じて「最後まであきらめるな」というたぐいがあまりにも多すぎる。

確かに、株式市場は素晴らしいチャンスを提供してくれると思う。しかし、それは債券市場だって、商品市場だって、外国市場、コイン、切手、時計、アンティック、美術品、不動産だって同じことだ。良い投資チャンスは一部の投資家のところにだけ現れ、ほかの人のところには来ないことがある。最高のチャンスが、大部分の投資家が待ち構えていたり、まったく無頓着だったりするときに表れることもよくあるし、世界中が楽観的な気分に浸っているときにはあまり出てこなかったりもする。

ここでの教訓は簡単なことだ。潜在的チャンスのあるすべての分野においてエキスパートになる必要はない。すべてどころか、大部分ですら必要ない。かなりの数さえいらない。しかし、さまざまな投資セクターに分散された柔軟なポートフォリオを維持していくために、少なくともある程度の数のマーケットについてある程度の知識を持って

おく必要はある。そして、その過程で投資するつもりのいくつかのマーケットの動向に関して十分な知識を蓄え、正しいタイミングで手仕舞うための戦略を立て、実行していくことができるようにしておいてほしい。

成長目標――『マジック20』

ほとんどの人はできるだけ多くの資本を蓄えたいと思っているが、それをうまくできる人もいれば、できない人もいる。また、消費パターンは、個人によっても、家庭によっても、地域によっても違う。しかし、多くの家庭では、資本として年間経費の20倍の蓄えがあればうまくいく。これが「マジック20」だ。

しかし、なぜ20倍なのだろう。もし年間経費の20倍の資本を持っていれば、年間の投資リターンがわずか５％でも（一般的にＴボンドなどの最もリスクの低い商品で達成可能な利率）、最小限のリスクで少なくともある程度限られた期間であれば現在の生活水準を維持できる（５％のリターンは資産の20分の１に当たるため）。もちろん、インフレの影響も考慮してもう少しリターンを増やすことができればさらに良い（特に資産が縮小しても大丈夫になる人生の終盤までは）。そのうえ、もし経費や税金やインフレ調整後の資金を増やすことができれば、さらに理想的だ。

ちなみに、インフレは小さな問題ではない。お金の価値は、インフレによって16年ごとに約半分になると言われている。60歳のアメリカ人なら、あと22年の平均推定余命があるが、もし65歳で退職したら、退職金の価値は81歳になるころには約半分になってしまうのである。資産が生み出す収入でまかなえるのは、もし状況が変わらなければ、物品やサービスや行楽費や家の維持費やそのほかの経費の約半分ということになる。

仮にインフレが平均４％で（過去の平均より高め）税金が20％とすると、税金を支払ってインフレに対応できる５％の追加収入を確保するためには、毎年資本に対して約11.25％の利益を上げていかなければならない。

例

- 当初の資産額を100万ドルとする（生活費をまかなうために必要な収入＝５万ドル）
- 11.25%、つまり11万2500ドルの投資利益を得る
- 税金は２万2500ドル（11万2500ドルの20%）
- 税引き後の９万ドルから生活費の５万ドルを支払う
- インフレ対策として、残りの４万ドル（当初資産の４％）を資産に組み入れる

こうして見ていくと、「マジック20」はもしかしたらマジック40とか45に変えるべきかもしれない。

成長目標のゾーン

結局のところ、幸運にも十分な資金があれば５％程度のリターンでやっていける。このリターンだと年月とともに資本が若干減少していくかもしれないが、十分年をとっているか十分お金があれば（あるいはその両方なら）、寿命が尽きるときにお金がなくなるというリスクも許容範囲に収めることができる。

しかし、不幸にも十分な資金がない人、もしくは幸運にも平均寿命より長生きする人は、これから生活水準を下げていくか、リターンを

上げていくしかない。もちろん後者は必ずしも簡単ではないが、これから紹介するタイミングと資産配分の戦略を使うことで、11.25％以上のリターンをゴールとして掲げることにする。

簡単に言えば、「マジック20」は「ホープ45」に変わるのである。

受け身ではなく積極的な資産運用

ウォール街の大手企業は通常保守的な運用を勧める。好きな銘柄や投資信託や債券を買って、いつ何時も保有し続け、お金が必要になったときに株式市場や債券市場が上向きにスイングしていることを期待しろというのだ。これは必ずしも最悪の戦略というわけではないが、もちろんそれは株価がそれまでの半分以下まで下がった2002年半ばに資産を引き出す必要がなければの話だ。

本書を読み終えるころには、読者も自分の資産を積極的に投資して、通常の保守的な投資リターンを向上できるようになっているだろう。積極的な運用によって次のようなことが可能になる。

●投資の世界全体を積極的に見渡し、リスクが同程度の投資対象のなかで平均以上のパフォーマンスを上げそうな投資分野（とそのなかの個別投資先）を選ぶことができる。言い換えれば、いつ債券や株式や金や不動産や外国投資に重点的に投資し、いつマネーマーケットやそのほかの安全な投資先に資金を避難させるべきかがある程度分かるようになる。

●投資対象が上昇するときに初期段階で仕掛けたり、比較的天井に近いところ（最高値の前後）で手仕舞ったりすることができるようになる。これは、だれよりも早く仕掛けたり手仕舞ったりするということではなく、大きな上昇の大部分をつかみとり、いつか必ずある下降スイングの大部分を避けるということを意味している。

●そして最後に、どの分野でもときどき現れる特別なチャンスに注意を払い、それを生かせるよう対処する力と準備と意欲を整えておく。

積極的かつ成功する運用を行うことのメリットは明らかだろう。

分散――投資で成功するためのキーポイント

積極的な運用の一環として何もしなくても、投資口座を適正に分散しておけば、おそらくリスクを大幅に縮小できるし、リターンも向上するだろう。

分散とは投資先をさまざまな分野に配分することで、こうすれば1カ所に投資して全部が同時に上昇したり下降したりすることを避け、全体としてはスムーズに動くことでボラティリティを下げることができる。投資信託に人気があるのは、1～2銘柄を買うより分散されていて、リスクを低く抑えることができるからだ。分散については、このあともさらに説明していく。今のところは、自分のポートフォリオをどのように分散できるか考えておいてほしい。

世界中の先進国を対象とした地理的な分散

世界の経済バランスは、目に見えて変化してきた。長年、アメリカとヨーロッパ（アメリカほどではないが）の経済が世界の中心として西側諸国の株式と債券市場に影響を与えてきた。そして、1980年代になると経済力をつけた日本が台頭してきた。しかし、日本市場は国内の投機バブルに突入して高騰し、1989年に終焉を迎えたバブルはまだ完全には回復していない。

図1.3は、外国の株式市場（EAFE指数）とアメリカのS&P500指数を比較した相対的なパフォーマンスの変化を示している。

図1.3　S&P500とEAFE指数の比較（1999～2005年）

1995～1999年はアメリカ市場が231％上昇して69％のEAFE（ヨーロッパ、オーストラリア、極東）指数を明らかに上回っていた。ところが、2000～2002年のベア相場では2つの指数のパフォーマンスがほぼ同じになり、2003年以降は外国市場がリードし始めた

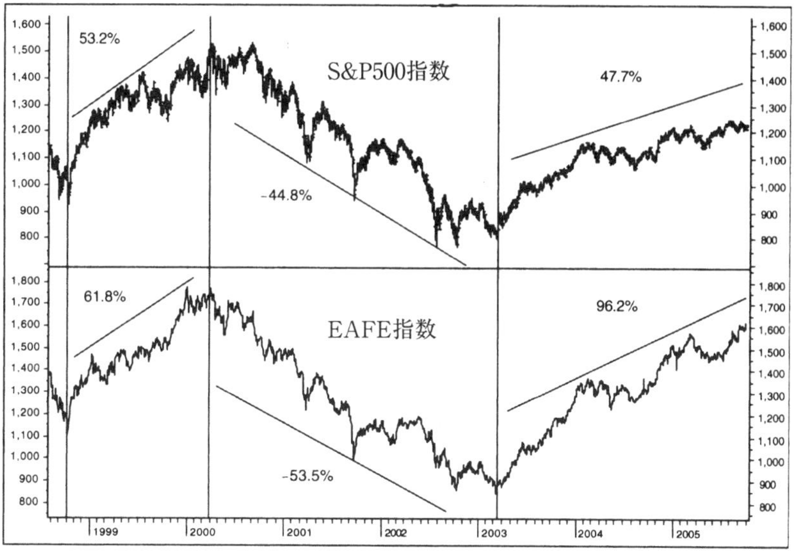

近年、特に2002年以降、経済的な繁栄はアメリカから中国（最も明らかな例）、インド、ニュージーランド、メキシコ、ブラジル、オーストラリアへと広がっていった（これらはほんの一例でしかない）。以前は製造業の盛んな国が世界経済の牽引役だったのに対して、最近は製造に必要な原材料を提供できる国が経済力を付け始めている。そしてその結果、ニュージーランド（商品が基盤の経済）の通貨が米ドルに迫る競争力を持ち始めている。また、かつてはアメリカに立ち遅れていたニュージーランドの株式市場も、それ以外の新興国市場と同

様、アメリカに迫る競争力を付け始めている。

外国とアメリカの相対的な経済力は、それぞれの通貨や株式市場の力関係にも反映されている。例えば、カナダドルの長期的な強さは米ドルに勝っている（通貨の力関係については、外国債券にかかわる投資チャンスのところでさらに述べる）。

ここでの教訓は明らかだ。何十年もの間、外国の株式市場のパフォーマンスがアメリカを上回っていたのに、みんなアメリカの株を買っていたのだ。しかし、その時期はもう終わった。今、取るべき戦略は、世界中の株式市場を観察して牽引役を探し出し、少なくとも資産の一部を世界の主要な株式市場に分散することだ。これから、このやり方と、それをすぐに実行に移せる手段を説明していく。

地理的な分散——外国債券と国内のインカム投資

同じ流れのなかで、外国政府が発行した債券関連商品のなかにもアメリカ政府による同様の商品より優れたチャンスを提供してくれるものが数多くある。例えば、2004年にはアメリカの１年物のＴノートの利回りが約２％だったのに対して、ニュージーランド政府が全額保証する１年物Ｔノートの利回りは６％を超えていた。この債券に実質的な信用リスクはなく、あるのは為替リスクだけだ。しかし、投資家が米ドルをニュージーランドドルに換えてニュージーランドドル建ての債券を購入したとして、もしこのままニュージーランドドルが上昇し続ければリターンはさらに向上するし、もしニュージーランドドルが米ドルに対して下落してもリターンの一部で相殺できる。

つまり、年率４％の金利収入は実質的に保証されていると言ってよく、通貨の変動によってそれがさらに向上するかもしれないし、しないかもしれない。当時の米ドルの弱さを考えれば、この投資は積極的な投資家にとってダブルチャンスとも言えるものだった。

オープンエンド型やクローズドエンド型（証券取引所に上場されていて既存の株主と新規の株主の間で取引できるもの）など、外国株式や外国債券に投資することができる投資信託も数多くある。これについては本書を通してさらに説明していく。

まずは、グローバルな視点で考えることから始めてほしい。分散すればリスクを減らすことができるし、多くの場合チャンスとリターンを増やすことができる可能性が高い。

なだらかなパフォーマンスとリスク削減をもたらすセクターの分散

表1.1と**表1.2**は、同時期に上下しないさまざまなセクターをポートフォリオに組み込んで、セクターごとの損失と利益が相殺するように分散させることのメリットを表している。こうすることで、ポートフォリオ全体のパフォーマンスは、個別のセクターのパフォーマンスより良くなることが多い。

注目ポイント

- セクター別の年間平均利益は11.9％（債券を除く）と11.3％（2つの債券セクターを含む）、平均最大ドローダウンは－43.3％（債券を除く）と－35.7％（債券を含む）だった。ポートフォリオに債券を含めることで、平均リターンは11.9％から11.3％に下がったが、最大リスクの平均も－43.3％から－35.7％に下がっている（リスク・リワードの十分妥当なトレードオフ）。
- 上記セクターを組み込んだポートフォリオの平均年間利益は13.2％（債券を除く）と12.6％（2つの債券セクターを含む）で、最大ドローダウンはそれぞれ－26.2％と－22.4％だった（見直

表1.1　9つの投資クラス*
クラス別投資パフォーマンス（1980/6～2004/11）

セクター	平均利益（年率）	最大ドローダウン**
金融	17.1%	–35.1%
ヘルスケア	16.0	–39.6
不動産	13.1	–21.9
公共事業	11.6	–45.3
ダウ運輸株	11.2	–45.5
エネルギー	9.1	–46.7
金/貴金属	5.0	–68.9
リーマンアグリゲートボンド	9.5	–9.0
グローバルボンド	9.3	–9.1
全セクター平均	11.3%	–35.7%
債券を除いた平均	11.9%	–43.3%

＊　セクター別に投資する投資信託の平均パフォーマンス。ただし、ダウ運輸株とリーマンアグリゲートボンド指数は例外で、これらはリーマンボンドインデックスや債券の利払い、指数に組み込まれている債券の動きなどを含む指数の動きを反映している

＊＊最大ドローダウンは、高値から安値まで下落したあと新高値を付けるまでの値幅が最大のケース。この実際に発生した損失を該当セクターの最低リスク水準と考えてほしい

しなし）。債券を組み込んだことで、リターンもリスクも減っている。

●上記セクターを組み込んだポートフォリオを毎年見直してすべてのセクターが均等な状態で１年をスタートした場合の平均年間利益は、13.0%（債券を除く）と12.3%（２つの債券セクターを含む）、最大ドローダウンはそれぞれ−24.2%と−19.7%だった。

表1.2　9つの投資クラス（表1.1と同じ）を組み合わせたポートフォリオのパフォーマンスの変化
開始時の資産額は同じとする（1980/6～2004/11*）

同額で開始、債券セクターを含む、見直しなし	
ポートフォリオ全体の年間平均利益	12.6%
最大ドローダウン	－22.4%
同額で開始、債券セクターを除く、見直しなし	
ポートフォリオ全体の年間平均利益	13.2%
最大ドローダウン	－26.2%
同額で開始、債券セクターを含む、年初ごとにすべてのセクター（債券を含めて）を同額にそろえる	
ポートフォリオ全体の年間平均利益	12.3%
最大ドローダウン	－19.7%
同額で開始、債券セクターを除く、年初ごとにすべてのセクターを同額にそろえる	
ポートフォリオ全体の年間平均利益	13.0%
最大ドローダウン	－24.2%

＊見直しなしのポートフォリオは運用開始時（1980年）に同等に配分し、それ以降は追加も削減もしていないため、運用終了時のセクターの比率は増減している
年末ごとに配分を均等化したポートフォリオは翌年年初に再配分して全セクターが同額で運用を開始している

●毎年年初に見直しを行うと、パフォーマンスはある程度スムーズになり、平均リターンも分散型ポートフォリオにかかわる最大リスクも低下した。

この研究からは、分散することのメリットが分かる。全体としては、リターンが多少向上し、リスクレベルは大きく改善した。

ポートフォリオの構築の仕方を含めて、分散については第２章「勝利を呼ぶポートフォリオの構築」でさらに触れていく。

債券投資――時間の分散

債券投資については、この先さらに説明していくため（特に第４章「債券投資――安全性と安定性……ただし落とし穴に注意」のなかで）、ここでは債券ポートフォリオを構築するための時間の分散に絞って話をしたい。

一般的に（と言っても必ずというわけではないが）ほかの条件が同じなら、債券の満期（債券の額面を債券保有者に返済する日）が遠いほど、投資家として受け取る利率は高くなる。これは驚くことではない。債券とは、債券保有者が発行者（借り手）に対して行うローンを表すもので、例えば20年後に返済されるローンは、20日後に返済されるものより多くのリスクをはらんでいる。このなかには、ローン期間中に起こるかもしれないインフレによって返済額の価値（購買力）が下がること、将来の一般金利が上昇していること、保有している債券の額面と評価額が低下することなどが含まれている。また、借り手の支払い能力にかかわるリスクもある（2005年にGMの債券がジャンクボンドとの評価を受けるなどと1985年にだれが考えただろう）。

そこで、投資家は長期債券に投資して高リターンを上げるメリットと追加リスクを取ることを天秤にかけて判断を下さなければならない。一般的に言えば、長期の債券より中期（満期まで５～７年程度）の債券を買うほうがよいだろう。中期の債券の利率は長期債の約80～85%だが、価格はかなり安定している。例えば、2005年４月中旬の５年物のＴノートの利回りは4.13%で、20年物は4.87%だった。ローン期間はわずか25%の５年物で、20年物の84.8%の利率が出ていたのだ。

債券の時間ラダー（はしご）を構築する

現在、債券投資を行っている投資家が、実際には主に中期債券を保有しながら、長期債の利回りを確定できるポートフォリオを段階的に作り上げていく方法がある。債券投資に伴う数多くのリスクを削減できるこの戦略の仕組みを説明しよう。

仮に、パー（額面）で売られている米国債の利率が乖離していて、２年物のＴノートが3.7％、４年物が4.0％、６年物が4.2％、８年物が4.4％、10年物が4.6％だったとしよう。実はこれは2005年春の実際の利率だ。10年物の高い利回りは魅力的だが、債券市場のリスクを考えると短期の２年物に集中するのが賢明かもしれない。しかし、それでも3.7％以上のリターンがほしい場合は、債券ラダーを構築することで、この問題を解決できることもある。この場合のラダーは、例えば次のようなものが考えられる。

資産の20％を利回り3.7％の２年物にする。
資産の20％を利回り4.0％の４年物にする。
資産の20％を利回り4.2％の６年物にする。
資産の20％を利回り4.4％の８年物にする。
資産の20％を利回り4.6％の10年物にする。

こうすれば、ポートフォリオ全体の平均利回りは4.18％、満期までの期間は平均６年になる。

債券ラダーの毎年の管理

このようにして時間的な分散を組み込むことで、かなり安全なポートフォリオを構築することができる。例えば仮に、保有し始めた最初の２年間で利率が上昇したらどうだろう。その２年間が終わると最初の債券は満期を迎える。そして、もともと４年物だった債券が残り２年になり、６年物は満期まであと４年、10年物はあと８年になる。そこで、満期を迎えた２年物の償還金を受け取り、その資金で10年物の債券を買う。このとき金利は上昇しているため、最初にラダーを構築したときより高利率の債券に再投資することができる。

もし反対に、利率が下がっていれば、一般金利の低下を反映してポートフォリオ全体の価値が上がっているため、その間はラダー構築時の高い利息を受け取っていく。

そして、２年ごとに償還金として受け取った額面金額を、そのとき購入できる最長の債券に再投資していく。こうしていけば、いずれは最初に購入した10年物の債券が残り２年になり、最小限のリスクで典型的な長期債のリターンを生んでくれるようになる。

仮に10年後の金利水準がラダー構築時と同じであれば、ポートフォリオ全体の利回りは、最初の10年物の利率である4.6％になる。しかし、この時点で保有債券の平均残存期間はわずか６年になっている。そして、もしこのまま債券ラダーを維持していくと、このポートフォリオは中期債に近いリスクで継続的に長期債のリターンを生み出してくれる。

これは最高に刺激的な投資戦略ではないかもしれないが、比較的簡単に実行できるうえ（ブローカーの債券部門に頼めば必ずできる）、保守的な債券投資を目指すなら優れた方法と言える。

株式市場でリスクを減らしつつリターンを向上させる方法

これまでに、投資ポートフォリオをより効率的な構成にするための戦略を紹介してきた（特にさまざまな分散の仕方によって）。しかし、タイミングに関する戦略については、まだ何も話していない。タイミングとは投資サイクルのなかの最も適当な時期に投資を行おうとすることで、できればマーケットの底に近いところか、少なくとも上昇トレンドの比較的早い時期に買って、天井近くか少なくとも下降トレンドの比較的早い時期に売りたい。

うまいマーケットタイミングは、熟慮した分散と同様、投資リターンを高めると同時に、バイ・アンド・ホールドにかかわるリスクを軽減してくれる。典型的な投資家ならば、時間と経費がかかり、近年全体的に難しくなってきた短期トレードは避けたほうがよいだろう。

毎週2～3分チェックするだけで役に立つマーケットのムード指標

マーケットのムード指標は、株式市場や債券市場の全般的な見通しを知る手掛かりになる。信用状況、一般心理、株式市場自体の動きから、株や債券の先行きが全般的に好調か、それとも不調かを探るのだ。ムード指標は正確な仕掛けポイントや手仕舞いポイントを教えてくれるわけではないが、どのくらいの割合で投資すべきか、積極的にポジションを取るべきか、保守的になるべきかなどについての指針を与えてくれる。

さまざまなムード指標

一般心理を示すムード指標

最高のムード指標は、おそらく一般投資家の全般的なムードだろう。特に金融メディアには注目したい。ただ、一般投資家とメディアの投資心理に対しては、正反対のアプローチで臨む必要がある。一般投資家がブルになり、特に雑誌や新聞に強気の記事が目立つようになると、マーケットは大きなピークに近づいている可能性が高い。反対に、株式市場に関する極めて弱気な記事が新聞の一面を飾るのは、株式市場が深刻な下げに見舞われたあとで、その下落は終わりに近づいている時期であることが多い。

また、友人や家族や知人と話すなかでも、非公式な一般のセンチメントについて感覚をつかむことができる。どれほど儲かったかとか、どれほど賢くやってきたかを話したがる人が多ければ（株式市場の上昇と自分の賢さは混同しやすい）、いずれトラブルに見舞われる可能性は高い。反対に、株を嫌ったり恐れたりする人が増えれば、マーケットの回復は近いのかもしれない（一般投資家の調子が悪ければ、メディアはそれ以上に悪く書きたてる）。

心理面の課題は、大衆心理やよく目立つ新聞や雑誌の記者たちに流されたり同調したりするのではなく、ひとりで、独立して、もっと利益率の高いと思う独自の道を進んでいけるようになることだろう。

金利の指標

一般的なルールとして（必ずではない）、金利が上昇しているときより低下しているときのほうが株のパフォーマンスは良くなる。

また、短期金利を直接コントロールし、長期金利も間接的にコントロールしているFRB（連邦準備制度理事会）の発表やコメントを聞いておくと役に立つ。FRBは過去に、市場介入をはさまずに２～３回連続して金利を引き下げただけでベア相場を終わらせたり、２～３回連続して金利を引き上げただけでブル相場を終わらせたこともある。近年、FRBの行動パターンに対する反応が現れるのに時間がかかるようになってきた。2000～2002年のベア相場は、FRBが12回連続で短期金利を引き下げるまで終わらなかったし、それに続くブル相場も７回連続で利上げするまで衰えを見せなかった。

公定歩合の変更や、証拠金の上限設定、フェデラルファンドレートの変更など、FRBの重要な動きはバロンズ紙などの金融メディアに載っている。また、テレビの金融ニュースなどでもFRBの発表に関するニュースを頻繁に伝えている。

季節的なムード指標

株式市場のパフォーマンスは、11月初めから４月末までが最も良く、純利益の大部分はこの期間に上がることが多い。ちなみに、５月～10月はトントンを少し上回る程度になることが多い。また、大統領選挙の前年（例えば1991年、1995年、1999年、2003年）や、大統領選の年はマーケットのパフォーマンスが非常に良いが、その次の２年間は逆に悪くなることが多い。1999年（大統領選挙の前年）も株式市場は好調で、2000年（選挙の年）の初めにはそれをさらに上回ったが、2001年と2002年（選挙後の２年間）には大きく下落し、2003年（2004年の大統領選の前年で、このサイクルで最高の年）に力強い回復を見せた。どうやら、このパターンは21世紀に向けても続いているように見える。

２つの季節性の指標（１年のなかで好調な６カ月と、大統領選のマーケットサイクル）には、過去のパフォーマンスという確固たる実績がある。

優れたマーケットムード指標――ナスダック・NYSE指数とレラティブストレングス指数

ニューヨーク証券取引所（NYSE）はアメリカで最も古くて権威のある取引所で、この国の大企業の多くがここに上場している。一方、アメリカン証券取引所（AMEX）はどちらかと言えば小企業が中心で、NYSEほどの影響力はない。また、ナスダックは上場企業ではなく、店頭取引の市場で、かつては小企業や新興企業や投機的な企業が中心だった。この傾向は今もある程度残ってはいるが、近年ナスダック上場企業（例えばインテル、シスコ、ｅベイ、ヤフー！、マイクロソフト、そしてスターバックスでさえ）は、業績が順調で、マーケットリーダーの地位にあり、技術面でも革新的な企業に成長を遂げている。

NYSEやS&P500と同様、ナスダック総合株価指数も資本に応じて加重されている。大企業は小企業より大きい比率で組み込まれているのだ。実際、2005年４月にはナスダック最大の５社（マイクロソフト、クァルコム、インテル、アップル・コンピュータ、シスコ）だけで指数の25％を占めていた。かつてナスダック総合株価指数とNYSEには約3500社が上場していて、出来高はあまり変わらなかった。しかし近年は、ほぼ毎日ナスダックの出来高がNYSEを上回っている。

ナスダックとNYSEの値動きの関係

全体の傾向として、ナスダック銘柄の動きは保守的な企業が多いNYSEよりも速いため、ナスダック総合株価指数はS&P500などの指数よりもボラティリティが125～150％ほど高くなっている。このため、ナスダック総合株価指数のほうがNYSE指数（NYSE全銘柄の加重平均）よりも好調時は速く上昇し、不調時は速く下落することが多い（必ずではない）。

さらに、投資家が最も楽観的な時期は、投機的な分野への投資が多くなる。また、投資家が極めて悲観的な時期は、防御的で保守的な銘柄の取引が多くなる。

さまざまな理由があったとしても、ナスダック総合株価指数のレラティブストレングスがNYSE指数を上回っているときは、株式市場は好調で、NYSE指数のレラティブストレングスが上回っているときは株は不調になる傾向がある。実は、ナスダックのレラティブストレングスが勝っているときにはナスダック指数のパフォーマンスが良いだけでなく、この時期はNYSE指数の損益も向上している。このことは、**図1.4**にも表れている。

図1.4　ナスダック総合指数とNYSEのレラティブストレングス（2002～2005/9）
ナスダック総合指数とNYSE指数のレラティブストレングスを比較すると、ナスダックが強いときは両方の指数が上昇し、弱いときは両方とも下落する傾向がある

NYSEのレラティブストレングスがナスダックを上回れば必ず株価が下がるというわけではなく、ときには上がる場合もある。しかし、結局ナスダックが高いときは、ネットで見ると利益も多くなっている。ちなみに、これはナスダックに限ったことではない。

ナスダック・NYSEレラティブストレングス指数は、ナスダックが強い時期（つまり株式市場で成功する可能性が高い時期）を投資家が客観的に見分けられることを意図して作られている。

ナスダックが強い時期の見分け方

このために必要なのは１週間に一度、その週の最後の取引が終わったあとのステップだけで、それもほんの２～３分しかかからない。このとき示されるサインは翌週いっぱい、つまり次回の計算を行うまで有効になっている。手順を説明しよう。

1. 週の終わりのナスダック総合株価指数とNYSE指数の終値を調べる。この数字は、バロンズ紙や、ほとんどの主要紙の金融関連ページ、そしてほぼすべての株関連のウエブサイトに載っている。
2. ナスダック総合株価指数の週の終値を、NYSE指数の週の終値で割ってナスダック・NYSEレラティブストレングスを算出する。例えば、2005年４月22日にナスダック総合株価指数の終値が1932.10、NYSE指数が7015.85ならば、その週の比率は0.2754（＝1932.10÷7015.85）になる。
3. 毎週、直近10週間の平均値を算出する（ステップ２）。これは過去10週間分の比率をすべて足して10で割ればよい。そして、11週間目になったら最も古いデータを外すという具合に、常に直近の10週間分のデータを使って平均を算出していく。この値は移動平均と呼ばれている。週の比率は、ナスダックがNYSEより速く上がれば上昇し、NYSEより弱くなると下降する。
4. 直近のナスダック・NYSEレラティブストレングスとその10週間移動平均を比較する。もしレラティブストレングスの週足が10週間移動平均より高ければ（例えば、直近の週の比率が0.2750で10週間移動平均が0.2746なら）ナスダックのレラティブストレングスがNYSEを上回っていることになる。これはたいてい株式市場にプラスの影響がある。反対に、もし週のレラティブストレングスが10週間移動平均を下回っていれば（例えば週の比率が0.2745

表1.3　ナスダック÷NYSEレラティブストレングスの34年間のパフォーマンス（1971/2～2005/4＊）

ナスダック総合指数のパフォーマンス

バイ・アンド・ホールド	年間平均利益	8.98％
	最大ドローダウン	－77.42％
	投資期間	100％

ナスダック÷NYSEレラティブストレングスを使ったトレード

	年間平均利益	11.28％
	投資期間	54.6％
	投資中のリターン	20.65％
	往復トレード数	141（1年当たり4.1回）
	最大ドローダウン	－39.72％

NYSE指数のパフォーマンス

バイ・アンド・ホールド	年間平均利益	7.60％
	最大ドローダウン	－49.78％
	投資期間	100％

ナスダック÷NYSEレラティブストレングスを使ったトレード

	年間平均利益	7.59％
	投資期間	54.6％
	投資中のリターン	13.9％
	往復トレード数	141（1年当たり4.1回）
	最大ドローダウン	－23.72％

＊ナスダック÷NYSEレラティブストレングスのみを使っただけでも、投資中のリターンとリスクレベルの両方が改善した。リターンはバイ・アンド・ホールドでナスダック総合指数と同じパフォーマンスになった場合と比較して2倍以上になっている。ちなみに、この利益には現金で保有していた期間の金利分は含まれていない。
NYSE指数のパフォーマンスも改善している。この指数の場合は、全期間投資した場合とナスダック÷NYSEタイミング指数が有利なときのみ投資したリターンがほぼ同じになっているが、このモデルが有利なときのみ投資した場合の投資期間のリターンは、明らかに高いうえ（バイ・アンド・ホールドの7.59％に対して13.9％）、リスクレベルは低くなっている（－49.78％に対して、－23.72％）。
トレード経費は考慮していないが、この分はたいてい現金保有時の金利と相殺できる。

で10週間移動平均が0.2750の場合)、NYSEのほうが強いマーケットということになる。これが必ずしも弱気のマーケットを意味しているわけではないが、少なくともこの指標からは、最も有利なマーケット環境にあるとは言い難い。

表1.3は、先の方法による遡及調査をもとにした仮説で、該当期間全体の実際のパフォーマンスではない。ここでは、マーケットが好調なとき(週足のナスダック・NYSE比率が10週間移動平均を上回っているとき)のみ投資を行い、それ以外の時期は現金を保有することを前提としている。また、手数料や経費や税金、あるいは現金保有時の金利収入や株式保有時の配当金は考慮していない。

一般的なアドバイス

ナスダック・NYSEレラティブストレングス指数は非常に役立つ指標だし、株式市場の観察に最低限の時間しか割けない投資家にとってはメリットがあるが、これから紹介していくタイミングモデルは多少時間がかかってもさらに効率的であることが、過去の正式な記録から分かっている。

ナスダック・NYSEレラティブストレングス指数は、投資家の楽観度や投機への関心(高いと株も好調なことが多い、ただし熱狂的な場合は別)を示す優れた「ムード指標」だ。これには正式なパラメータはないが、移動平均との関係が逆転していなくてもナスダックとNYSEの力関係に変化がないか、週足の比率と移動平均が近いうちにクロスしそうか、などトレンドと合わせて見るのもよいだろう。良い買いポイントは、ナスダック総合株価指数のレラティブストレングスがそれまで上にあったNYSEに追いつく兆しが見えているとき現れることが多い。そろそろ感じがつかめてきただろうか。

マーケットタイミングについてはさらに後述するが、次は効率的な投資ポートフォリオの構築について述べていきたい。

第2章

勝利を呼ぶポートフォリオの構築

Putting Together A Winning Portfolio

典型的な投資家のポートフォリオは、さまざまなマーケット環境、ブローカーやアドバイザーの助言、そのときどきの流行、そしてもしかしたら負けトレードに乱されながら（「損切りしなければ損失ではない」という発想から）、少しずつ組み上げられていくことが多い。このようなポートフォリオには、かつて輝きを放ったポジションがそのまま残っていたりもする。

投資家のなかには（それも特定分野の知識が豊富な専門家であることも多い）、自分が詳しい特定分野のファンダメンタルズを基にして生産性の高い株式ポートフォリオを構築する人もいるが、その多くは適切に分散されていないため、その業界が低迷すると困難に直面してしまう。

長年にわたって筆者が経営する投資会社の顧客と話をしてきた経験から言って、自分の経済状況や生活環境に適したバランスの良い考え抜いた投資ポートフォリオを、優れた資本マネジメントの原則に従って運用することができている投資家はあまりいない。

どの投資が最も成功したか

長年の平均リターンがすべてではないが、投資ポートフォリオを構

表2.1　異なった時期における投資クラス別のパフォーマンス

投資分野	年率リターン（複利）
1963～1982年	
大型株	8.3%
小型株	16.9
長期社債	4.5
長期国債	4.0
中期国債	6.3
Tビル（短期国債）	6.5
インフレ率	6.0%
1983年～2002年	
大型株	12.7%
小型株	11.6
長期社債	11.0
長期国債	11.1
中期国債	9.2
Tビル（短期国債）	3.1
インフレ率	3.1%

出所＝イボットソン・アソシエーツ

築していくときの良い出発点にはなる。このとき、考慮しなければならない主な課題が２つある。今後確保していきたい平均リターンと、その間に予想できるリスク幅だ。**表2.1**からも分かるとおり、パフォーマンスは期間によってかなり違っている。

結局、人生は予想できるものではない

２つの連続した20年間を見てほしい。それまでの20年間、マーケッ

ト動向だけに頼ってポートフォリオを構築し、維持してきた投資家が1983年以降の20年間にどうなるかを考えてみよう。

- 次の20年間は大型株のパフォーマンスを下回る小型株の割合が大きすぎる。
- 次の20年間のパフォーマンスが長期社債と長期国債を下回る短期債と中期債の割合が大きすぎる。
- 高インフレは株と短期債には有利だが、長期債には不利に働き、1963～1982年には物価の上昇にすら追いつかなかった。一方、1983～2002年の低インフレは、長期債には有利だが、短期債には不利になる。

教訓

長期的に見ると、株式に投資していれば、ほとんどで利益を出していることが分かっている。しかし、そうはならない時期も実際にあり、ときにはそれが数年に及ぶこともある。例えば、2000～2002年のベア相場開始からまる６年たった2006年３月のナスダック総合株価指数は、その前のブル相場のピークを付けた2000年を約60％も下回っていた。

１年ごとにしても10年ごとにしても、リターン率を必ずしも予想できるわけではない。投資家は好調な10年のあとは過度に楽観的になるし、不調な10年のあとは過度に悲観的になる傾向がある。

ただ、過去のリターンに基づいて狭い分野に集中するよりも、バランスのとれたポートフォリオ（つまり分散）を維持していくほうが、安定したリターンを維持できる可能性は高い。

もしかしたら一番大事なこと

分散型ポートフォリオを維持しつつ、毎四半期または毎年パフォーマンスが最も高い分野の割合が多くなるよう積極的にマネジメントしていけば、リターン率を向上させることができるかもしれない。

直近の10年間はどこに資金を投入すべきだったか

株式市場や債券市場は、期間によってリターンが変動するため、一貫したパフォーマンスを上げないことや、さまざまな分野が期間によって相対的に強くなったり弱くなったりしていくことはすでに見てきた。つまり、10年間で見るとパフォーマンスの特定のトレンドは比較的安定しているため、そのことをポートフォリオの構築時に考慮するとよいのかもしれない。

株式市場という世界を計るひとつの方法として、成長株とバリュー株という分け方がある。

成長株とは、売り上げや収益の成長率が平均以上の企業の株で、通常配当率が低く、高PER（株価収益率＝株価÷１株当たり利益）や高BPR（純資産株価倍率＝１株当たり純資産÷株価）でトレードされている。これらの銘柄は、将来の見込みや期待、そして多くの場合その魅力によってトレードされている。

一方、バリュー株は低PER、低BPRで、高配当の安定企業であることが多い。株価水準は、将来の希望や期待ではなく、現在の実際の収益と保有する資産が基になっている。これらの銘柄は成長株ほど魅力的ではないかもしれないが、株価はボラティリティが低く安定している。

イボットソン・アソシエーツ（SBBI2005年年鑑）による観測を紹介しておこう。

●大型株（時価総額が高い企業）のバリュー銘柄は、大型株の成長銘柄のパフォーマンスを上回ることが多いうえ、安定性が高く、リスクも低い。
●中型株のバリュー銘柄は、中型株の成長銘柄のパフォーマンスを上回ることが多いうえ、安定性が高く、リスクも低い。
●小型株のバリュー銘柄は、小型株の成長銘柄のパフォーマンスをかなり上回ることが多いうえ、安定性が高く、リスクも低い。
●超小型株（低位株）のバリュー銘柄は、超小型株の成長株のパフォーマンスを大幅に上回ることが多いうえ、安定性が高く、リスクも低い。

大きなチャンスに賭けて、結局は小さな利益しか上げられないことが多くないだろうか。このことについては、この先何度も触れていく。投資で成功する秘訣は、安定性と資本の維持なのである。

ちなみに、長期投資でこれまで最高の分野は、小型バリュー株だった。1990年代半ばから後半にかけては大型成長株に遅れをとっていたこともあったが、2000～2002年のベア相場では小型バリュー株のパフォーマンスが大きく上回り、結局は無傷でこの時期を切り抜けている。

投資信託を選択する意味

当たり前のことのように聞こえるかもしれないが、状況は毎年違う。ポートフォリオはうまく分散しておく必要があるが、ポートフォリオの一部を加重したいときは小型バリュー株に特化した投資信託で、できれば価格のボラティリティが低いものを少なくとも選択肢のひとつに加えるべきだろう。

投資信託は分散プログラムの優れた手段になる

投資分野の多くは優れた投資チャンスを秘めており、これらを組み合わせればうまく分散したポートフォリオになる。このなかには、国内や外国の株、債券、商品、貴金属、不動産などが含まれている。

多くの投資家はこのうちどれかの分野についてなら知っているが、すべての分野で利益を上げるだけの知識を持っている人はそうはいない。しかし、投資信託業界には各分野に特化したファンドが大量にあり、これを使えば幅広く分散することが可能になる。

金融分野と非金融分野の両方で投資信託を利用するメリット

投資信託は、さまざまな投資分野でエキスパートのマネジメントを提供している。このなかには例えば、商品、債券、株式、外国投資、不動産、貴金属、特定のセクターなどに特化したものなどがある。

通常、投資信託は、流動性が限られた資産もすぐに清算できる形で提供している。例えば、住宅や集合住宅の建物を売るのには数カ月から数年かかることもあるが、不動産に投資するREIT（不動産投資信託）なら、株式市場が開いていればほぼいつでも売却できる。

投資信託を組み込めば、限られた資本でもさまざまなアセットクラスに分散したポートフォリオを構築することができる。例えば、小口投資家でもREITを通じて不動産に投資したり、商品ファンドを通じて商品に投資したりすることが可能になる。

投資信託を組み込んだポートフォリオは、幅広い投資ができるだけでなく、見直しや、再配分や、部分的または全部の売却、拡大、マーケット環境や個人的な環境の変化に合わせた調整などが自動的に行われていることもある（一般的には、良いときも悪いときも必要時にすぐに解約できない投資先よりも、すぐ手仕舞える投資先のほうが良い）。

そして最後に、投資信託は毎日価格と評価が公表されているため、保有資産の価値やポートフォリオのパフォーマンスを知り、必要に応じて修正することもできる。投資信託を使った戦略については、第３章「最も成功しそうな投資信託を選ぶ」でも述べていく。ここでは、投資信託業界が投資計画の大きな部分を担っているということだけ覚えておいてほしい。

状況に応じた投資信託を選ぶ

金利上昇期

長期債と中期債、そしてそれに関連した投資信託は価格が下がる可能性が高い。債券ポートフォリオは、投資対象が比較的短期か変動金利（一般金利の水準に連動して金利が変動する債券）の投資信託と入れ換えるべきだろう。通常、変動金利型の債券のボラティリティは固定金利型の長期債より低くなっている。

株式市場は、金利が緩やかに上昇しているときでも高パフォーマンスを上げる可能性がある。しかし通常は、金利が上昇しているときより下降しているときのほうが株のパフォーマンスは良くなる。

金利の上昇と価格のインフレ圧力は同時に起こることが多い

緩やかなインフレ圧力で経済活動が刺激を受けると、明日価格が上がりそうなら今日買ったほうが良いということで株式市場も好調になることが多い。しかし、インフレ圧力が極端な場合は、金利も急騰するため、株も債券もマイナスの圧力を受けることになる。

価格が急騰しているときの投資先

インフレ期に適した投資先としては、貴金属、鉱業、エネルギー開発、食品と農産物、林業と木材、素材、短期債券、マネーマーケットファンドなどが挙げられる。

エネルギー関連銘柄や公共事業関連の多くは、原油価格の高騰によって値上がりすることが多い。

商品と素材関連の投資先は、価格が高騰するとその恩恵を受ける。天然資源関連の投資信託で、長期にわたって優れたパフォーマンスを挙げているものに、RSインベストメント・トラストのグローバル・ナチュラル・リソースと、バン・エック・グローバル・ハード・アセット・ファンド・クラスAがある。

RSインベストメント・トラストは、アルミニウム、石油、木材などの林産品などを保有している。バン・エックも同じような分散をしているが、こちらは石油関連銘柄の割合が多くなっている。これらのファンドに関する詳しい情報は、RSトラストが http://www.rsfunds.com/、バン・エックが http://www.vaneck.com/ から入手できる。

素材に投資する投資信託のボラティリティ（価格動向やリスクの範囲）は、平均かそれより少し高めだが、インフレに対するヘッジになるし、ほかのセクターのベア相場に対してもある程度の効果がある。例えば、2000～2002年のベア相場のとき、RSもバン・エック・ナチュラル・リソースファンドも価格を維持していたし、2003年と2004年には高パフォーマンスを上げていた。

金利下降期

この時期は通常、株全般、長中期債、債券ファンド、不動産などの金利敏感業界にかかわるセクターに投資すべきだと言われている。一方、貴金属銘柄のパフォーマンスは、金利下降期には低くなることが多い。

金利トレンドを簡単に判断する方法

金利トレンドはかなり長期間続く傾向があるため、トレンドなどの変化を確認したとき、債券やその関連マーケットで必ずしも最初に買って最初に売らなくてもメリットを得ることはできる。

金利の方向が変わったときに、たいていは正しいサイドにいることができる簡単な方法を紹介しよう。

1．毎週、その週の３年物と５年物Ｔノートの終値の水準を確認する。この情報は、バロンズ紙のマーケット・ラボラトリー・セクションなどに載っている。
2．毎週、２つの利回りの平均を計算する。例えば、2005年４月22日までの週の３年物Ｔノートの利回りは3.81％、５年物は4.02％、２つの平均利回りは（3.81＋4.02）÷２＝3.915％だった。この直近の平均利回りを、33週間前の平均利回りと比較する。2005年４月22日の33週間前は2004年９月６日で、このときの３年物（2.86％）と５年物（3.45％）の平均利回りは3.15％だった。
3．もし現在の３年物と５年物の平均利回りが33週間前の平均より高ければ、短期金利は上昇トレンドにあると考えられる。このことは、Ｔノートなどの価格トレンドが下落していることや、金利環境が株式市場にとって有利ではないことを意味している。全体として見れば、株式市場のほぼすべての利益は短期金利のトレンドが有利なとき、つまり下降しているときに生まれている。
4．金利上昇時に株が上がることもときにはあるが、このようなときは金利下降期と比較してリワードよりリスクのほうが大きいことが多い。

5．20年物のＴボンドの利回りで同様に比較すると、長期債の利回りも評価できる。ちなみに、長期債の利回りが短期債と常に同じ方向に動くわけではない。例えば、2004年９月４日の20年物Ｔボンドの利回りは5.05％だったが、2005年４月22日には4.79％になっていた。2005年の短期の利回りは2004年より高かったのに、長期の利回りは低かったのだ。ちなみに、株式市場は長期金利よりも、短期金利の影響を受けることが多い。

まとめ

毎週ほんの２～３分、短期と長期の金利トレンドの方向を確認しておけば、債券市場だけでなく、おそらく間接的に株式市場の価格トレンドの変化も分かるようになるだろう。

短期金利が下がっているときは株式と中短期の債券はブルになり、金利が上昇していると、これらはベアになるということを覚えておいてほしい。

バランスのとれた分散型ポートフォリオを構築してパフォーマンスを測定する

分散することと、その結果得られるメリットについてはすでに述べた。ここでは、比較的保守的なものから適度に積極的なものまで、バランスのとれたさまざまなポートフォリオミックスを見ていこう。

基本のポートフォリオミックス

このポートフォリオには、次のセクターに投資している投資信託が含まれている。ちなみに、紹介するデータは「スティール・ミューチュアルファンド・エキスパート」から引用したもので、このデータベースは投資信託の過去の価格や現在のパフォーマンスのランキングを調べるための資料として非常に優れている。

●**金融**　銀行や証券会社を含む株式の金融セクターは、長年最強のセクターのひとつになっている。このセクターのパフォーマンスは、マーケットの転換期を先取りすることが多いS&P500との相関性が高い。

●**公共事業**　保守的なセクターで、パフォーマンスは積極的なセクターより多少低い。しかし、配当は平均より高く、急激なキャピタルゲインよりトータルリターンを目指す利益重視の投資家には好まれている。ただ、保守的な手段という評価にもかかわらず、過去にはほかのセクターと同じように深刻な下げに見舞われたこともある。ちなみに、公共銘柄は金融銘柄などのグループとは違う時期に上下することが多い。近年、公共関連銘柄の価格は、エネルギー関連の価格動向との相関性が高まっている。

●**REIT**　不動産関連の投資信託は、ほかの株のセクター（例えばS&P500銘柄など）との相関性があまりない。1996年１月から2005年初めまでの年間リターンは、金融セクターとほぼ同じだったが、同時期の高配当REITのほうがリスクは低かった。高配当で、対象が不動産（これ自体が分散した投資分野）、そして大部分の株式セクターとは違う時期に上下する傾向があることから、このセクターを分散型ポートフォリオに組み入れておくとよい。

●**エネルギー**　このセクターには、石油会社、精油会社、掘削会社、石炭会社、そしてその関連企業が含まれている。エネルギー銘柄は、石油産出国の状態によって定期的にマスコミをにぎわすことがあるが、全般的な長期リターンは金融や不動産セクターを多少下回っている。ただ、エネルギーセクターは石油不足やそれに伴うインフレ率に対して多少のヘッジ効果があるうえ、もし（筆者のように）エネルギー不足が永続的なものだと考えるなら、おそらくこれは優れた長期の投資先になるだろう。

●**素材**　このセクターには、例えば金、銀、アルミニウム、各種鉱物、そしてその関連業界が含まれており、こちらもポートフォリオをインフレから守るヘッジの役割を果たしてくれる。素材セクターは、非常に強い時期や弱い時期があったり、ほかの業界より大きなドローダウンがあったりするなどボラティリティはかなり高い。このセクターは、バランス型ポートフォリオに不可欠というわけではないが、インフレが吹き荒れる時期に大きな潜在力を秘めた数少ないマーケットではある。

●**アメリカの小型バリュー株**　昔から最強のセクターで、過去のリターンは平均を上回っていることが多いうえ、リスク水準もさほど高くない。また、小企業が多いこの分野は、大企業が多い金融、公共、エネルギーなどの分野を補ってくれる。

●**外国株**　さまざまな外国株やバランス型投資信託を含むこのセクターには、外国の大型株や小型株が組み込まれている。この分野の過去のパフォーマンスはアメリカ株を下回っているが、将来もそうだとは限らない。われわれのバランス型ポートフォリオには、常にこのセクターが組み込まれている。

●**外国小型株**　過去にほかのセクターに勝るセクターだったわけではないが、2000～2002年のベア相場のあとは素晴らしい強さを見せた。新興国が経済成長を遂げるなかで、今後このセクターのパフォーマンス向上が期待できる。

まとめ

この８つのセクターを組み込んだポートフォリオは、さまざまな意味でバランスがとれている。このなかの２つ（不動産と公共事業）は平均以上の配当収入があるし、不動産はほかとは異なる投資先としての役割も果たしている。金融セクターは株や金融の分野、エネルギーと素材セクターは商品やそれ以外の素材にかかわる会社をカバーし、そのほかにも大型株、小型株、国内企業、外国企業などがわずか８つのセクターにすべて含まれている。

インカム投資

インカム投資（債券やそのほかの類似商品）は、ほとんどのバランス型ポートフォリオに追加的なメリットを与えてくれるため、極端に積極的な投資家でないかぎりすべてのポートフォリオに組み込んでおくべきだろう。通常、インカム投資はリターンの面ではほとんどの株より低いが、安全性は高い。いくつかのタイプを見ていこう。

●**高利回り社債**　格付けが低く、たいていは適格投資格付け（BBB）以下の社債。ただ、トータルリターンは高格付けの債務証書より高い。高利回り債ファンドのリターンは、長期のＴボンドを３～５％（あるいはそれ以上）上回っていることが多い。通常、インカム投資の値動きは信用状態の影響を受けやすいが、高利回り債券の場合は、ナスダック総合株価指数（と小企業）との相関性が高い。

スティールデータベースによると、2005年３月31日の時点で、高利回り債ファンドの年間リターンは9.2％（３年）、5.1％（５年）、6.1％（10年）になっている。ちなみに、リターンが最も低かったのは6.5％の損失を出した2000年だった。

●**短期社債**　低リスクだが、リターンも比較的低いセクターで、金利が上昇している時期の資本の避難場所として良いセクター。短期社債は長期債ほど金利の影響を受けないうえ、マネーマーケットよりリスクが高いとはいっても、２～３年の投資先として質の高い短期債は無リスクに近い。この分野の投資信託は、大部分が最高格付けではなくAAの債券に投資している。スティールデータベースによると、2005年３月31日までの短期社債のリターンは、2.7%（３年)、4.2%（５年)、5.1%（10年）で、年間リターンがマイナスになった年はなかった。

●**外国債券**　外国で発行された債券の利率は、信用リスク（デフォルトリスク）が同程度のアメリカの債券より高いことが多い（必ずではない）が、ある程度の為替リスクはある。そのため、バランス型ポートフォリオに米ドルが弱含んだ場合の保険として追加的な分散要素を与えてくれる。ただ、この保険は米ドルがこれらの債券の通貨より強くなって損失が出る可能性もはらんでいる。

●**中期社債**　約５～７年で満期を迎える債券は、長期債の高利回りと短期社債の安全性が最もうまくかみ合った債券と言える。全般的に見て、中期債は大部分のインカム投資家にとって最善の選択肢だろう。

分散は確かに役に立ちそうだ！

完全分散型ポートフォリオにすることで、リスク・リワード・レシオが改善し、リスクが著しく低下しただけでなく、通常は超えるのが難しいベンチマークと言われているバンガードS&P500インデックスファンドのパフォーマンスを上回ることもできた。ポートフォリオに債券を組み込むことで、リターンは下がったが、リスクも減らすことができる。

表2.2　平均年間リターン——8つの株と2つのインカム投資系の投資信託を組み込んだ適度なバランス型ポートフォリオ（1996～2005/3*）

セクター	3年間のリターン	5年間のリターン	10年間のリターン	最低の年
金融	6.7%	10.1%	14.9%	–10.2%
公共	6.7	0.5	9.8	–23.6
REIT	17.6	19.2	14.5	–16.6
エネルギー	17.8	14.9	14.4	–22.8
素材	17.2	19.0	4.5	–32.2
アメリカ小型株	11.0	13.9	14.0	–11.4
外国株	9.2	–2.5	6.5	–20.9
外国小型株	18.6	1.6	12.3	–18.7
外国社債	5.4	6.2	6.3	–1.2
外国債券	11.4	8.3	7.9	–1.5
平均	**12.1%**	**7.2%**	**10.5%**	**–15.9%**
バンガードS&P500インデックスファンド	**2.6%**	**–3.2%**	**10.7%**	**–22.2%**

＊パフォーマンスはスティール・ミューチュアルファンド・エキスパートに掲載されているもので、投資対象に従って上のセクターに分類してある。
上のセクターはバランスと過去のパフォーマンスを考慮して選択したもので、該当期間の最強のセクターでは必ずしもない。上のセクターの1996～2005年の平均パフォーマンスはS&P500指数（バンガードインデックスファンドのパフォーマンス）とあまり変わらないが、2005年3月31日までの3年間と5年間ではS&P500を上回っている。また、リスクは個別で見ればS&P500より高いセクターもあるが、平均するとS&P500より低くなっている。

ただ、**表2.2**と**表2.3**は、おそらく投資リスクを過小評価している！

実は、**表2.2**と**表2.3**は分散ポートフォリオの中と外の投資リスク（と中間リターン）を完全に反映しているとは言いきれない。つまり、これらの結果は、年末から年末までのパフォーマンスで、期間中の動きは反映されていないため、もしかしたら年末の損失を上回る損失が期中にあったかもしれないのだ。このように年末ごとの報告には反映されない追加的なリスクが実は重要な意味を持つということは多い。

表2.3　各セクターに同額の資金を100％投資した分散ポートフォリオの年間平均リターン――見直しなし（1996～2005/3*）

ポートフォリオのスタイル	3年間のリターン	5年間のリターン	10年間のリターン	最低の年
積極的な運用	13.1%	9.6%	11.4%	–4.2%
穏やかな運用	12.5	9.5	9.7	–1.9
保守的な運用	11.4	8.7	9.0	–0.8

*積極的な運用のポートフォリオは先に紹介した8つの株式セクターのみで、債券セクターは組み込んでいない。つまりこれは、純粋に株のみだが分散はされているポートフォリオということになる。
穏やかな運用のポートフォリオは先の8つの株式セクターと2つの債券セクター（中期社債と外国債券）を組み込んでいる。
保守的な運用は穏やかな運用と同じ8つの株式セクターと2つの債券セクターに加えて、高利回り社債と短期社債の債券ファンドも組み込んでいるため、合計で株式8つと債券4つの分野が含まれている。
積極的な運用のポートフォリオは資本を8つのセクターに均等に分散しているため、開始時には各セクターに資金の12.5％が配分されている。
穏やかな運用のポートフォリオは資本を10のセクターに均等に分散しているため、開始時には各セクターに資金の10％が配分されている。
保守的な運用のポートフォリオは資本を12のセクターに均等に分散しているため、開始時には各セクターに資金の8.5％が配分されている。
今回は資産の見直しは行っていないため、テスト期間の終了時にはパフォーマンスの高いセクターが大きな割合を占め、低いセクターは割合が小さくなっている。見直しを年初ごとに行って、毎年各セクターの運用を同じ金額で開始する方法もある。筆者の試算では、見直しによってリターンが若干増え、リスクは若干減ったものの、大きな金額の差は出なかった。

表2.4（この表だけではないが）にはそのことがよく表れている。

賭け金を上げろ！　分散型ポートフォリオを積極的に運用してリターンを上げ、リスクを下げる

ここまでは、分散型ポートフォリオを構築して、そのあとは基本的に配当や金利収入を再投資するだけの成り行きに任せた受動的な運用

表2.4　月ごとのパフォーマンスで計算した分散型ポートフォリオのパフォーマンス（1989/1～2005/3/31*）

ポートフォリオのスタイル	年間平均利益	最大ドローダウン
積極的な運用	11.6%	–21.1%
緩やかな運用	10.9%	–18.3%
保守的な運用	10.4%	–16.5%
S&P500	11.7%	–44.7%

*パフォーマンスを年末のみではなく月ごとで見直すことで、平均リターンが大きく変わるわけではないが（この研究は15年以上の期間をカバーしている）、中間期の高リスクを反映するようになった。このことは分散型ポートフォリオだけでなく、S&P500についても言える。
表2.2と表2.3は、1年間のなかで最悪のドローダウンのみを表示しているが、表2.4には2000～2002年に3年間にわたって起きた累積ドローダウンも含まれている。
可能なリスクレベルを判断するうえでは、1年のなかで起こる可能性がある最悪の出来事と、もしマーケットの下落が長引いた場合に起こる可能性がある最悪の出来事の両方を考えておいてほしい。
債券をポートフォリオ（保守的な運用）の33%まで組み入れると、リスクは積極的な運用に比べて約21.8%（21.1%対16.5%）下がった。この結果は、筆者のスタッフが行った別の試験運用の結果とも一致しているし、第1章「バイ・アンド・ホールドという神話」で紹介した分散型ポートフォリオの運用とも近い結果になっている。

の戦略について話をしてきた。

今後は、リターンを向上させるためのさまざまな戦略（優れた投資信託の選び方や、ポジションの金額やタイプの調整方法など）についても学んでいく。ナスダック・NYSEレラティブストレングス・ムード指数と、株式市場のリスクが高いときに低リスク銘柄を選ぶため、３年物と５年物の国債利率を比較する指数についてはすでに見てきた。

ここで、比較的簡単に利用できる戦略を紹介しよう。これは6カ月に一度、ほんの短い時間をかけるだけで、分散型ポートフォリオのリターンを向上し、リスクを軽減することができる。

筆者のリサーチスタッフが、この戦略の効果を示すためにさまざまなポートフォリオミックスを用意してくれた。これを見ると、さまざまなポートフォリオの組み合わせに分散を応用する原則とメリットがよく分かる。

投資信託を利用してセクターで分散する

アメリカの株式市場のセクターと、そこに投資して好パフォーマンスを上げている投資信託を挙げておく。

●**不動産**　フィデリティ・リアル・エステート・インベスター・クラス（FRESX）
●**食品と農産物**　フィデリティ・セレクト・フード・アンド・アグリカルチャー（FDFAX）
●**金融**　フィデリティ・セレクト・インシュアランス（FSPCX）
●**公共事業**　フランクリン・ユティリティース（FKUTX）
●**エネルギー**　バンガード・エネルギー／インベスター・シェアー（VGENX）
●**ヘルスケア**　バンガード・ヘルスケア（VGHCX）
●**レジャー**　AIMレジャー・インベスター・クラス（FLISX）

括弧内の文字はファンドのティッカーシンボルで、ブローカーやオンライントレードで注文を出すときにはこれを入力すればよい。

今回のポートフォリオには債券ファンドや外国証券のファンドは含まれていないため、前回のポートフォリオより分散度が低いという見方もあるが、前述した不動産、金融、公共事業、エネルギーなどの分野を含むメリットについてはすでに述べた。素材セクターと同様、食品と農産物はインフレトレンドの影響を受けることが多いが、貴金属より価格のボラティリティは低い。また、レジャーセクター（例えばディズニー）は、S&P500との相関性が高い。そして、健康関連銘柄は一般経済と連動しているほかのセクターとは別の、独自の動きになることが多い。

具体的な投資信託の選択

このポートフォリオに含める具体的な投資信託は、過去のパフォーマンスが平均以上であるものから選んでいる。フィデリティとバンガードのファンドファミリーは安定したポートフォリオを幅広く提供している。投資信託の選択については、第３章でさらに詳しく述べていく。

サンプルポートフォリオは説明を簡素化するために、各セクターにひとつの投資信託だけを採用している。しかし実際の運用では、目的を考えれば（分散の別の形）１つ以上のファンドを組み入れたほうがよい。特にある程度の規模のポートフォリオで手数料が負担にならない場合はぜひそうしてほしい。例えば、10万ドル以上のポートフォリオ（または小さいポートフォリオでも積極的に運用しない場合）なら、１つのセクターに２～４の投資信託が適当だし推奨する。

コスト節約のための簡単なヒント！

いくつかのブローカーに問い合わせて、手数料が最も安いところを探す。また、１回の手数料で長期のポジションを買うほうが、資産の一定割合（通常、年間１～２％）を支払って制限なしでトレードできる包括手数料より良い。特に、めったにトレードしない口座や、毎年価値が上がりそうな口座の場合、毎年手数料を支払う包括手数料は向いていない。

パフォーマンスの比較――分散型ポートフォリオのバイ・アンド・ホールドとバンガードS&P500インデックスファンド

表2.5　パフォーマンスの比較――トータルリターン、7セクターのポートフォリオのバイ・アンド・ホールド対バンガードS&P500*（1989～2004/11/30）

投資手段	年間利益	ドローダウン	700ドルがいくらになったか
7セクター・ポートフォリオ	15.2%	–15.9%	$6,638 (848.3%)
バンガード・インデックス・ファンド	11.8%	–44.8%	$4,155 (493.6%)

*リターンが11.8%から15.2%と緩やかに改善しただけでも、16年間運用すると利益は70%以上、資産価値は60%近く増加していることは興味深い。複利には無視できない力がある。
リターンには、再投資したキャピタルゲインと配当金も含まれている。
上の数字に手数料は含まれていない。

リターンを向上させるポートフォリオの見直し

ベンチマークとしてよく使われるS&P500のパフォーマンスを上回る低リスクの分散型ポートフォリオの例を見たあとは、投資リターンを向上させるための概念と具体的な戦略とについて説明しよう。これにはさまざまな利用方法がある。

運動している物体はいつまでも等速直線運動を続ける

これは物理学の原則で、運動している物体を止めるためには力を加える必要がある。人工衛星が地球の軌道を回り続けているのは、抵抗がない宇宙に、運動を止めるものが何もないからだ。また、自動車という勢いと動きのある重い物体を止めるために、強力なブレーキがついているのもそのためだ。

株は宇宙にあるわけではないため、激しく動いていれば抵抗（悪いニュース、売り手が儲かる、金利上昇、業界の状況の変化など）に遭うことが多い。ただ、強い株が永遠に強いということはないが、相当期間強さを維持することはよくある。特定の月（または四半期、年）にマーケットを牽引していた株や投資信託やセクターは、そのあとの期間もしばらくは高パフォーマンスを維持することが多いが、それが永遠に続くわけではない。もちろん、マーケットを牽引する銘柄すべてが高パフォーマンスを上げ続けるわけではないし、すべてが翌週（あるいは翌月）も好調を維持するわけではない。ここで言っているのは、平均的にマーケットを牽引する銘柄のパフォーマンスが平均的な株や投資信託やセクターを少なくともある程度の期間上回り、これらに投資するほうがランダムに投資するよりは良い結果につながる可能性が高いということだ。レラティブストレングスが高い間は、好結果が続くと考えてよいだろう。

このような前提の下でとるべき投資戦略は明らかだ。先頭馬に乗って、疲れが見えてきたら次に先頭に立つ馬に飛び移ればよい。この概念はさまざまなところで応用できる。これを使った投資信託の選び方については後述するが、まずはこのバリエーションを使ってセクターポートフォリオのパフォーマンスを向上させる方法を見ていこう。

セクターポートフォリオを見直すための基本手順

1．７つのセクターに同額の資金を投じて７セクターポートフォリオを構築する。

2．６カ月が経過したら、次のことを行う。

a．各セクター（投資信託の運用結果）の過去６カ月間のパフォーマンスを確認する。このデータはバロンズ紙などに掲載されている。

b．すべての資産の見直しを行う。次の6カ月間は、パフォーマンスが最も高かった2つのセクターの割合を全資産の28.6％、次の3つのセクターを14.3％、最も低かった2セクターは外して運用を開始する。

c．6カ月間ポジションを維持したら、再び見直しを行う。前回と同様、直近の6カ月のパフォーマンスが最も高かった2つのセクターには2倍の資本を配分し、最も低かった2セクターには配分しない。

d．6カ月ごとにパフォーマンスの高い2つのセクターに28.6％、次の3つのセクターには14.3％の資本を配分する。パフォーマンスが最低だった2セクターへの配分はない。セクターの選択は、ランキング日以前の6カ月間における全セクターのパフォーマンスを元にしている。

ここからも分かるとおり、ポートフォリオを常に加重して最高のパフォーマンスを上げたセクターに最も多い資産、平均的なセクターには平均的な資産を配分して次の6カ月の運用を始めていく。ちなみに、パフォーマンスが最低だったセクターには、次の6カ月間資産を配分しない。

図2.1は、見直しを行った7セクターポートフォリオと、同じポートフォリオをバイ・アンド・ホールドで運用したもの、そしてバンガードS&P500インデックスファンドのパフォーマンスを示している。

実際にはバンガード・ヘルス・ファンドは1年間保有しないと償還手数料がかかるため、今回のバックテストでは運用期間中（1989年～2004年11月）このファンドのポジションは見直しを行わずにそのまま保有していた。つまり、今回のテストでは7つのファンドのうち6つしか見直しを行っていないが、このことが結果に大きな影響を与えた

図2.1　7セクターポートフォリオとバンガードS&P500インデックスファンドの比較(1989/1～2004/11)

見直しを行った7セクターポートフォリオと、バイ・アンド・ホールドで運用した7セクターポートフォリオとバンガードS&P500インデックスファンドのパフォーマンスを比較したもの。年間リターン(複利)は、見直したポートフォリオが18.3%、バイ・アンド・ホールドのポートフォリオが14.1%、バンガードS&P500が11.8%になった。この結果は仮説に基づく検証によるもので、将来のリターンを保証するものではない。

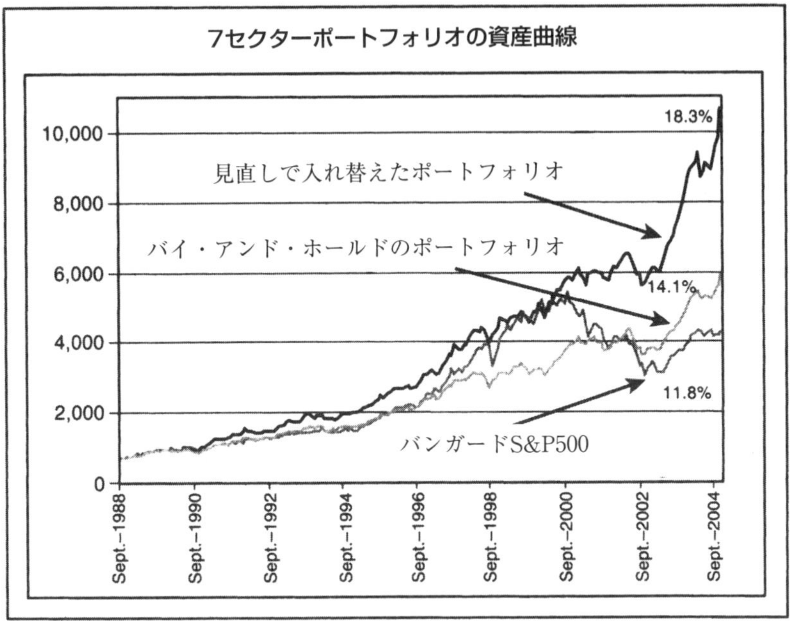

とは考えていない。

前年比の結果

表2.7には、見直しを行った7セクターポートフォリオとバンガードS&P500インデックスファンドのパフォーマンスを1989年から2004

表2.6　見直した7セクターポートフォリオとバイ・アンド・ホールドポートフォリオとバンガードS&P500インデックスファンドのパフォーマンスの比較（1989/1～2004/11）

投資手段	年間利益	最大ドローダウン	700ドルがいくらになったか
7セクター、見直しあり	18.3%	–13.9%	$10,172
7セクター、見直しなし	15.2%	–15.9%	6,638
バンガードS&Pインデックス	11.4%	–44.8%	4,155

年11月まで前年比で示してある。

ここでは、年間平均利率が**表2.6**の複利リターンよりも高くなっていることに注目してほしい。複利の利益は年間平均利益とは違う。例えば、100ドルのポートフォリオで運用を開始して最初の年に100％の利益を出し、次の年に100％の損失を出すと２年間の平均年率は０％（＝（＋100－100）÷２）になる。しかし、現実にこうなったら、ポートフォリオは完全に消滅してしまう。

また、見直しを行うことで、この期間の損失をうまく抑えられていることにも注目してほしい。リスク削減という意味でも、分散することが大きなメリットをもたらしていることは間違いない。

最後に一言

第１章と第２章で、共通点もあるが異なる３つの分散型ポートフォリオを紹介したが、混乱を来していないだろうか。ここでは、さまざまなポートフォリオの構築が可能だが、戦略のカギとなるのはセクターの組み合わせではなく分散だということを理解してほしい。ちなみに、セクターの組み合わせの良し悪しは、時期によって変わる。

筆者も筆者のスタッフもセクターの組み立てと見直しに関する研究が終了したとは思っていないが、先に紹介したモデルより幅広いセク

表2.7　見直しを行った7セクターポートフォリオとバンガードS&P500インデックスファンドの前年比比較（1989/1～2004/11）

年	見直しを行った7セクターポートフォリオのパフォーマンス	バンガードS&P500インデックスファンドのパフォーマンス
1989	34.4%	31.6%
1990	5.1	–3.1
1991	41.2	30.4
1992	14.9	7.6
1993	20.3	10.1
1994	6.8	1.3
1995	30.2	37.5
1996	20.3	23.0
1997	26.3	33.4
1998	19.9	28.6
1999	13.3	21.0
2000	27.3	–9.1
2001	–2.1	–11.9
2002	–4.7	–22.1
2003	27.8	28.7
2004（11カ月）	**21.2**	**7.2**
平均	**18.9%**	**13.4%**

＊見直しを行った7セクターポートフォリオのパフォーマンスが16年のうちの10年、S&P500インデックスファンドを上回った

ターを利用したい投資家には次の手順が最善策だと現時点では信じている。

幅広いセクター分散の積極的な運用計画

幅広いセクターで分散型ポートフォリオを構築し、維持してい

くための手順を紹介する。ここでは、定期的に最強のセクターとそのなかで最強の投資信託に投資していく。

1. さまざまなセクターのリストを作成し、四半期のパフォーマンスを更新していく。パフォーマンスは各セクターの一般的な成績でもよいし、各セクターの代表的な投資信託の成績かいくつかの投資信託の平均でもよい。

セクターリストの一例を示しておこう。

●アメリカの小型バリュー株ファンド
●エネルギーファンド
●外国の小型バリュー株ファンド
●公共株ファンド
●外国株ファンド
●金融
●REIT
●運輸株関連ファンド
●ヘルスケア関連の投資信託
●食品と農産物
●天然資源関連の投資信託
●貴金属
●中型バリュー株の投資信託
●株式型インカム投資信託

６カ月ごとに（または１年、６カ月なら税引き前に行うほうがよい）ポートフォリオを見直して、上の14セクターのなかで直近の６カ月に高パフォーマンスを上げた７セクターに投資していく。特に、パフォーマンスが最も高かった２つのセクターには加重して25％の資産を配分し、残りのセクターには10％ずつを割り当てる。

2．各セクターにいくつかの（できれば多めに）投資信託をリストしておく。これは投資したいセクターを選ぶときに、そのセクターを代表する投資信託も一緒に選んでおくと良い。
このとき、できれば各セクターに少なくとも2～3のファンド（分散の第2段階）を探しておいてほしい。投資信託の選び方もセクターと同じで、見直し前の四半期に高パフォーマンスを上げたものを次の6カ月に採用すればよい（投資信託の選択については第3章でも述べる）。
この計画に従えば、6カ月ごとに最高のパフォーマンスを上げたセクターの最高のパフォーマンスを上げた投資信託を使って分散されたポートフォリオで運用を開始することができる。

このポートフォリオは、それ自体で高水準の安全性とリターンを兼ね備えている。ただ、個人的な感情やリスク許容量に応じて、資産の一部を先に紹介したような分散型インカムポートフォリオに割り当ててもよい。通常、インカム投資の配分は20～30％だが、保守的な投資家なら40％（あるいは50％か60％かそれ以上）でもよい。逆に、冒険したい投資家ならすべて株式のポートフォリオを望むかもしれない。

次は、どの投資信託に投資すべきかについて考えていく。最後に一言、分散、分散、そして、また分散！

第3章

最も成功しそうな投資信託を選ぶ

Selecting Mutual Funds Most Likely To Succeed

1920年代に運用が開始された投資信託は、比較的少ない資本で株、債券、そのほか（例えば不動産、貴金属など）に幅広く分散することを可能にした。理論的には、投資信託を買えば、たとえ１口でも国内外の株､債券､そのほか（それも各分野の「エキスパート」である「熟練」の「プロ」が選択した投資先）が確保できることになる。

また、幅広く投資信託を組み込んだポートフォリオなら分散されているため、少なくとも理論的にはリスク（と潜在リワード）は減ることになるし、ある程度大きく売買すれば取引コストも削減できる。

ただ、コストに見合う分散とプロの運用のメリットが得られるかどうかはさまざまで、場合によっては目に見えないコストがかかっていることもある。ファンドによって大きな差がある運用手数料のほかにも、投資信託には次のような経費がかかっている。

- ファンドが支出した手数料（特に積極的な運用のファンドの場合）
- 事務手数料。見えない形で担っていることも多い（先払いまたは後払い）
- 中途解約手数料
- 投資家に継続して課される「12b-1」手数料（これは通常、販売を行ったブローカーや営業担当者に支払われる）

投資信託全体の約80％がマーケット指標（例えばS&P500）のパフォーマンスを下回る原因は、これらの手数料によるところが大きい。しかし、この事実をアメリカだけでも１万7000以上ある投資信託に資金を投入している何百万人という投資家は知らない。

ただ、投資信託がすべての投資家にとって必ずしも最善の投資ではなく、幅広く株式を集めた個人のポートフォリオ（こちらのほうがコストが安い）よりパフォーマンスが低いとしても、一部の投資信託は長期的に高パフォーマンスを記録しているし、多くのファンドは短期的にほかのファンドや株のパフォーマンスを上回っている。また、多くの投資家が自分で投資するほど知識がない分野に、アクセスを提供してくれるファンドも数多くある。

数え切れないほどの本やアドバイザーやブローカーの推奨や雑誌の記事が、投資すべき「最高の」ファンドの選択について労力を割いている。本書でもさらなる情報源を勧めてはいるが、本章では何を探し、どの戦略に従うべきか、また投資信託を購入する場合の具体的なアドバイスなど、筆者の個人的な考えを述べていく。

モーニングスターの神話とメリット

投資信託の運用会社は、みんないくつかの宣伝戦略を用いている。そのひとつは、ファンドの広告に自社のファンドの直近のパフォーマンス（３年、５年、10年、なかには20年も）を掲載することで、これは株価の上昇期に最もよく行われる。2000年～2002年のベア相場直前の1900年代末にも、このような広告をよく見かけた（1980年代と1990年代は、20世紀で最も儲かった20年間で、S&P500の10年ずつのリターンは年率17.5％と18.2％だった。ちなみに、2000～2005年５月にかけた株式投資の年間平均損失は2.3％だった）。

また、投資信託のパフォーマンスを含む情報源として数多くの読者がいるモーニングスターなどの「スター評価」を吹聴するという作戦もよく使われている。モーニングスターは、投資信託の過去のパフォーマンスに対して1つ星から5つ星（最高）までの評価を与えている。これを見ると、平均的な投資信託は3つ星の評価を受けるように見えるかもしれないが、どうも違うようだ。2005年版の「モーニングスターファンド500」の平均評価は3.76で、これは3つ星より4つ星に近い。通常、レストランやホテルでも4つ星や5つ星というと高評価の意味合いがあるが、ここでの4つ星は平均に近い投資信託でしかない。それでも宣伝が「優れたパフォーマンス」という意味でこの評価を利用していることは明らかだ。

ちなみに、モーニングスターは「スター評価は予想ではない」（2005年版）という注釈を付けているが、そうなると評価自体の存在を疑問視したくなる。ただ、公平に見てモーニングスターの年鑑やそのほかの刊行物（http://www.morningstar.com/）が、投資信託に関する過去のパフォーマンスや投資スタイル、経費率（重要）、加重方法、リスクやパフォーマンスの測定方法、全般的なコメント、そして評価に関する相当量の情報を提供していることは間違いない。

前述のスティール・ミューチュアルファンド・エキスパート（http://www.steelesystems.com/）というデータベースも投資信託に関してかなりのデータを掲載しているが、モーニングスターほど包括的ではない。ただ、スティールが掲載している投資信託の過去のリターンやリスクやリスク調整済パフォーマンスの評価は、筆者にはとても役に立っている。

もし星が未来を教えてくれないのなら、だれが教えてくれるのだろうか。

最高の投資信託を探すための簡単なチェックリスト

投資信託を選ぶときに簡単にチェックできる項目をいくつか紹介しておこう。いくつかの項目はバロンズ紙やブローカーのウエブサイト（例えばシュワブのhttp://www.schwab.com/）などに掲載されている。シュワブのサイトなら、顧客は「アドバイス＆リサーチ」「ミューチュアルファンド・リサーチ」とクリックして、「トライ・アワー・リサーチ・ツアー」に入ると、相当量のデータを入手することができる。ほかのブローカーも同類の情報を提供している（**訳注**　シュワブの画面は、現在は変わっている）。

経費率とポートフォリオの回転率――低いほうが良い

取引手数料や運用経費など投資信託を通じて株式市場に参加するためのコストを含む経費率は、株式市場全体、具体的に言えばベンチマーク（ファンドの投資対象であるひとつもしくは複数のセクター）のパフォーマンスを超えるための絶対的なハンディキャップになっている。

株関連の投資信託の平均的な年間経費率は、資産の1.25％程度になっている（債券ファンドなら資産の約0.75％）。つまり、もしほかの条件が同じなら、ファンドは該当するベンチマークを毎年少なくとも1.25％上回らなければ株式市場自体のリターンと同じにはならないことになる（株式市場の利益が10％なら、ファンドは11.25％の利益を上げなくてはならない）。もちろん株式を保有するためにある程度の経費は必要だが、バイ・アンド・ホールドの投資家なら最初に買うときの手数料と売買のスプレッドくらいで、そのあとは費用がかかったとしても最低限ですむ。一方、投資信託の投資家は毎年一定の経費を支払い、この額は年間平均利益の10％以上になることも珍しくない。

経費率は低いほど良い。ある特定の指標などに連動するようデザインされたインデックスファンドや投資信託で、分析や多数のトレーディングを行わないものは、通常経費率が低くなっている。バンガードS&P500インデックスファンドはこのタイプの代表格で、経費率は1997年以来資産のわずか0.18％（年率）に抑えられている（フィデリティもS&P500インデックスファンド設定以来、経費率0.10％で運用しているが、この比率が将来も続くとは限らない）。

インデックスファンドはコストが低いため、平均的で積極的な運用の投資信託のパフォーマンスを上回ることが多い。例えば、バンガードS&P500インデックスファンドのパフォーマンスは、株式投資信託の約80％を上回っている。

ただ、それでも素晴らしい実績を上げてきたファンドはある。これらのファンドは、経費率だけでなく、回転率（ポートフォリオの内容が１年間に変化する割合）も比較的低くしてコストを抑えているという特徴がある（平均的な株式投資信託の回転率は約85％）。

ノーロードファンドのパフォーマンスはロードファンドを上回る可能性が高い

ロードファンドは、何らかの形で販売手数料（ロード）がかかる投資信託で、購入時か償還時（例えば60～90日など一定期間保有しないとかかる、拘束期間は数年に及ぶこともある）に支払うことが多い。この手数料は購入金額によって違い、通常は多く買えば手数料は低くなる。先払いロードは購入時に支払うもので、100万ドル以上なら手数料は免除されることも多いが、それ以下だと購入額の５％程度かそれ以上になることもある。

典型的なロードファンドがノーロードファンドより高いパフォーマンスを上げるという保証はどこにもないが、先払いロードがそれを相殺するメリットのないハンディキャップにそのままなる理由ならいくらでもある。

後払いロードもさして変わらない。この手数料は、一定期間（数年に及ぶこともある）が経過する前に償還したい投資家に課されるもので、金額は年とともに減って最後には0になる。これらのファンドは通常ブローカーによって販売され、年間の12b-1手数料も平均以上になっていることが多い。

ブローカーの多くは、間接的に高い手数料を課すために「C」シェアという方法も使っている。仕組みを説明しよう。ブローカーは投資家にAシェア（先払いロード）ではなくCシェアを勧める。これは先払い手数料がないかわりに、１％程度の経費を継続的に課していくもので、年数を重ねると合計経費はAシェアで最初に支払う金額を超えてしまうこともある。また、CシェアはAシェアにはない償還手数料（一定期間保有する条件がついている場合、通常は１～２年）を課すようになっていることもある。

投資信託のパフォーマンス表を見ると、Aシェアのパフォーマンスが常に同じファンドのCシェアを上回っているということはよくある。

ブローカーが、単に手数料を上げるためではなく、最適なものを勧めているかどうかを検証する

ブローカーが、投資信託を保有する投資口座に包括手数料を課して取引手数料を徴収しているのに、高額なロード（前払いや後払いの）や経費率や12b-1手数料がかかる投資信託を勧めようとすることはよくある。また、年間包括手数料が、投資信託の１～２％の金額に達してしまうことも多い。

ファイナンシャルプランナーも、先払いロードの投資信託を勧める傾向がある。ノーロード型のほうが顧客にとってはメリットがあるが、

ロード型なら手数料の一部が彼らに支払われるからだ。プランナーは手数料を課す場合もあるが、パフォーマンスにマイナスの影響を及ぼす投資信託の手数料よりも、時間単位で顧問料を支払うほうを勧めたい。

投資の経費を軽視している投資家も多いが、これをモニターしておく必要性をここで強調しておきたい。避けられる経費はすべて追加的な投資利益になり得る。わずか１～２％でも、複利で考えればその差はかなりの金額になる。

一般的なルールとして、ファンドのボラティリティは低いほど良い

動きの速いセクターや成長株、投機的な銘柄、少ない銘柄に集中的に投資するポートフォリオなど、急速に変化する投資信託はマーケットの状態が良ければ保有するのが楽しくなる。しかし、長期的に見ればこのようなリスクのとり方をすることで得られる利益は少ない。結局、長期で見れば低ボラティリティの投資信託が最終リターンではボラティリティやリスクが高いファンドに追いつき、リスク・リワード・レシオで勝ることになる。

投資信託のボラティリティは、「ベータ」で示されるか、ベンチマークの指数（多くのファンドがS&P500を使っている）との比較で表されることが多い。バンガードS&P500インデックスファンドのベータは1.00で、これはこの指数を再現するデザインになっていることを反映している。ベータの水準が1.00を超えているファンドは、元となっている指数よりもボラティリティが高いという意味で、ベータが1.00より低ければボラティリティ（リスク）はベンチマークより低いことになる。

筆者の会社で行った調査では、長期的なリスク・リワードの関係（筆

者はゲイン・ペイン＝儲け・痛み比率と呼んでいる）が最も良いのはベータが1.00未満の0.60～0.80のレンジ（S&P500の60～80％のリスクレベル）にあるファンドだという結果が出ている。ただ、ボラティリティがS&P500より高いファンドが悪いというわけではない。ここで言っているのは、ボラティリティが低いことでリスクも低い投資信託は、投資家にとって不利になるより有利になることのほうが多いということなのだ。

マーケットタイミングをうまく使えば、動きの速いファンドで優位に立つことも可能になる

多くの投資家にとっては、特にバイ・アンド・ホールドの投資家にとっては、平均的なボラティリティを超えない投資信託のほうが安定的なリターンを確保しやすい。しかし、株式市場でうまくタイミングを取ることができる投資家は、値嵩株が上げているときに飛び乗り、下落を避けて逃げ出すことが本当にできれば、素晴らしい利益を手にすることができる。

第７章「タイミングを取るための３面アプローチ」では、株式市場が弱含んでいる時期を避けることに関してすでに実績のある優れたマーケットタイミングのテクニックをいくつか紹介する。このツールを使えば、資本の一部をもっと積極的な投資信託や株式関連の商品に投入してもよいと感じるかもしれない。ただ、安定したパフォーマンスを望むのであれば、積極的なポジションの割合はポートフォリオの20～25％程度に抑えておくべきだろう。

重要なのは継続したマネジメント

資産の規模もチェックする。ファンドが大きいほど主要なマーケットのベンチマークを反映している可能性が高い。

もし長期的なパフォーマンスや運用スタイルの特徴が気に入って投資信託を買いたいのであれば、その前に過去の実績を築いてきた運用チームが現在も残っているかどうかを確認したほうがよい。

また、小規模の投資信託のほうが大規模のファンドよりベンチマークを超えるパフォーマンスを上げやすい。これは、優れた発展途上の企業を探し当てたとしても、資本が大きいとそのメリットを反映できるだけの株数を確保するのが難しいからで、大型ファンドは必然的に流動性の高い大型株に重点的に投資せざるを得なくなる。しかし、大型株はマーケットの関心も高いため、結局パフォーマンスはS&P500などに近くなって、それにさらに経費がかかってくる。一方、小規模ファンドは当然ながら操作がしやすいため、良くも悪くも運用チームの特色がパフォーマンスによく反映される。

現実にこのような状態になっているのが、ピーター・リンチの運用によって長年ベンチマークのS&P500を上回ってきたフィデリティ・マゼランファンドだ。このファンドが最も高いパフォーマンスを上げていたのは、運用開始直後のファンドが比較的小さかった時期で、1990年代にリンチが引退したあと、以前の成績を達成できたマネジャーはひとりもいなかった。実は、この間にマゼランは巨大ファンドに成長して2005年の資産総額は630億ドルに膨れ上がっていたが、パフォーマンスは平均以下まで悪化してしまった。

マゼランは、マネジャーの変更と巨大化によって、投資業界の恐竜と化してしまったのだった。

このため、長期的に最高のパフォーマンスを維持しているファンドの多く（例えばフィデリティ・ロウ・プライス・ファンド、イージス・バリュー、ドッジ・アンド・コックス・バランス・ファンド）が2005年末の時点で新規顧客の受け入れを停止してパフォーマンスを維持できる資産規模に抑えていることは驚くべきことではない。

長期的に節税対策を行う投資信託のポートフォリオを構築し、維持する

儲けを増やして痛みを減らす！　この項では節税措置をとりつつ、平均以上のリターン率を達成する方法について述べていく。

TPS戦略――「千にひとつ」クラブ品質の投資信託を探し出す

筆者が長年構築してきたデータベースに登録してある約１万9000の投資信託のなかで、千にひとつ品質のリスク調整後パフォーマンスを上げているものはわずか20しかない。

トリプル・ピリオド・セレクション（TPS）戦略は、長期間、一貫してS&P500のパフォーマンスを上回っている投資信託で、株式市場で一般的に使われているベンチマークよりもリスクの低いものを簡単にスクリーニングできるようデザインされている。

次に、長期投資用の投資信託を探すための比較的簡単なモデルを紹介するが、実はこれは筆者の運用会社が社員年金のポートフォリオや顧客用口座の運用に実際に使用しているモデルを簡素化したものだ。

パフォーマンスの条件

1．配当を含む直近の３年間の平均パフォーマンスがS&P500を上回っている。
2．配当を含む直近の５年間の平均パフォーマンスがS&P500を上回っている。
3．もし10年以上運用しているファンドなら、配当を含む直近の10年間の平均パフォーマンスがS&P500を上回っている。

最初の条件の根底にある概念は明らかだろう。ここではまず、株式市場でさまざまな時間枠に最もよく使われているベンチマークを一貫して超えているものを探し出す。

このルールだけでも、マーケットの上昇期にS&P500などの指数を大きく上回る高ボラティリティのファンドを外す効果がある（対象期間の少なくとも一部にはマーケットの下落期間が含まれている）。

リスク調整後のパフォーマンス比率――優れたシャープレシオの水準

この項は少し複雑かもしれないが、計算過程は理解しなくてもリスク調整後パフォーマンスを測定するシャープレシオの大きなメリットを得ることはできる。

基本的に（ウィリアム・シャープ教授が考案した）シャープレシオを使うと、高リスク投資（例えばボラティリティの高い投資信託）と低リスク投資（例えばボラティリティの低い投資信託）の間で、投資家が投資クラス別（またはファンド別）に過去の儲けが過去の痛みにどの程度見合っているのかを判断するための水準を測定することができる（もちろんこの比率はほかの投資にも応用できる）。

シャープレシオは次のように算出する。

$$月間シャープレシオ＝（月間平均リターン－月間無リスクリターン）\\ ÷リターンの月間標準偏差$$

年間の値に換算するには、月間リターンを12倍し、リターンの標準偏差には$\sqrt{12}$（＝3.4641）を掛ければよい。

ただ、自分でこの計算ができなくても心配はいらない。公式を紹介したのは、比率の根拠を説明するためであって、投資信託のシャープレシオは簡単に入手できる。

この公式ではまず、評価したい投資先のリターンから無リスク資産に投資したリターン（例えば90日物のＴビルに投資したリターン）を引く。

月間平均リターンは、対象の投資信託(あるいはそれ以外の投資先)から該当期間に実際に受け取ったリターンを使う。

月間平均リターンと月間無リスクリターンの差は投資リスクをとる代わりに得た追加的なリターンで、超過リターンと呼ばれている。

リターンがとったリスクに見合っているか

この重要な質問の答えは、超過リターンと投資リスクの金額（月間リターンの標準偏差）を比較すると分かる（標準偏差は、平均値を中心に月間変動幅の３分の２を含むレンジ)。

例えば、標準偏差が５％なら全期間の３分の２は月間変動率が平均から５％以内にあるということで、このとき方向は考慮していない。標準偏差は月間パフォーマンス（最高、最低の月を含む）のレンジを測定する方法のひとつになっている。パフォーマンスが最小限の変動幅に収まっている90日物のＴビルは、短期間だが毎月同じ利率を支払い、低いボラティリティを維持している。投資信託の成績は、例えば月間８％の利益を出すものもあれば、８％の損失を出すものもあり、Ｔビルと比べて儲かるチャンスも大きいが、痛みを被る可能性もまた大きい。リターンの標準偏差が高ければ、投資結果も良し悪しは別として大きく変動するため、投資リスクが大きいということでもある。

警告

この概念にはひとつ弱点がある。シャープレシオに使われている標準偏差は中立（変化なし）から上下に同じ運動量があるものと仮定しているため、動きのレンジが一貫して上昇または下降に向かう場合を想定していないことだ。ただ、このような欠点があるにもかかわらず、シャープレシオはリスクを反映する便利な基準として幅広く使われている。

超過リターンに対するリスク水準を理解する

例えば、Ｔビルと比較した年間超過リターンが５％で、年間リターンの標準偏差が10％の投資信託は、リスク調整後で見ると、超過リターンが３％でも標準偏差が２％の投資信託より劣っている。後者の投資信託は前者の超過リターンの60％を確保しながら、リスクの割合は低くなっているからだ。

繰り返しになるが、シャープレシオはオルタナティブ投資のリスク・リワードを比較したいときに簡単に使える便利なツールではあっても、完全なものではない。過去のデータを使って算出するシャープレシオは、将来のパフォーマンスが過去のパフォーマンスを反映するという暗黙の仮定のうえに成り立っているが、もちろんこれが常に正しいわけではない。また、比率の値が急激に変化することもあるし（例えば短期金利の状況が急速に変化してそれがＴビルの利回りに影響を及ぼす場合など）、前述のとおり中間値からの変動幅がプラスとマイナスでバランスしているかどうかという問題もある。

シャープレシオに関するさらなる情報

グーグルやMSNで「シャープレシオ」を検索すると、この比率に関するさまざまな記事やコメントが出てくる。

個別の投資信託のシャープレシオは、モーニングスター（http://www.Morningstar.com/）、ヤフー！（http://www.Yahoo.com/ のファイナンス）、MSN（http://www.MSN.com/ のマネー）などの投資リスクに関する画面に掲載されている。また、前述したスティール社のデータベースには過去10年間のシャープレシオが載っている。スティール社以外はこれほど長期間のデータは載せていないが、実際には５年分の比率があれば十分だろう。

千にひとつの投資信託と呼べるシャープレシオの水準

千にひとつクラブのメンバーになるためには、先に紹介したパフォーマンスの条件に加えて次のシャープレシオの条件も満たさなければならない。

●直近の３年間のシャープレシオが最低でも0.75以上だった
●直近の５年間のシャープレシオが最低でも0.75以上だった
●直近の10年間のシャープレシオが最低でも0.75以上だった

代替条件として、対象期間のシャープレシオがS&P500のシャープレシオより少なくとも0.30高いとすることもできる。例えば、過去３年間のS&P500のシャープレシオが0.30だった場合、評価したい投資信託のシャープレシオは0.60（0.60－0.30＝0.30）以上でなくてはならない。

こちらのほうが多少簡単に条件を満たすことができるため、投資信託を選ぶときの選択肢は広がる（表3.1参照）。

千にひとつクラブの選考

2000～2002年のベア相場は、大部分の株式セクターに影響を及ぼしたため、この間S&P500は45%近く下落し、ナスダック総合株価指数は77%以上の価値を失った。そしてその結果、プラスのシャープレシオを維持してS&P500のパフォーマンスを上回ることができたセクターはあまり多くなかった。

小型バリュー株とともにベア相場の影響を逃れた数少ないセクターである不動産は、2005年半ばに先のセクター選択を行った時点で、長期のパフォーマンスでも優位に立っていた。小型バリュー銘柄も、大部分の期間において、優れた長期パフォーマンスを上げている。マーケット環境が良いときは、これ以外のセクターのなかにも厳選したバイ・アンド・ホールド・グループの基準を満たすものが出てくるだろう。

２つの条件を満たした20の投資信託は、３年、５年、10年という調査期間中すべてが利益を出している。ちなみに、この調査期間にはS&P500が2.37%下落した５年間も含まれている。

20の投資信託の平均シャープレシオは、３年が1.24、５年が1.23、10年が0.87という高い値になっている。

バイ・アンド・ホールドのポートフォリオをマネジメントする

優れたマネジメントが行われている投資信託は長年にわたって強さを維持できる場合が多いが、たとえ最高のファンドであってもいずれマーケットやほかの投資信託に対する強さは衰えていく。

そこで、毎年自分のポートフォリオを見直して、保有資産が長期投資のポジションとしての条件をその時点でも満たしているかどうかを

表3.1　20の候補ファンド(2005/7/26)

ファンド	投資対象	3年年間利益	5年年間利益	10年年間利益	3年シャープレシオ	5年シャープレシオ	10年シャープレシオ
AIMリアル・エステート/c	不動産	22.75	20.72	14.37	1.46	1.37	0.77
アルパインUSリアル・エステート	不動産	34.35	34.06	21.36	1.47	1.41	0.82
アメーリカン・センチュリー・エクイティ・インカム	株式全般	10.56	12.56	13.55	0.87	0.99	0.89
アリエル・ファンド	小型バリュー株	13.07	15.11	15.57	0.94	1.02	0.82
CGMリアリティ・ファンド	不動産	32.62	27.81	20.54	1.29	1.23	0.94
コーエン&スティアーズ・リアリティ・ファンド	不動産	23.01	20.78	15.81	1.32	1.23	0.84
コロンビア・リアル・エステート・エクイティ	不動産	19.37	17.55	15.59	1.28	1.13	0.92
DFAリアル・エステート・セキュリティース	不動産	20.81	20.46	15.22	1.23	1.27	0.86
フィデリティ・リアル・エステート・インベストメント	不動産	20.98	20.15	15.51	1.28	1.28	0.87
ファースト・アメリカン・リアル・エステート	不動産	21.94	21.16	15.52	1.33	1.36	0.91
ハイトマンREIT/PBHG	不動産	20.85	19.66	15.70	1.21	1.19	0.88
ルーミス・セイルス・ボンド/ファースト	外国債券、マルチセクター	16.49	11.41	10.30	2.01	1.25	0.88
ルーミス・セイルス・フィックスト・インカム	外国債券、マルチセクター	16.73	11.92	10.28	1.93	1.26	0.89
ルーミス・セイルス・インベストメント・グレードFXインク	外国債券、マルチセクター	13.37	12.17	10.14	1.52	1.41	0.95
モルガン・スタンレー・インスティチューショナルUS RE/A	不動産	22.79	20.44	17.56	1.38	1.28	1.03
メインステイ・バランス	バランス型	10.87	10.69	10.31	1.10	1.04	0.77
メヤース&パワー・グロース	株式全般	11.52	11.16	15.47	0.89	0.75	0.87
ロイス・トータル・リターン	小型バリュー株	13.09	15.15	14.38	0.97	1.00	0.93
ラッセル・リアル・エステート・セキュリティ/S	不動産	21.90	20.20	15.50	1.31	1.24	0.86
T・ロウ・プライス・キャピタル・アプリシエーション	バランス型	12.62	13.64	12.68	1.22	1.24	1.06
ファンド平均		**21.85**	**20.91**	**16.25**	**1.24**	**1.23**	**0.87**
S&P500トータルリターン		**8.28**	**−2.37**	**9.94**	**0.49**	**−0.30**	**0.39**

確認してほしい。ポジションの見直しは、できれば6カ月ごとに行うとよく、特にIRA口座などの非課税枠内の保有分には適している。一方、課税対象のポジションであれば、納税申告を考慮して最低12カ月は保有する手順にしておいたほうがよい（長期のキャピタルゲインとして認められるためには、1年以上保有する必要がある）。

手順は次のようになる。

1. 長期保有を目的とした投資信託のポートフォリオを構築する。投資信託は、千にひとつクラブの条件を満たすものを選び、条件を満たさなくなるまで保有する。通常、先払いロードや1年以上保有しても後払いロードがかかるファンドは避ける。
2. 毎年、バイ・アンド・ホールドの条件を満たさなくなったファンドを売却し、条件を満たす新しいポジションと入れ替える。
3. バイ・アンド・ホールドの投資信託を組み立てるときには、必ず分散を考慮する。これは、たとえファンド数が20程度で、千にひとつクラブの条件を満たす不動産を中心とした比較的小さなポートフォリオであってもやはり考慮してほしい。たとえ5つのファンドでも、不動産、小型バリュー株、外国債券、配分型、株式全般というように分散することはできる。
4. 大部分の投資家にとって、この部分が株式関連資産の約35～50％を占め、全体のポートフォリオのなかでも節税措置をほどこした中心的なポジションになる。

中期投資用に強力な投資信託のポートフォリオを構築し、維持する

儲けを増やし、痛みを減らす！
マーケットリーダーの変化に素早く対応する！

年間トレード数は少なめに！

定期的にポートフォリオを入れ替えて常にマーケットリーダーを保有するようにしておく

長期間バイ・アンド・ホールドで保有する条件を満たす投資信託には、取引コストが低いことや、非課税口座以外で保有する場合の節税措置、優れたリスク・リワードの特性、全般的に優れた長期パフォーマンスなど、さまざまなメリットがある。

しかし、このポートフォリオは安定性とリスク削減を重視しているため、バイ・アンド・ホールドのポートフォリオだけではそのときどきで最強の業界が好調な時期に便乗したり、大部分のセクターが不調ななか数少ない好調なグループを選んだりはできないかもしれない。

マーケットリーダーの変化は、特定のセクターやファンドが新しくリーダーになったり、トップクラスにあったセクターやファンドが脱落したりすることで、毎年というよりむしろ毎月のように起こっている。しかし、低ボラティリティのバイ・アンド・ホールド・ポートフォリオは、それを反映するようには必ずしもなっていない。

長期間、安定して平均以上のパフォーマンスを上げてきた投資信託を探し出すことができれば、確実にメリットはある（特にリスク水準も低ければ）。ほかにも投資信託全体の90％を上回るパフォーマンスを上げているファンドを探して短期間投資したり、資産を入れ替えて新しい投資期間をその時期トップ10％に入る強いマーケットのファンドのみで始めるようにしたりすることもできる。

次の４ステップから成る「リーダーに続け」戦略は、平均的な投資信託より大きな儲けと小さな痛みという素晴らしい実績をすでに残している。

1．リーダーを探し出す
2．リーダーを買う
3．リーダーがリーダーでなくなるまで保有する
4．新しいリーダーと入れ替える

ここでは、直近の3カ月間にすべての投資信託の90％を上回るパフォーマンスを上げたファンドを、マーケットリーダーと定義することにする。言い換えれば、マーケットでトップ10％（十分位で1番目）のパフォーマンスを上げているファンドは、全投資信託のなかのエリートトップデシルということになる。

しかし、なぜ3カ月なのだろう。実はこれが魔法の期間というわけではない。2カ月を基準にしてもよいし、3カ月と1年を組み合わせて短期と長期の強みをブレンドして保有してもかまわない。

ただ、3カ月という期間にはさまざまなメリットがある。そのひとつは、四半期の投資信託のパフォーマンスが公表されているということで、例えば、バロンズ紙をはじめとする金融関連の出版物は投資信託のパフォーマンスを四半期ごとに掲載している。この使い方はあとで説明する。また、多くの投資信託が90日以内に売却した顧客には手数料を課すということもある。もし3カ月ごとにランキングを行って、それに基づいて売買を行えば、それ以上の頻度で売買した場合に比べて余計な手数料を避けることができる。中期の投資信託レラティブストレングス投資モデルを使うことができないファンドはそう多くない。

投資対象になる安全な投資信託を分離しておく

常にボラティリティの高い投資信託と、通常平均以下のボラティリティになっているファンドを分けておく。

ボラティリティは、月間リターンの標準偏差で表すこともあるが、

ファンドの「ベータ」(ベンチマークと比較した変動幅、株式市場では通常S&P500がベンチマークとして使われている)で表されることもある。投資信託のボラティリティの評価は、モーニングスターの出版物やウエブサイト、スティールのウエブサイトなど多数の情報源がある。ウエブ上で「ミューチュアルファンド・ボラティリティ」と検索すれば、該当するサイトがいくつも見つかる。

実行可能で、たいていは信頼でき、リスク削減を含む株のマーケットタイミングモデルをすでに活用しているのでなければ、投資信託の選択はS&P500の長期ボラティリティレーティングを超えないもののなかで行ってほしい。空想とたいていは幻想でしかない「流行ファンド」の潜在利益は忘れたほうがよい。株式市場で成功するための秘訣は、痛みを最小限に抑えることだと覚えておこう。

この点について、これ以上時間を割くつもりはないが、もう一度だけ言う。ほとんどの場合、静かでボラティリティの低い投資信託に投資したほうが、リスクもボラティリティも高いファンドに投資するよりも長期的な純利益がずっと多くなることは純然たる事実だ。ぜひ、長期での儲けと少ない痛みのほうを目指してほしい。

これから強い株のマーケットタイミングモデルを使って利益を増やしながら痛みは最小限に抑える方法を紹介するが、ここでは、毎日マーケットを観察しなければならないような手順は避けることと、リスクコントロールの優先順位を高くするという前提で話を進めていく。

ファンドをパフォーマンスでランクづけする

投資信託の四半期パフォーマンスを入手する。多くの金融系刊行物がこのデータを提供している。また、ウエブ上で「ミューチュアルファンド　四半期」と検索すれば投資信託のパフォーマンスに関する多数のサービスが出てくる。モーニングスターのウエブサイト（http://www.morningstar.com/）は無料のメンバー登録をすれば投資信託業界に関する相当量の情報とニュースにアクセスすることができる。また、MSN・ドット・コムのマネーのセクションには、パフォーマンスのランキングやファンド業界のデータが掲載されている。このなかには、直近の３カ月にトップパフォーマンスを上げたファンドの情報も載っている。前にも紹介したスティールのデータベースも、必要な情報を提供してくれる良い情報源になるはずだ。

典型的な投資信託のパフォーマンスを上回る

1．平均以下のボラティリティ（低リスク）のファンドと平均を超えるボラティリティのファンドを分ける。
2．低ボラティリティのグループのなかから直近の四半期に最高のパフォーマンスを上げた投資信託（調査対象となるファンドの90％のパフォーマンスを超えるもの）を分離する。

このとき、現存する数千もの投資信託すべてを見る必要はない。現実的な方法としては、トップ10％（十分位で１番目）に当たる250～500程度の投資信託から精選すればよい。このレンジなら、おそらく25～50のファンドが購入候補として残ることになるだろう。

3．十分位で１番目のなかから４～７程度の異なった投資信託を組み合わせてポートフォリオを構築する。このとき、分散の原則を忘れないでほしい！　さまざまなマーケットセクターのファンドを

図3.1　レラティブストレングスのランクで四半期ごとに入れ替えを行った投資信託のパフォーマンスの比較（1990～2005年）
各投資信託の年間リターン（複利）は十分位で１番目が14.18％、平均的なファンド（十分位で５番目と６番目の平均）が10.84％、十分位で10番目がはわずか7.11％だった

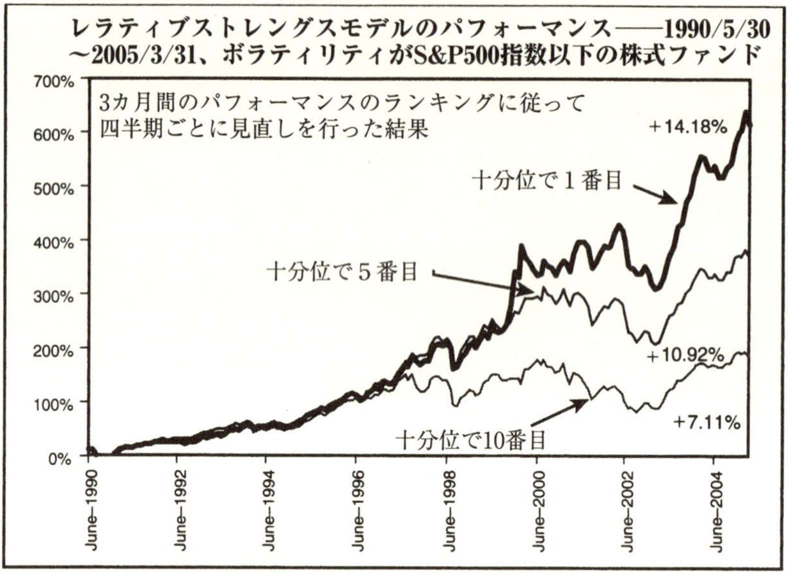

保有し、先払いや後払いの手数料がないかどうか確認する。このプログラムでは、手数料を最低限に抑えるようにしてほしい。

4．３カ月ごとに、ポートフォリオと選択肢のリストを見直す。もし、現在保有しているファンドで十分位で１番目から外れたものがあれば売り、代わりのファンドをトップ10％（以前からのものでも新たに加わったものでもよい）のなかから組み入れる。

つまり、新しい四半期が始まるときは、ポートフォリオのすべての

表3.2　パフォーマンスの十分位別年換算リターン率とドローダウン（1990～2005年）

十分位で見たパフォーマンス	年間平均利益	最大ドローダウン
十分位で１番目	+14.18%	–23.33%
十分位で２番目	+13.32	–20.28
十分位で３番目	+12.58	–22.83
十分位で４番目	+11.50	–25.27
十分位で５番目	+10.92	–26.04
十分位で６番目	+10.76	–28.46
十分位で７番目	+9.49	–31.19
十分位で８番目	+8.76	–34.87
十分位で９番目	+8.38	–34.66
十分位で10番目	+7.11	–37.07

ファンドが投資信託全体の90％を上回るパフォーマンスを上げていて、ボラティリティも平均以下という基準を満たしていることになる。一般的に見て、選択したファンドは比較的低リスクで、最も魅力的な「流行の」積極運用タイプのファンドと比べても長期的にはうまくやっていくと考えられる。

過去のパフォーマンス

図3.1は、ボラティリティが平均以下の投資信託の相対的なパフォーマンスを示している。３つの線は、1990年から2005年半ばにかけてパフォーマンスがトップ10％、平均的な10％、そして最も低い10％の推移を表している。

この図から分かるように、十分位で１番目のファンドのパフォーマンスは一貫して低ランクのファンドを上回っているだけでなく、ドローダウンも小さい。**表3.2**は、各十分位（デシル）の年間換算利益と最大ドローダウンのリストになっている。ここでは、投資信託の世界を10の十分位に分けて四半期ごとに見直しを行い、各四半期の始めに最高のパフォーマンス（前四半期のトップ10％）のファンドだけを集めた分散型ポートフォリオで運用を開始するという想定になっている。

パフォーマンスとリスク水準と十分位のランクにはほぼ完全な相関性がある。十分位のランクが高いほど、例外なくリターン率が高くなり、ドローダウンは小さくなる。年間利益の＋14.18％（十分位で１番目）と＋10.84％（十分位で５番目と６番目の平均）は、特に長期の複利で計算するとかなりの差になる。例えば、10万ドルを毎年14.18％で運用すれば、15年後には複利で73万0888ドル、25年後には275万2650ドルになるが、同じ資金を年率10.84％で運用すると、15年後は46万8218ドル、25年後には131万0427ドルにしかならないのである。

長期的な資産の伸びの差は目を引くが、リスクが下がっていることにも注目してほしい。

ダブルピリオ・ドランキングモデルで賭け金を上げる

ファンドを四半期ごとに前期のパフォーマンスでランク付けすると、トータルリターンもリスク調整後のパフォーマンスも大きく向上する。ただし、これは最も簡単な方法（四半期のデータはすぐに入手できるから）のひとつにすぎず、最善のパラメータというわけではない。

例えば、次に紹介するダブルピリオド・ランキングモデルを使えば、投資結果を大きく向上させることができる。

1．すべてのファンドのなかから、投資対象として平均以下のボラティリティのものだけ分離する。

2．投資対象のファンドの過去３カ月（前四半期）のパフォーマンスと過去12カ月のパフォーマンスの両方を調べる。これらのデータは先述のさまざまな情報源から入手できる。
3．ファンドごとに３カ月と12カ月のパフォーマンスを足して合計パフォーマンスでランキングを行う。例えば、もしあるファンドの過去３カ月の利益が５％で、12カ月の利益が12％であれば、合計パフォーマンスは17％（＝５％＋12％）になる。また、もし過去３カ月の利益が５％で過去12カ月は２％の損失ならば、合計パフォーマンスは＋３％（＝５％－２％）になる。
4．３カ月ごとに合計パフォーマンスに基づいてランキングを更新する。
5．合計パフォーマンスのランキングでトップ10％のファンドのみに投資する。

ランキングに複数の時間枠を使うことで、長期の動き（12カ月）と短期の動き（３カ月）のどちらか一方ではなく、両方を重視した投資を行うことができる。

ここでもランキングや見直しは３カ月ごとに行っていくが、ランキングは３カ月のパフォーマンスだけでなく、３カ月と１年の両方のパフォーマンスを基にして算出する。

図3.2は、過去３カ月と12カ月の合計パフォーマンスの四半期ランキングで、十分位で１番目に入ったファンドのパフォーマンスを示している。

十分位別の統計を検証する

表3.3は、３カ月と12カ月の合計成績ランキングの十分位別にパフォーマンスを示している。

図3.2　直近の3カ月と12カ月のパフォーマンスの十分位ランクに基づいて選択したファンドのパフォーマンス

このチャートは十分位で１番目（10％）、十分位で５番目、十分位で10番目（最低）のファンドの相対的なパフォーマンスを示している。四半期の初めの十分位ランクと年間利益とリスク水準には少なくとも長期ではほぼ完全な相関性がある

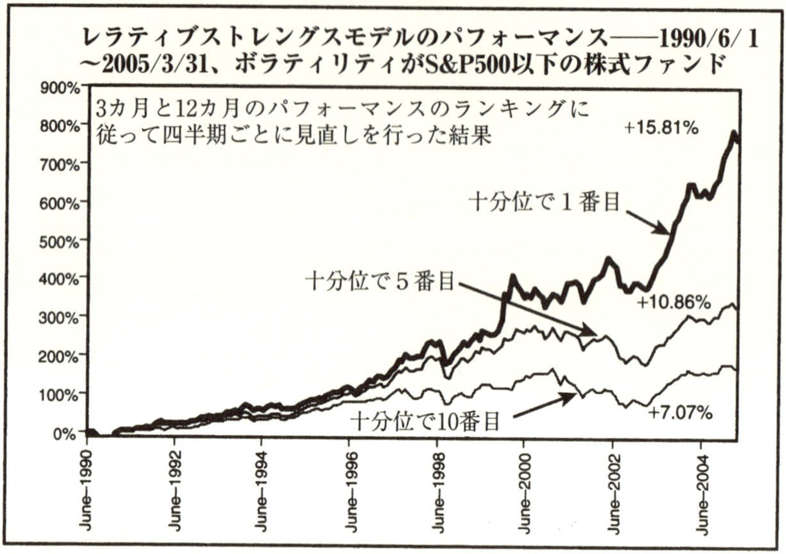

３カ月と12カ月の合計パフォーマンスで選択して四半期ごとの見直しを行った**表3.3**と、３カ月のみのパフォーマンスで選択して四半期ごとに見直しを行った**表3.2**を比較すると、次のようなことが分かる。

- 十分位で１番目から４番目（特に１番目）のリターンは向上したが、低い十分位のグループには衰えが見える。
- パラメータを追加すると、成功するファンドとそうでないファンドの差がさらに明確になる。
- ランキングの条件が１つと２つでは、十分位で１番目のパフォーマンスの違いが特に大きかったことは注目に値する。

表3.3　3カ月と12カ月の合計パフォーマンスの十分位別年換算リターン率とドローダウン、四半期ごとの見直し（1990～2005年）

十分位で見たパフォーマンス	年間平均利益	最大ドローダウン
十分位で１番目	+15.81%	–17.16%
十分位で２番目	+13.85	–19.36
十分位で３番目	+12.94	–21.34
十分位で４番目	+11.90	–24.07
十分位で５番目	+10.86	–28.88
十分位で６番目	+10.05	–31.87
十分位で７番目	+9.34	–35.18
十分位で８番目	+8.05	–37.11
十分位で９番目	+7.46	–36.54
十分位で10番目	+7.07	–36.42

●あまり利用価値はないが、低ランクのグループのマイナス幅のほうが高ランクのグループのマイナス幅より大きかった。
●全ファンドの中心に位置するグループにはあまり変化がなかった。レラティブストレングスは極端なファンドへの影響が最も大きかったと言える。

推奨！

自分の性格や時間を考慮したうえで、もし可能であれば、投資信託のランキングに時間枠も組み込むとよい。あと少し時間と労力をかけるだけで、パフォーマンスが向上することは間違いない（もちろん3カ月だけでも十分メリットはある）。

表3.4　セクター分散によるボラティリティの変化

	平均	IENAX	FSENX	FSLBX	EUEYX	PRUAX	SWHFX	混合ポートフォリオのボラティリティ
90日のボラティリティ	2.219	2.048	1.227	1.890	1.051	1.266	1.617	1.330
1年のボラティリティ	2.138	1.961	1.332	1.958	1.071	1.300	1.630	1.307
3年のボラティリティ	1.374	1.306	1.408	1.449	0.921	1.105	1.261	1.043
3年の潰瘍指数	**5.21%**	**4.83%**	**8.90%**	**5.59%**	**4.65%**	**5.12%**	**5.72%**	**3.81%**

分散がほぼ確実に助けになる

徒労に終わるかもしれないが、ここでもう一度投資信託のポートフォリオ構築における分散のメリットについて述べておきたい。

適正な分散を行っておけば、多少ボラティリティが大きくても、レラティブストレングスが高くてリスク特性が望ましければ、選択肢を広げて保有可能なポートフォリオに含めることができる。

表3.4は、分散することによるリスク削減効果を示している。この表は各セクターのボラティリティをS&P500と比較したもので、数値が大きいほどリスクの高い投資ということになる。

「潰瘍指数」は、保有期間中に発生した損失を測定するもので、リスクを反映している。つまり、この数値が低いほど、投資リスクは小さいことになる。儲けと痛みを測定する簡単な方法のひとつに、年換算リターン率をその投資対象の潰瘍指数で割る（利益÷潰瘍指数）方法がある。これは、測定期間における投資対象のリスク・リワード特性を反映した意味ある数値になっている。

表3.4は2005年８月に行ったリサーチで、５つのセクターの６つの投資信託を組み合わせたポートフォリオの効果を示している。組み入れたファンドは、エイム・エネルギー（IENAX）、フィデリティ・セレクト・エネルギー（FSENX）、フィデリティ・セレクト・ブローカレッジ（FSLBX）、アルパインUSリアル・エステート（EUEYX）、ジェニソン・ユティリティース（PRUAX）、シュワブ・ヘスル・ケア（SWHFX）の６つで、この時点でレラティブストレングスが高かった２つのエネルギーファンドには、２倍の割合を配分している。

ボラティリティの水準は、S&P500のボラティリティと比較したもので、例えば90日の行のエイム・エネルギー・ファンドのボラティリティが2.048になっているのは、このファンドの価格変動がS&P500の2.048倍ということを意味している。ただし、この表では変動の方向は考慮していない。

この表を見るとまず、個別ファンドの平均ボラティリティがポートフォリオ全体のボラティリティよりはるかに高いことに気づく。例えば、各ファンドの３年間の平均ボラティリティはS&P500の1.374倍なのに対して、ポートフォリオ全体のボラティリティはわずか1.043倍しかない。

さらに言えば、各セクターの潰瘍指数は平均すると5.21％だが、ポートフォリオ全体では3.81％まで下がっている（これも適切な分散によってリスクが削減できた一例）。

結論

分散！　分散！　分散！

401Kやそれ以外の非課税ポートフォリオで最大級のヒットを飛ばす

ここまで投資信託を使った投資に関して、長期のキャピタルゲインに対する税制上の優遇措置が受けられる「バイ・アンド・ホールド」ポートフォリオ、税制措置がない口座ではメリットが多少限られる「セクター分散型投資信託ポートフォリオ」、節税の観点からはあまり勧められない「中期のレラティブストレングスを使った投資信託ポートフォリオ」という3つのタイプのポートフォリオについて見てきた。

401K制度（企業年金制度）の多くは、大手投資信託ファミリー（例えばフィデリティ、T・ロウ・プライス、バンガード）などを含む優れた選択肢を提供している。読者のなかにも、このような制度に加入していたり、IRA口座（個人退職金口座）で投資信託ファミリーのファンドを柔軟に組み合わせて運用したりしている人が多いのではないだろうか。

投資信託を積極的に運用する場合の401Kの特別なメリット

多くの投資信託ファミリーが、顧客による自社ファンドの活発なトレードを嫌うのは理解できる。ファンドの保有者が大量に売買すれば、ポートフォリオは安定せず、余計な費用を顧客に課す必要が出てくるなど、ポートフォリオマネジャーにとっても、事務や経費などの面でも問題が多い。ただ、多くのファンドファミリーは、90日間（6カ月のものもある）の最低保有期間を過ぎれば顧客がファンドを売買することを認めている。

さらに、特定の投資信託ファミリーと提携している401K制度は、加入者が何度でもトレードできるようになっていたり、ファンドファミリー間の資産の移動を認めていたりすることも多い。投資方針をそう頻繁に変えるべきではないが、マーケットの状態が急変した場合などに備えて柔軟な対応が取れるようにしておくべきだろう。

柔軟にトレードできること以外に、401Kの枠内で投資信託を運用すると、税金の心配をせずに積極的なポートフォリオ運用ができるというメリットもある。

次の手順を研究し、実行すれば、401Kやそれ以外の非課税制度内で定期的かつ継続的に資産を再配分するための十分検証を重ねた戦略を習得できる。

401Kを最大限活用する戦略に関する基本的な概念はすでに述べてあるため、次の手順の大部分はすでに分かっているとは思うが、まずはステップごとに見ていこう。

1．401Kで使用できるファンドファミリーのなかからすべての株式投資信託のリストを作る（債券ファンドを使うことも可能だが、ポートフォリオ全体で考えれば、おそらく株式以外の部分の401K枠からも外れたところで保有することになるだろう）。2005年半ばの時点で、フィデリティファミリーでは100以上の株式中心の投資信託から選択できるようになっている。本書では、このファミリーをサンプルとして話を進めていく。

2．株式ファンドのみ（債券は含まない）のポートフォリオで最低限の防御的なタイミングを取るだけという運用の仕方でも、フィデリティファンドのマーケットボラティリティとリスクが低いほうの3分の1の範囲に入るファンドを選択するだけで、ポートフォリオのリスクを大きく削減できる（このために必要なデータは、フィデリティ、モーニングスター、スティール、そのほかの投資信託に関する情報源から入手できる）。

3．各四半期末には、フィデリティの低ボラティリティファンドすべ

図3.3　フィデリティファミリーのなかから十分位で１番目で低ボラティリティの投資信託のみを選んだほうがファミリー内でランダムに選ぶよりも良い結果になった（1990～2005年間の仮定の検証による結果）

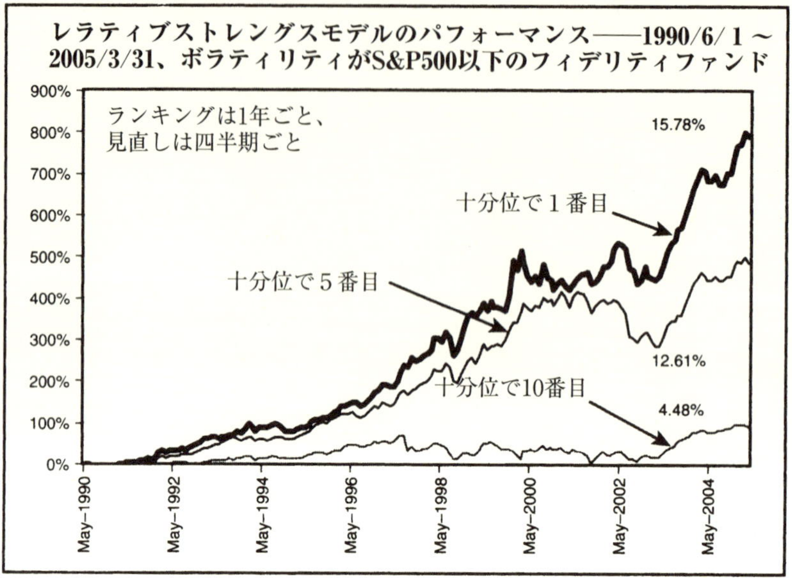

てを見直し、このなかから直近の12カ月のパフォーマンスがトップ10%（十分位で１番目）に入るファンドを買う。2005年半ば時点で、フィデリティの100のファンドのうち低ボラティリティの33ファンドを調べると、十分位で１番目に入っているファンドは３つあった。

4．四半期ごとに、過去12カ月のパフォーマンスを基にしてランキングを更新する。保有しているファンドのなかでトップ10%から外れたものがあればポートフォリオから外し、トップ10%を維持しているファンドは継続して保有する。

表3.5　12カ月のパフォーマンスでランク付けした低ボラティリティ・フィデリティ・ミューチュアルファンドの十分位別リターン（年換算率）とドローダウン、見直しは四半期ごと（1990～2005年）

十分位で見たパフォーマンス	年間平均利益	最大ドローダウン
十分位で１番目	+15.78%	−15.2%
十分位で２番目	+12.43	−21.4
十分位で３番目	+13.63	−25.7
十分位で４番目	+10.47	−31.8
十分位で５番目	+12.61	−26.7
十分位で６番目	+9.57	−35.5
十分位で７番目	+7.54	−30.6
十分位で８番目	+8.61	−31.0
十分位で９番目	+9.32	−37.7
十分位で10番目	+4.48	−37.9

株式市場が幅広く継続して上昇していくことを確信していないかぎり、401Kポートフォリオでは低ボラティリティのファンドを中心に買っていく。この部分は、退職後の資金として確保しておくため、投資ポートフォリオのなかでも保守的な運用をしていくべきだろう。

前述の３カ月と１年のパフォーマンスの組み合わせのように、ランキングの条件を少し複雑にして、パフォーマンスを多少上げることもできる。ちなみに、「遡及」期間の１年は簡単な条件でも効果があることを示す一例であって、この期間が絶対というわけではない。

図3.3は、フィデリティの低ボラティリティのセクターから、四半期ごとに過去12カ月のパフォーマンスを基にして選んだファンドの伸びを示している。

表3.5は、この結果を表にしてある。

この表から分かるとおり、十分位で１番目のフィデリティファンドのみに投資して、過去1年間のパフォーマンスに基づいて四半期ごとに見直しを行うだけで、平均15.8％のリターン（年率）を上げることができる。これを、フィデリティファンドの平均リターンである11.1％（十分位で5番目と6番目の平均）と比較してほしい。

そしてもっと重要なのは、すべてが低ボラティリティのファンドとはいえ、十分位で1番目からのみ投資することで、リスク水準が削減できていることだ。リスク管理ができていないポートフォリオのリスクは投資家が考えるよりずっと大きく、過去の低パフォーマンスファンドのなかには損失が37.9％に達したものもあった。もちろん、将来これ以上の損失が出ないという保証はどこにもない。

パフォーマンスランキングの十分位と年間平均リターンとリスクには明らかに相関性があることに気づいたかもしれないが、実はひとつのファンドファミリーよりはるかに大きい投資信託の世界において、その関係は先に見たケースほど直線的なものではない。政治の世界でも狭い範囲の世論調査よりも広範囲の調査結果のほうが信頼性が高いのと同様に、投資も選択肢の幅が大きいほど結果が予想しやすくなる。

このような警告はさておき、たとえひとつの投資信託ファミリーのなかだけでも、レラティブストレングス戦略を一貫して使っていくことで、ポートフォリオのリターンを増やし、リスクを削減することはできる。

最後にもう一言

人生とはそういうものかもしれないが、退職後の資金を人生の早い時期から蓄えることができない家庭は多い。ライフスタイルを維持するために、住宅や、育児、教育費、交通費、上がり続ける光熱費にお金がかかりすぎ、退職後に備えるための貯蓄は理想の額よりはるかに減ってしまう。

ただ、家庭では税引き後の資金を貯蓄にまわせなくても、企業が拠出するIRA口座や401K口座には資金が定期的に積み立てられている場合が多い。

ここで、仮に45歳までに401KかIRAの口座に10万ドルを積み立て、そこから65歳になるまで年間15.8％（十分位で１番目）の複利で運用するとしよう。先述のとおり、これらの口座は非課税になっているため、この分に関する納税義務はない。

この運用のみによる最終的な資産価値（45歳から65歳までの間に新たに積み立てた分を含まない）はどのくらいになっているのだろう。

運用開始時の10万ドルは、188万0057ドルに増え、最初の資本は約18.8倍になる！

このようなチャンスなら、毎年４回時間を割いて、見直しを行う価値はある。

最終チェック――T・ロウ・プライスを確認する

さらに詳細なチャートや表は省略するが、最後にこのランキングテクニックがフィデリティ以外のファンドグループではどうかを確認しておこう。筆者のリサーチチームが、やはり評価が高くて幅広いファンドを提供しているT・ロウ・プライスの投資信託ファミリーを使って同様のアプローチで検証してみた。

この研究は、次のような前提で行っている。

1. 四半期ごとにT・ロウ・プライスファミリーのすべての株式ファンドの直近の１年と直近の３カ月のパフォーマンスを調べる。２つの数値を足して１年間と３カ月間の合計パフォーマンスを算出する。例えば、もしあるファンドの過去12カ月の利益が10％で３カ月の利益が５％なら、合計パフォーマンスは15％になる。

2．四半期ごとに、合計パフォーマンスがＴ・ロウ・プライスファミリーのトップ10％のファンドにすべての資本を投入する。もしトップ10％から外れたファンドがあれば、それは売却し、代わりに現在トップ10％に入っているファンドを組み入れる。今回のテスト期間は1997～2005年。

3．投資対象は、Ｔ・ロウ・プライスのファンドファミリーのなかでボラティリティがS&P500以下のファンドに限る。

結果――さらに高いリターンとリスク削減という素晴らしいパフォーマンスだった。

- Ｔ・ロウ・プライスの十分位で１番目の株式ファンドは、年間平均リターンが13.2％で、最大ドローダウンが18.3％だった。
- Ｔ・ロウ・プライスの十分位で５番目の株式ファンドは、年間平均リターンが8.8％、最大ドローダウンが29.2％だった。
- Ｔ・ロウ・プライスの十分位で10番目（最低）の株式ファンドは、年間リターンが7.1％、最大ドローダウンが32.5％だった。実は、十分位で10番目のパフォーマンスは、十分位で７番目と８番目と９番目のパフォーマンスをリターン（4.4％、3.5％、2.6％）でも最大ドローダウン（33.9％、48.1％、34.7％）でも上回っていた。

株式市場のさまざまな部分でさらなる利益を上げる方法については、また後述する。ただ、通常、投資ポートフォリオの価値はキャピタルゲインだけでは上がらない。そろそろインカム投資にかかわるたくさんのチャンスに話を戻そう。

第4章

債券投資――安全性と安定性……ただし落とし穴に注意

Income Investing ― Safer and Steady...But Watch Out for the Pitfalls

投資ポートフォリオの４本の脚

自分の投資ポートフォリオを、頑丈で安定したテーブルだと考えてみてほしい。転倒したり崩壊したりするリスクが比較的小さくて、資産や金融ニーズや退職後の収入を支えてくれるテーブルだ。

このようなテーブルは、もし脚が１本か２本しかなければ立っていることはできない。３本脚なら立つことはできるかもしれないが、おそらく不安定で、重心が動けば災難に見舞われる可能性もある（特に、脚が１本なくなったりすれば）。

しかし、４本の頑丈な脚を持つしっかりした構造のテーブルなら、かなりの重量を安全に支え、重心が動いても、床が振動しても持ちこたえることができる。衝突に遭って多少揺れることはあっても、長い年月その役目を、比較的小さいリスクで果たし続けていくことができるのだ。

これまでのところ、必要な４本の脚のうち３本について紹介した。

●最初の脚は分散で、このなかには投資タイプの分散と、そのなかの資産クラスの分散の両方がある。さまざまな業界や地域に分散したポートフォリオを構築し、維持することで、リスクを削減しながらリターンも増やすことができることはすでに紹介した。全般的な分散と、株式部分の分散と見直しが、投資の負担を支えるテーブルの最初の脚になる。

- 2本目の脚は、長期間にわたって素晴らしいパフォーマンスの記録と好ましいリスク・リワードの特性を持つ投資信託だ。これらのファンドは投資ポートフォリオを安定させてくれる。また、税制措置がない口座では、長期投資の利益のほうが税率が優遇される場合が多い（ここでも分散はしておくべき）。
- 3本目の脚は、中期的なレラティブストレングスに基づいて選択した投資信託（とETFと呼ばれる上場投信、これについては次章以降で説明する）で、これを中期的（通常は数カ月間）に保有していく。これらのファンドは、パフォーマンスがトップクラスを維持している期間のみ買って保有する。

この3つの脚は、中長期の投資と、さまざまな分野の最強のセクターをバランスよく支えてくれる。もちろん、これらすべてをマーケットタイミング戦略によって補足していく（これについては少し述べたが、残りは後述する）。

投資ポートフォリオの4本目の脚は、前に少し触れたがまだ詳しくは述べていないインカム投資で、（キャピタルゲインはあまり期待できない代わりに）元金の安全性と比較的予測しやすいキャッシュフローを提供してくれる部分として構築していく。投資ポートフォリオの一部にインカム部分があることで、株式のみのポートフォリオと比較してリスクがかなり削減されるし、リスク・リワード（または儲け・痛み）比率も改善する。

大部分の投資家にとって、通常この4本目の脚は投資資産の20～30％を占めている。もちろん個人的な経済状態によって慎重さが必要だったり、リスクを避けなければならなかったり、将来も高水準の収入源を確保しておきたい場合はこの割合が大きくなるし、若くて、積極的で、十分資金があり、安全性よりも資産増加が目的の投資家なら、若干低い割合になることもある。

簡単なインカム関連用語集

債券とは、債券保有者が企業や政府やそのほかの団体に貸し出すローンで、借り手は特定の利子（クーポン）を支払うことに合意する。利子は通常、債券の額面金額の年率で表示し、ローン金額は通常1000ドルになっている。大部分の債券には、ローンを全額返済する予定の満期日が設定されている。ただ、債券の多くは、発行者が特定の条件を満たせば早期返済もできるようになっている。

つまり、債券は、定額のインカムと、特定の日に投資資本を返す約束と、特定の金額（通常は債券の額面金額）の返済から成り立っている。もしローンが満期日より前に繰り上げ償還（コール）された場合は、額面金額にプレミアムを足した金額が債券保有者に支払われることもある。

自分がどのくらいの金額を投資し、どういうスケジュールで利子を受け取り、いつ資金が返済されるかも分かっている、とここまではよい。それではどこに問題があるのだろう。

ひとつは、これが大きな長期リスクだということで、借り手がたとえよく知られた企業でも、苦境に陥って負債を返済できなくなることもある。利子の支払いが滞ったり、満期に額面金額の一部もしくは全部が支払えなくなったりすることをデフォルト（債務不履行）というが、債券保有者には間違いなくこのリスクがある。有名企業で過去にデフォルトを起こした企業のなかには、TWA、パンアメリカン航空、エンロン、ワールドコムなどが含まれている。本書執筆時点で、GM（ゼネラル・モーターズ）やフォードでさえ長期債務の履行能力には疑問があるし、ニューヨーク市など大きな地方自治体の信用力もそのときどきで問題になることがある。唯一、アメリカ政府が発行する債券だけがデフォルトリスクがないと考えられているが（支払いを履行するために課税する権限があるから）、これも将来履行できなくなる可能性がないとは言いきれない。

デフォルトリスクに対処する

NRSRO（全国的に認知された統計格付け機関）と呼ばれる債券発行者の信用力を評価する機関は５つある。これはSEC（証券取引委員会）が認定するもので、AMベスト、ドミニオン・ボンド・レーティング・サービス、フィッチ・レーティングス、ムーディーズ・インベスター・サービス、スタンダード・アンド・プアーズがその資格を持っている。

レーティングは、大きく分けると投資適格と投機的格付けの２つに分けることができる。スタンダード・アンド・プアーズのレーティングではAAA（信用力が最も高い）、AA、A、BBB（ムーディーズではBAA）までが投資適格とされている。ちなみに、AAAの格付けを取得した債券には最低限のデフォルトリスクしかないと考えられるが、BBB債は適切な信用力があっても将来はデフォルトリスクがあるかもしれない。

投機的格付け(S&P)には、BB、B、CCC、CC、C＋、C、C－、Ｄがある（下に行くほどリスクが高い）。CCC以下の格付けは極めて投機的とみなされるが、高利回り債ファンドの多くはポートフォリオにＢ～BBBとともにＣの格付けの債券も数多く組み込んでいる

（典型的な高利回り債ファンドは毎年３～５％がデフォルトに陥るが、2000～2002年の景気後退期にはこの割合が10％以上になった）。

安全性から言えば、債券投資の大部分は投資適格のものに限って保有すべきだろう。ただ、高利回り債ファンドは、低格付け債券を保有しているにもかかわらず、だいたいの年は良いパフォーマンスを上げているし、ポートフォリオの分散の役割も果たしてくれる。優れた高利回り債ファンドは、保有する債券を個別に注意深く検証し、マネジャーが格付けよりも期待できそうなものだけを選んで買っている。ただ、低格付け債券に投資するファンドは価格のボラティリティが高くなることが多い。このようなファンドは、ポートフォリオの一部に組み込んでもよいが、これが大部分を占めるようなことはほとんどの投資家がすべきではない。

債券の格付けは、格付け機関からだけでなくブローカーやそのほかの情報源からも入手できる。また、債券の投資信託で保有している債券の内容は、そのファンドに問い合わせれば、平均利回りや満期などを確認できる。

債券ポートフォリオのリスクも分散に分散を重ねることで抑えることができる。有名企業でも苦境に陥ることはあるし、もし極端に高い利回りを提供している債券があれば、そこにはそれなりの理由がある。

満期までの期間が短い債券は、ほかの条件が同じなら長期の債券よりリスクが低い。第１章「バイ・アンド・ホールドという神話」でも述べたとおり、中期債のほうが長期債より利回りとリスクの関係が良い場合が多い。長期債より保有期間（リスク期間）が短い分、発行者の状況が悪化する可能性が低くなり、デフォルトのリスクも小さくなる。また、全般的な金利情勢の変化によってダメージを受ける可能性も、全額返済する満期までの期間が短い分低くなる。

リスク基準としてのデュレーション

債券にかかわるリスク要素のひとつに満期を迎えるまでの長さがあるが、もうひとつ、デュレーションもリスク基準として広く使われている。

デュレーションはかなり複雑な概念だ。デュレーションと満期の基本的な違いは、満期が額面金額の全額が返済される日を指すのに対して、デュレーションは保有期間の利子を含めて投資金額を回収するまでの期間を加重平均した値を指している。

同じ満期の債券なら、毎年の金利が高いほうがデュレーションは低くなる（つまりリスクが小さくなる）のは明らかだろう。もし、20年満期で利率が年10％の債券を買えば、投資金額は10年間で回収できる（毎年10分の１ずつ返済される）。ちなみに、ここでは利子の再投資は考慮していない。しかし、もし利率が５％なら全額を回収するには20年まるまるかかるため、20年間ずっとある程度のリスクを抱えていることになる。

債券のデュレーションが高いほど、リスクは高くなる。また、デュレーションが高い債券は、低い債券に比べて一般金利の変化に影響されやすい。債券を購入するときは、デュレーションをほかの購入候補の債券と比較してほしい。また、債券の投資信託を評価するときは、そのファンドで保有している債券の「平均デュレーション」を確認すればよい。この値はファンドから入手できる。繰り返しになるが、平均デュレーションが低いほうが安全な債券と言える。

債券のデュレーションに関するさらに詳しい情報は、ルーマン（http://www.luhman.org/）やファイナンシャル・パイプライン（http://www.finpipe.com/duration.htm）のサイトから入手できる。また、インターネットで検索すれば、適当なサイトが見つかるだろう。

低格付けの投資適格債券で高リターン率を確保する

低格付け債の追加利回りの大部分がそれに伴うリスクを正当化するものではないが、利回り格差（BAA債－AAA債）が十分開いているときには、低格付け債が買いのチャンスになっていることもある。

景気が不安定な時期には、低格付け債の利回りが高格付け債に比べて高くなる。例えば、1980～1981年にかけてはBAA債とAAA債の利回り格差が拡大したが、このときインフレは高騰し、株は弱含んでいた。ちなみに、その前に格差が広がったのは、株式市場がベア相場になっていた1970～1974年だった。

図4.1は、BAAの30年物の社債（低い投資適格）とAAAの30年物の社債の利回り格差を示している。一般的には、BAA債の利回りは最高格付けの債券と比較して年率で約1～1.5％高くなっている。冒険したい投資家は資本の一部を追加利益を狙って低格付け債に投入することもできるが、大部分の投資家にとってこれは投機すべき分野ではない。

図4.1からは多くのことが分かるが、一言で言えば投資家が最高に悲観的な時期（この場合は、債券がデフォルトに陥る恐怖が最大になっているとき）はリスクをとるべきなのだ。

債券の総合インカムリターンを理解する

債券購入を熟考している投資家の多くは、現行利回り、つまり債券の現在価格に対する利払いしか考えていない。例えば、1100ドルの債券の利率が7％だったら（額面は1000ドル）、現行リターンは6.36％（利子の70ドル÷現在価格の1100ドル）と考える。しかし、この債券は購入時に1100ドルを支払っても、満期には額面金額の1000ドルしか戻ってこないため、この債券を保有すると100ドルのキャピタルロスが発

図4.1　高格付けと低格付けの30年物投資適格債券の利回り格差（1962〜2006年）

BAA債とAAA債の格差のピークは2〜2.5％になっている。直近のピークを付けたときは低格付けの価格が高格付けより速く上昇していた。過去の記録を見るかぎり、債券に投資するときは最高格付けより少し格下の債券を買えば、最高格付け債より速い利回りの上昇が期待できる

生してしまう。そこで、利回りを検討するときにはこの分を金利分と相殺して考えなければならない。

債券を満期まで保有して、その間の利息収入のすべてを同じ債券に再投資した場合のトータルリターン率を債券の最終利回り（YTM）という。計算には、満期までのすべての利息収入と、債券購入時に支払った金額、満期までの期間、満期に受け取る額面金額などを使い、すべての利息収入を特定のリターン率で再投資できるものと仮定する。YTMのほうが現行金利の額のみよりも現実的なリターンを知ることができる。

例えば、１年物Ｔビルの利回りが３％のとき、新規発行の１年物Ｔビルを1000ドル（額面）で買うとする。そうすれば、半年ごとに1.5％の利息を受け取り（年間３％）、満期を迎えると購入時に支払った1000ドルが償還されることになる。

もし代わりに満期まであと１年で利率６％の30年物Ｔボンドを買うとしたらどうだろう。このような金利環境の下では、利率（６％または年間60ドル）が一般ローン金利（３％）を上回っているこの債券は額面の1000ドル以上で売れる。もしかしたら、１枚1030ドル程度になるかもしれない。この差額の30ドルが新規発行の１年債を買った場合の利率（３％）を中和してくれる。

30年物Ｔボンドの利率は額面金額の６％だが、売値の1030ドルで考えれば5.8％になる。ただ、満期に額面金額の1000ドルが償還されるときに現在価格の2.9％（30ドル÷1030ドル）を失うことになるため、結局は１年物Ｔノート（利率が低く額面金額にプレミアムはつかない）と金額的にはほぼ同じ最終利回りになる。

一般金利より利率が低い債券は、額面金額よりも低い価格（ディスカウント）で売られていることが多い。反対に、満期が似た時期のほかの債券よりも利率が高ければ、額面金額より高く売れる（プレミアム）。

最終利回りの算出方法を覚えたり実際に計算したりする必要はない。これらの数値は、債券を販売しているブローカーならどこでも提供しているし、投資信託なら保有債券の平均最終利回りをファンドから入手できる。また、モーニングスターではオンラインでYTMを簡単に算出できる画面も用意している（http://www.morningstar.com/ の「インベスター・ツールス・アンド・カルキュレーション」）。

債券から受け取る本当のトータルリターンは、利息に加えて購入価格と額面金額の差額を残存期間で調整した値で、これがYTMになる。

もし現行の利息収入を最も重視するのなら、プレミアムが付いていても購入価格に対する利率が最も高い債券を検討するとよいかもしれない。

反対に、現行の利息収入にこだわらなくてよいのなら、利率は低くてもYTMが最も高い債券を選ぶべきだろう。

注意

ブローカーを通じて債券を購入するときは、提示された現行利回りや最終利回りにブローカーの手数料やマークアップなど顧客に転嫁される費用が含まれているかどうかを確認する。

債券投資は投資信託を通すべきか、それとも直接投資すべきか

投資信託を通すと次のようなメリットがある。

●**分散済み**　債券の投資信託は、小口投資家が自分で債券を組み合わせるより高水準の分散ポートフォリオを妥当な費用で手に入れることができる。投資家は、幅広い分野からさまざまなセクターやタイプの債券に投資する投資信託をいくつか選んで組み合わせるだけで、さらなる分散が可能になる。

●**専門的なポートフォリオマネジメント**　多くの場合、債券は債券でしかないが（国債の多くや高格付けの社債など）、それでも債券投資の世界には普通の投資家にはあまりなじみのない分野もある（例えば外国債券、個別の低格付け債、窮迫企業の債券、変動金利債など）。このような専門的な分野で成功している債券の投資信託への投資は、投資チャンスを簡単に広げられる便利な手段と言える。

さらに、債券のファンドマネジャーのなかには、金利トレンドを予想する優れた能力を持っていて、それを基にポートフォリオを構築することでファンドに付加価値を与えている場合もある。例えば、高金利を正しく予想できれば、長期債のポジションを減らして短期債（金利上昇による価格低下の動きに影響されにくい）にシフトすることができるし、金利低下を正しく予想できればポートフォリオの平均残存期間が長くなるようポジションを入れ替えることもできる。

国内外の債券に投資しているグローバル債券ファンドのマネジャーは、相対的な通貨関係の変化や金利トレンドや全般的な経済発展を考慮して予想を立てながらポートフォリオを運用していくことで付加価値を与えようとしている。

●**少額でも投資が可能**　債券の投資信託を使えば、比較的少ない資本でポートフォリオを新たに構築したり追加したりできるが、少額（1万ドル未満）で個別の債券を買おうとすると、たとえ買えるものがあったとしても手数料やスプレッドが割高になったりする場合がある。

割高の手数料に加えて、小さいロットで購入できる債券は選択肢が限られ、注文が実行されない場合もある。少額の債券しか保有していない顧客には、債券ブローカーの関心も低くなる。

そのほかにも、債券の投資信託では通常、利息収入を自動的にファンド内で再投資してくれる。つまり、インカムを複利で運用してくれるのだ。もちろん、個別債券の分散ポートフォリオから得た利息収入は自動的には再投資されない。

●**記録管理が簡単**　投資信託では、税金対策として年末に配当（実際には利息）報告書を作成してくれる。債券ファンドの購入金額と日付を記録するほうが、多数の債券を組み込んだポートフォリオの管理よりもおそらく簡単だろう。ただ、ファンドが配当を再投資した追跡記録を納税申告用に準備するのは難しい場合もある（特に保有期間が数年以上になっているときは）。このことに関してはさらに後述するが、いずれにしてもそう簡単ではない。

これらをすべて考慮すると、おそらく投資信託を通じて債券に投資するほうが簡単だと思う（必ずしも利益や安全性が高いわけではなく、単に便利というだけだが、多くの人にとってこれは決定的な要因になる）。

ただ、投資信託で買うより個別で買うほうが有利な点もある。例えば、個別の債券には特定の満期日があって、その日になれば債券に記された金額が全額間違いなく支払われるが、債券の投資信託には満期日がない。このことは個別債券の大きなメリットであり、投資信託の大きなデメリットになっている。

債券に投資する大きな目的は、固定金利を受け取ることに加えて、債券発行者が債券保有者に特定の金額（通常は額面金額の1000ドル）を特定の日に返済することを約束しているという安全性にある。この約束は、高格付けの企業や政府であればほぼ確実に履行されるため、投資家はある程度確実な投資計画を立てて経過を観察し、ポートフォリオのリスクを管理することが可能になる。

ユニット型投資信託のなかには信託期間の終了日が決まっているものもあるが、典型的な債券の投資信託には特定の満期日や償還日は設定されていない。もちろんファンドで保有している債券にはそれぞれ満期があるが、売却代金は新しい債券に投資されていくため（すぐではないにしてもいずれはそうなる）、ポートフォリオ全体としての満期日は存在しない。このような工程によって、債券ファンドは予想可能な時期に予想可能な金額で現金に換わるのではなく、半永久的なポートフォリオになっている。

個別債券のポートフォリオは、満期が近づくとリスクが下がるという通常の投資信託にはない点がある。決まった満期がある個別債券と違い、恒久的な満期の債券ファンド（先述のとおり、個々の債券には満期がある）はその分リスクが高いうえ、一般金利の変動によって価格のボラティリティも上がりやすい。

また、個別債券のポートフォリオなら、投資家のライフスタイルに合わせやすい。例えば、長期債中心のポートフォリオも、個別債券なら退職後は価格がより安定している短期債券に入れ替えてリスクをしっかりとコントロールするなどということができる。投資信託でも似たようなことはできるが、個別債券ほどぴったりとはいかない。

さらに、個別債券のポートフォリオを維持する経費は、債券の投資信託の維持費よりかなり少なくてすむという大きなメリットもある。典型的な投資信託の費用は運用手数料の年間約0.75％で、債券ファンドの平均利率が7.5％ならインカム収入の10％が費用としてかかり、投資家の年間インカム収入は6.75％ということになる。このコストは債券金利に課税される10％と同額で、政府ではなくファンド会社に支払われる。また、これは一度きりの手数料ではなく、毎年インカムに対してかかってくる複合的なコストでもある（保有している債券ファンドの費用率を確認してほしい。この数値は低いほど良い)。

大口投資家で、高格付けのアメリカの社債や地方自治体や連邦政府発行の債券にすでに投資している場合は、自分で構築した債券ポートフォリオの運用をやめる特別な理由がなければこのほうが投資信託を買うよりもよい。ちなみに、これは債券に限ったことではない。

時期に合わせた債券と債券ファンド

新しい商品を生み出して投資家に使わせなければ、金融界の「権力者」とは言えない。多少の皮肉はさておき、いくつものインカム商品が存在し、その多くが個人の投資目的に合わせた特長を持っているのは事実だ。すべてのパターンについて述べたり判定したりするスペースはないが、次のような検証を行うことで少なくとも導入として役には立つだろうし、さらなる調査の基になると思う。

マネーマーケットファンド

マネーマーケットファンドは、投資資本を安全で短期に保管する場所としても、長期投資の間の金利付き避難場所としてもよく使われている。マネーマーケットファンドにはアメリカ政府の保証がついているわけではないが、全体として過去の安全性が非常に高いという実績はある。通常、これらのファンドでは短期の債務証書に投資して、マネジャーが経費と儲けを差し引いたあとの利益を投資家に還元している。

プラス面

流動性、安全性、利便性は非常に高い。

マイナス面

あと少し工夫すれば、同程度のリスクでさらに高いリターン率を達成できる。例えば、典型的なマネーマーケットファンドの利率が2.5～３％だった2005年８月に、銀行の譲渡性預金（CD）の金利は１年未満でも４％以上のものがあったし、債務保証なら１カ月で５％に達するものもあった。これらの商品はマネーマーケットファンドほど流動性は高くないが、実は、すぐに資金化する必要のない資金を長期間マネーマーケットファンドに入れたままにしている投資家は多い。

いつ買うべきか

マネーマーケットファンドは、金利が不安定な時期の安全な避難場所になっている（特に金利がまだ上昇している時期）。また、株式市場が弱含んでいる時期の現金の避難場所や、次の投資まで資本を待機させる場所としても使われている。ただ、安全性は重要な特性でも、金利が比較的低いことから長期の利用には向いていない。

アメリカのＴビル

安全性では最高のアメリカのＴビルは金利を支払う代わりに額面金額をディスカウントした価格で売られている短期証券で、償還時には額面金額が支払われる。つまり、購入価格と額面金額の差が、投資家が受け取るインカムに相当する。

例えば、額面金額1000ドルの90日のＴビルが最初の入札で990ドルになれば、投資家が支払う990ドルと償還される1000ドルの差額の10ドルは90日の利率で見れば1.01％、年率に換算すれば4.04％になる。

90日や６カ月の満期で発行されるＴビルは、短期預金として使えるだけでなく、担保としてほぼどこでも受け入れてもらえる。アメリカ政府が全額を保証しているＴビルは、最も安全性の高い投資先と考えられているうえ、利子は州税と地方所得税が免除されている。

米国債は、直接アメリカ財務省から購入することもできるし、銀行やブローカーなどを通じて購入することもできる。

プラス面

絶対的な安全性と多少の節税措置、高い流動性、予測可能なリターンなど。

マイナス面

リターンがそれほど高くない。

結論

金利の変動期や長期金利が低いときの避難場所となる。

短期債と債券ファンド

このなかには、保有債券が満期まで3年程度のインカム系投資信託や、長期の銀行CD、短期のTノート（満期まで3年以内）、満期が近い長期債などが含まれている。また、金利が頻繁に変動する比較的短期の住宅ローンや企業向けローン、個人がブローカーを通じて貸し付けた企業や自治体向けの短期ローンなども含まれている。

プラス面

比較的安定した価格、高い安全性、Tビルやマネーマーケットより高い利回り、一般的に高い流動性、最低限のデフォルトリスク（ただし短期金利の動向によって価格が変動する可能性はある）。短期の債券ファンドとその類似商品は、多少のリスクはあっても通常はマネーマーケットよりリターンが高くなっている。これらの商品は、2000～

2002年のベア相場では資本の優れた避難場所となっていた。

マイナス面

インカム面ではマネーマーケットより少し高い程度だが、2000～2004年にはその差が３％程度まで広がった。ただ、税金とインフレを考慮すると、リターンはインフレ率に見合わない。この分野の投資信託の価格は必ずしも安定していないため、トータルリターン（利息と価格変動の合計）がマイナスに陥った時期も実際にあった。

いつ買うべきか

長期金利が短期金利より速く上昇している時期や、長期債の価格が短期債の価格より速く下落している時期、Ｔノート（満期まで保有すれば資本に対する実質的なリスクはない）を買おうとしているとき、金利が不安定な時期（インカム収入が予想できない）などに買うとよい。３年物のＴノートや短期高格付けの社債などは、短期債の投資信託とほぼ同じリターンでリスクは低い。ちなみに、米国債はアメリカ財務省から直接買えば手数料はかからない。詳細はhttp://www.Treasurydirect.gov を見てほしい。

中期債ファンドと個別債券

中期債は満期まで３～10年の債務証書で、この期間は短期債（特に国債）の安全性と長期債のリターンのバランスが適度にとれているとしてファンドマネジャーに好まれている。

一般的に中期債の利率は長期債の80～90％になっている。2005年８月の５年物Ｔノートの利回りは4.21％で、4.62％だった20年物Ｔボンドの91％の利回りになっていた。仮に1926～2004年に１ドルを長期国債に投資すれば、65.72ドルに増える（年率5.4％）。しかし、同じ期間に中期債に投資しても、資金は61.83ドルになってこれも年率5.4％（複利）になる。つまり、リターンはほぼ同じなのである。

長期債の年間トータルリターンは、高ければ40.4％（1982年）から低ければ－9.2％（1967年）になっている。一方、中期債の年間トータルリターンは、高いときは29.1％から低いときは－5.1％だった。良くも悪くも長期債のほうが一般金利の方向に影響を受けやすく、金利が下がれば中期債よりも上がり、金利が上がれば価格は余計に下がる。しかし、全体として見ればこれらの債券は長期的には似たようなリターンになる（株の場合も、長期で見れば追加のリスクで得るものは少ない）。

プラス面

安全性で見れば、中期債のほうが長期債よりずっと優れている。1930～2004年にかけてアメリカの中期国債の価格ボラティリティ（リスク基準）は長期国債のわずか60％だった。米国債のデフォルトリスクは最低レベルではあるが、期間が短い分資本がデフォルトリスクにさらされる期間も短いということで、長期債よりリスクが低いと考えられる。中期債は、債券ラダーにも中心的に使われている。

マイナス面

利回りが長期債より低いと、金利水準が大幅に下落し始める時期にポジションを建てた投資家の潜在利益は減る可能性がある（1982年など）。例えば、1982年以降の長期債は、高利回りに加えて価格がかなりの期間上昇した。

いつ買うべきか

金利が水平から下落しているときに買う。金利の上昇期は、長期債と比較すれば中期債のリスクはかなり低いが、このような時期は短期の債務証書を買うほうがよい。

債券ラダーを構築するのであれば、ほぼすべての時期で中期債が向いている。中期債の投資信託を使えば、長期債を使うより安定性も高まる。

中期債や債券ファンドを使ってよく分散されたポートフォリオのパフォーマンスが、長期的に高リターンの株式ポートフォリオを上回る可能性は低いが、リスク調整ベースで考えれば保守的な投資家にとって良い投資だし、株式投資が中心の投資家にとってはインカム投資の安定したセクターになってくれる。

長期の国債と社債

満期が10年以上の債券。高格付けの長期債は1925年以来毎年5.4％の伸びを見せてきた反面、年間のリスクレベルは－9.2％に達している。ただし、これが潜在リスクのピークとは限らない。

社債、米国債、免税債など、個別でも購入できる債券を組み込んだ数々の長期債ファンドが販売されている。

プラス面

もしタイミング良く購入できれば（金利が高いときということ）、高格付けの長期債は比較的低リスクで長期的な高インカムを確保できる。このような債券は、堅実で予想可能であることが望ましい年金ポートフォリオや、各種信託口座など積極的な運用を行わない口座に向いている。

長期債のマーケットには、ときどき極めて素晴らしいチャンスが訪れる。これはたいてい金利や市場心理の転換点に当たっている。例えば1970年代半ばのニューヨーク市などの財政危機は、抜け目のない投資家にとって２桁利回りの免税債を購入するチャンスだったし、1980

年の冬は金利がピークを迎えて利回りが15%近辺まで達した長期Tボンドの購入チャンスになった。

メディアという指標

このようなチャンスを生かす秘訣は、大きな流れに逆らって泳ぐ勇気と能力にある。その意味では、一般のニュースや雑誌やテレビなどのトーンは筆者が知るかぎり最高の指標のひとつになる。ただし、これは投資のキーポイントである転換期に非常に間違っていることが多い。例えば、メディアがこぞってマーケットの高騰や、まだまだ上昇するという評論家のコメントを伝えているときは、株価はもう下がり始めている可能性が高い。同様に、大衆紙（書店の新刊書を含む）が金利のさらなる上昇を予想すれば（特に最近上げた直後は）、おそらくピークかその近くにすでに達しているだろう。つまり、長期債の素晴らしい買い時ということだ。

しかし、なぜこのようなことが起こるのだろう。ここで出版サイクルについて考えてみてほしい。ベア相場では株式相場が下落すると悲観主義が広がり、下げ相場で利益を上げる方法や、どうすれば生き残れるか、そして下落がいつまで続くかということに関心が集まる。そこで編集者は「不況を生き延びる」「株価下落で利益を上げる」などといったジャンルの著者に目を向ける。しかし、本の原稿が完成して、印刷、配本が完了するまでには何カ月かかかるため、この種の本がやっと発売にこぎつけるころには、株価はすでに底を打ったか、ちょうど打つ時期まで来ている。一方、雑誌のサイクルはもっと短いが、この手の記事は大衆心理を先導するというよりもあと追いすることのほうが多い。というわけで、「メディア指標」は筆者のお気に入りの予想ツールになっている。一般的なセンチメントが一方向に偏っているとき、特に

いつもは楽観的な大衆メディアがベアに転じたときは、みんなと逆に動くことを勧める。

マイナス面

中期債と比べて、長期債は金利上昇の影響を受けて下落しやすいが、金利の大ピーク近辺で買ってでもいないかぎり、それに見合うほどのリターンが望めるわけではない。また、長期社債は、企業の資産状況が悪化するリスクに長期間さらされることになる。

早期償還のリスク

多くの債券には、債務を満期より早く「コール」または「償還」できるという条項が付与されている。これは「コールオプション」または「コール条項」などと呼ばれ、債券購入者のリスクになる。

しかし、なぜこれがリスクなのだろう。早期償還は、債券を買った投資家に全額が返済されることは変わらないが、予定よりも早く償還され、たいていは多少のプレミアムがつく。ここまではよい。ただ、次のようなケースを考えてほしい。仮に高格付けの社債を高金利のときに買って満期までの15年間10％の利回りを確保したとする。３年たって一般金利が下落し、同じような15年物の高格付け社債の金利が７％まで下がると、高金利が確保されている３年前の債券の価値は大きく上がる。

この時点で発行企業がすべての債券を償還して、そのときの金利で新規に発行すると決めたらどうだろう。企業にとっては10％ではなく７％で発行できるため、金利の支払いを年間３％も削減できる。そこで、彼らはコール条項を行使して債券を「回収」する。債券保有者は投資金額に加えて額面金額の５％程度のプレミアムを受け取るが、債券価格はコール償還の価格が発表されたとたん急落する。さらに、償還されるとそれまで年間10%のインカムを生んでいた資本を利率わずか7%の新しい債券に再投資しなければならなくなる。このとき、前の債券を額面金額で購入していればまだよいが、既発債としてコールの水準より高く買っている場合は明らかなリスクと言える。

このような理由から、経験豊富な保有者は債券の最終利回りだけでなく、「繰上げ償還利回り」(コール条項があればこちらのほうが少し低くなる)も調べている。

債券を購入する前に(特に額面金額以上で買うときは)、その債券に付与されているコール条項を注意深く検証する。ブローカーはこれらの情報を持っているはずなので、そこで聞いてもよい。

インフレ連動国債(TIPS)

1997年、アメリカ財務省は新しいタイプの債券を発行した。この債券はアメリカ政府の信頼と信用の下、インフレ率を超えるインカムと元本(満期まで保有した場合)が保証されている。

TIPSには活発な流通市場があるが、ブローカーから買うこともできるし、アメリカ財務省から直接買えば手数料やマークアップなしで購入できる(5年物、10年物、20年物がある)。この債券は定期的に発行されており、財務省(http://www.Treasurydirect.gov)のサイトをアクセスすれば発行リストを入手したり財務省に口座を開設したりできる。

プラス面

TIPSの償還額（額面金額）は、発行時は1000ドルだが消費者物価指数（CPI）の変動に応じて６カ月ごとに増減される。例えば、新規発行のTIPSを1000ドルで買って次の調整期にCPIが購入時より２％上昇していたら、この債券の額面金額は1000ドルから２％上がって1020ドルになる。そして、もしその次の６カ月にインフレ率がさらに３％上昇したら、額面金額は1050.60ドル（1020ドルの３％増）になる。

しかし、もしデフレになったときは、それに応じて額面金額が減るが、額面金額が新規購入金額の1000ドル以下になることはけっしてない。つまり、この債券は満期を迎えたときに政府が最低でも購入金額か保有期間のインフレ率（複利）を加味した額のどちらか高いほうを償還することを約束していることになる。

さらに、利息も額面金額の増減に合わせて調整される。例えば、もし年間利率が２％（６カ月ごとに１％）なら、最初の６カ月の利息は10ドル（額面金額1000ドルの１％）になる。しかし、２％のインフレ率を反映して額面金額が1020ドルに上昇すれば、次の６カ月の利息は10.20ドル（1020ドルの１％）に上がる。こう書くと大したことではないように聞こえるかもしれないが、額面金額と利息の両方が複利で調整された場合、その差は時間とともにかなりの金額になる。

2005年半ばの10年物TIPSのトータルリターン率は、1.5％の現金の利払いに約3.5％のインフレ調整が加わって、年率５％近辺になっていた。もちろんデフレ環境下（消費者物価が下がっているとき）では債券の価値が下がることがあるが、それは異例の状態であり、長期的に見れば価格は下がるより上がることのほうが多い。

TIPSの市場価格は、短期的に変動することはあってもインフレと連動していることで価格はインフレ対応のない債券より安定していることが多い。そして、もちろん満期には調整後の額面金額が全額償還される。全体的に見て、TIPSは非常に安全な投資で、長期的な損失が保証されているうえ、リターンもある程度予想できる。

マイナス面

ただし、完全なものなどなく、TIPSにも不利な点はある。そのひとつが金利で、TIPSの利率は通常、ほかの10年物国債よりも多少低くなっている。これはインフレに対する保証の対価ということになるが、メリットに比べれば大きな問題ではない。

もうひとつ、さらに深刻なのは、この債券をIRAなどの非課税口座以外で保有する場合で、額面金額が増えれば、実際には現金の流入がなくても所得税がインフレ調整されてしまう。例えば、1000ドルで買った債券が１年目に３％のインフレ率で1030ドルに再評価されたら、増加した30ドルが、利息で受け取った現金と合わせて課税される。しかしインフレ調整で資本が増加した分は、債券を売却しないかぎり実際の利益にはならないため、これは明らかにデメリットと言える。

結局、TIPSは何らかの租税措置の下で保有すれば非常に良い投資対象になるが、課税枠の下ではあまり魅力がない。

ゼロクーポン債

連邦政府や地方自治体や企業が発行するゼロクーポン債は、Ｔビルと同じように最初に大幅なディスカウント価格で売り出して満期に額面金額を全額償還する債券で、通常は長期で発行され、満期まで利息の支払いはない。ゼロクーポン債は、償還額からディスカウントした金額が債券保有者の受け取る利息に相当するため、償還額の一部を支払うだけで購入することができる。

これらの債券は、最初からゼロクーポン債として起債されたものもあれば、もともとは利付き債だったものの利息を債券ディーラーが「ストリップ」してゼロクーポン商品として再販売している場合もある。

ゼロクーポン債は、保守的なインカム投資家にも投機筋にも特別な魅力がある。良いタイミングで買った長期のゼロクーポン債は、年金口座で保有するのに向いている。しかし、満期以前に償還せざるを得なくなる場合や、発行者の信用力が万全でない場合はリスクが高い。

プラス面

ゼロクーポン債なら、保守的な投資家でも比較的少ない当初資本で、満期まで保有すれば、長期のリターンがかなり正確に予想できる長期の債務証書を購入できる。

この商品は、金利がピークに達して下降に転じそうな時期に買うことを特に勧めたい。理由のひとつはレバレッジで、額面より大幅にディスカウントして販売されるため、比較的少額の資本で多くの枚数を買うことができるからである。今すぐにインカム収入が必要ない投資家にとって、資金を投入する価値はある。

キャピタルゲイン以外にもこの債券のレバレッジを利用する方法はある。保有期間に金利が下がっていても、ゼロクーポンなら利息の再投資について心配しなくてすむ。ゼロクーポン債は、満期が近づくと額面金額が全額償還されることから価格が上昇する。時間の経過とともに価値が上がるということは、保有期間中に最初の投資額が増えていくことを意味している。

長期のゼロクーポン債は債券市場の動きや一般金利の環境に反応して大きく変動する。ボラティリティは満期まで保有するつもりであれば大きな問題ではないが、短期で保有するつもりなら考慮すべき要素のひとつとなる（活発な債券トレーダーはボラティリティを狙ってあえてゼロクーポン債をトレードしているが、これは利益チャンスであるとともにリスクを呼ぶ可能性もはらんでいる）。

マイナス面

ゼロクーポンの最大の弱点は保有者が自分で課税処理を行わなければならない点にある。投資家は、もし利付き債として起債されていたら利息として受け取るであろう金額を毎年納税しなければならない。このため、ゼロクーポン債は課税資産の一部としてではなく、非課税のポートフォリオで保有することを勧める。

もうひとつの弱点はデフォルトリスクで、連邦政府債はほぼ間違いなく安全だと言えるが、企業や地方自治体は時にはデフォルトを起こすことがある。利付き債は毎回の利払いによって投資額の一部を返済していくが、ゼロクーポン債はオール・オア・ナッシング、つまりデフォルトに遭えばすべての投資額を失うことになりかねない。ゼロクーポン債は、この投資で継続的な利息収入が必要ないことを事前に十分確認したうえで、最高の信用力がある発行体のものに限定して購入してほしい。

３つ目の不利な点はほかの長期債と同様、早期償還リスクがあることで、その場合は額面の一定割合が配分される（それまでの課税計算を含めてIRSの合意を得るのはかなり複雑な作業になることもある)。

地方債――税制上は有利

地方債は、州、市、郡などが一般財源または特定財源（高速道路、競技場、病院、住宅、学校の建設など）を調達するために発行する債券だ。

地方債を保有する大きなメリットは、通常インカムが連邦所得税や発行体の州の免税措置を受けられることにある。例えば、ニューヨーク市が発行した地方債の利息は、ニューヨーク市民ならば市と州と連邦政府から「三度の免税」を受けることができる。しかし、ニュージャージー州が発行した債券をニューヨーク市民が保有した場合は連邦税しか免除にはならず、ニューヨーク州とニューヨーク市には所得税を納めなければならない。

このような免税措置があるため、同程度の信用力や満期の債券と比べて地方債の利率は低く設定されている。しかし、税制上のメリットを考えれば通常は地方債のほうが同様の課税対象の債券よりも税引き後のリターンは高くなるため、満期や格付けが近い債券のなかでは優れた選択肢と言える。

もしブローカーを通してこれらの債券を購入すれば、売り出し（発行）時の規定どおり、課税対象になるのと同じ利回りを得ることができるだろう。

警告

地方債は安全性においてはこれまで優れた実績があるし、ほかの課税債券に比べて高い税引き後リターンを提供しているが、比較的近い将来に収入が減る場合や、その結果として納税義務も軽くなる予定の投資家には向いていない。

もし納税義務が軽くなると、地方債の税制上の優遇措置も減ってしまう。このような状態にある投資家は、課税対象でも高金利の金融商品に資本を投入したほうがよいだろう。

地方債は２種類に分けることができる。

●**一般保証債**　Ｔボンドがアメリカ政府の信頼と信用によって全額保証されているように、一般保証債は発行体の課税権限と信用力によって全額が保証されている。これは、地方自治体の支払能力を保証するものではないが、資金力があって高格付けの地域が発行した債券の信用リスクは最低水準と考えてよいだろう。

●**特定財源債**　この債券は、特定の事業（高速道路や病院や大学の施設や競技場の建設など）の財源を調達するために発行され、支払いは必ずしもその自治体や州ではなく、これらの事業収益でまかなわれる。事業の予定収益が達成できない場合を考えると特定財源債のほうが一般保証債よりリスクが高く見えるかもしれないが、通常、非課税枠内であればリスクはそう高くない。

これらの債券に投資するときは、スタンダード・アンド・プアーズかムーディーズで信用格付けを確認してからにしてほしい。

年金口座に対する適正

地方債を非課税口座で保有しても低利率という弱点を補う税制上のメリットはないため、年金口座には向いていない。ほかの債券と同様に、残存期間が長いほど利回りも高くなるが、５～10年がリスクとリターンのバランスがもっとも良いレンジになっている。

個別債券の代わりとして使える地方債の投資信託

地方債がほかの債券より特に不利なわけではない。むしろ、安定していて、予想可能で、税制優遇措置のあるインカムを生み出す可能性が高い地方債に、大部分の保有者はかなり満足しているという印象を筆者は持っている。それに、債券ラダーを使えば、リスクは削減できる。

しかし、地方債は金利リスクだけでなく信用リスクもあるため（国債との違い）、ポートフォリオはできるかぎり広く分散したほうがよい。もし自分の州のなかで十分分散できなければ、税制上で多少不利になっても州外まで含めて検討するべきだろう。また、地方債は通常は流動性が高いが、売買には手数料やスプレッドがかかり、これもポートフォリオ構築のコストになる。

十分な資本がなくても幅広いポートフォリオを構築したい投資家や、

複雑なポジションを組み合わせたポートフォリオを扱いたくない投資家は、数多くある全米または特定の州に限った（州税を避けるため）地方債で構成する投資信託から選択することもできる（オープンエンド型またはクローズドエンド型）。例えば、特に勧めるわけではないが、ヌビーン・インベストメンツ（http://www.nuveen.com/）では、特定の州に限定した地方債ファンドを数多く提供している。

直接利回り対SEC利回り

すべてのタイプの債券の投資信託は直接利回りとSEC利回りという２種類の利回りに関する情報を投資家に提供しなければならない。直接利回りは、利息を投資信託の現在価値の年率で示したもので、保有期間の損益を含めた最終利回りは考慮していない。一方、SEC利回りは投資家が受け取るインカムリターンに額面金額と比較したファンドの価値、つまり満期時の損益を調整した値になっている。

高利回り債券と債券ファンド

通常は長期の債券で（たいていは社債）、投資適格格付け未満になっている。魅力は高利回りで、たいていは長期Ｔボンドを２～５％上回る利回りになっている（もしＴボンドの利率が６％なら、高利回り社債は８～11％程度であることが多い）。

高利回り低格付け債券には信用リスクがあるため、これらは広く分散した高利回り債券を保有する投資信託として保有するのが最も良いだろう。このような投資信託の価格は景気が不安定な時期はかなりボラティリティが高くなるため、高利回り債ファンドはこのリスクを許容できる投資家しか買ってはいけない。

面白いことに、高利回り債の価格は、一般金利水準よりナスダック総合株価指数（高リスクの小企業が多く上場している）の価格変動の影響を受けやすい。高利回り債ファンドは、ナスダック総合株価指数とそろって下落し、株式市場のセクターと一緒に上昇することが多い。これは経済や株式市場が下げているときは、景気が好調のときより債券のデフォルトも増えることを考えれば理解できる。

個別の高利回り債は､比較的流動性が低いことが多いが（不利な点)､高利回り債ファンドは非常に流動性が高い（ただし、多くのファンドが購入から90日以内に売却すると資産の１％程度の償還手数料がかかる)。それでも、大部分の投資家にとって、高利回り債券は直接ではなく投資信託を通して投資したほうがよいだろう。

トレーディングのヒント

第５章「Ｔボンドのリスクでジャンクボンドの利回りを確保する」では、高利回り債の投資信託の売買のタイミングに関する簡単だが非常に効果のある方法を紹介する。この方法は、これらの債券のリスクを大きく削減して投資対象としての魅力を高めてきた実績がある。

高利回り債ファンドを購入するのに適した期間やリスクが高まりそうな時期を見極める戦略がもうひとつある。この戦略は、高利回り債と長期Ｔボンドの利回りの関係を利用する。

高利回り債ファンドの利回りは、長期Ｔボンドより平均して約３～４％高くなっている。利回り格差がこの程度（３～４％）のとき、高利回り債の投資信託のパフォーマンスはこのセクターの平均水準になっていることが多い。

最高の買い時

経済が減速しているとき（そしてその結果投資家の悲観主義が高まっているとき）は、高利回り債ファンドの利回りが長期国債（例えば10年物Ｔノート）を９％も上回ったこともある。このような時期、投資家は最高のリターンより安全性を求めるため、国債の安全性に対する需要が高まる反面、より投機性の高い高利回り金融商品の需要は低くなる。悲観的な見方が広がる期間は、投資を蓄積していくのには最も良い時期であることが多い。過去の記録を見ても、高利回り債ファンドの利回りが10年物Ｔノートを６～８％上回っているときは、非常に良い投資先となっている。

このセクターでは、株式市場のベア相場が収まっていく時期にタイミング良く買うと、かなりのリワードが期待できる。

最高の売り時

反対に、力強い経済の下では（信用市場の低金利を伴うことが多い）、高利回り債と長期米国債の利回り格差は狭まる傾向がある。普通は景気に対して楽観的で、さらなる利回りを得るために多めのリスクを取ろうとする債券投資家は、許容できる金利を得るために高利回り債を積極的に買っていく（そして価格をつり上げていく）。このように投資家の楽観ムードと満足感が高まっているときは、高利回り債を売却する良い時期と言える（メディア指標を思い出してほしい）。過去の記録を見ても、高利回り債ファンドの利回りと10年物Ｔノートの利回り格差が３％以内になっているとき、高利回り債ファンドは全体的に危険領域にあることが多い。

過去の例

古くは1984年に10年物Ｔノートと高利回り社債の利回り格差が２％未満まで狭まったことがあるが、これは高利回り債が1980～1982年の下げによる低利率以降、かなり上げていたからだった。高利回り債市場は、1987年のピークのあともさらに上昇したが、大幅な上げは1984年半ばまでに終わっていた。

高利回り債の価格は1987年から1990年半ばにかけて急落し、利回り格差は利率が10年物Ｔノートより約９～10％上回った1990年半ばにやっとピークを打った。このとき、格差のピークと高利回り債の価格の底は一致していた（素晴らしい買い時）。

利回り格差は、2001～2002年にかけて再び拡大し、このときも高利回り債を買い増す好機になった。

大胆予想

高利回り債と10年物Ｔノートの利回り格差は、本書を執筆している2005年９月の時点で約3.5％まで狭まっている。これは、高利回り債市場が今後何年間かは大きく上昇しないことを示唆している。

図4.2は、利回り格差の歴史的なパターンを示している。

ウォール・ストリート・ジャーナル紙の「マーケット」セクションには利回り比較表が掲載されている。例えば、2005年９月７日の10年物以上の国債の利回りは4.34％になっていたが、高利回り社債は7.65％だった。格差の3.31％は平均以下の値であることから、高利回り債に対する平均以上の期待はできないことを示唆している。

プラス面

高いリターン率は、このセクターに投機的な魅力を与えている。高い潜在リターンを得るために高めのリスクをとることができ、とる意欲もある積極的な投資家には適した投資対象となっている。

図4.2　高利回り債と10年物Tノートの利回り格差（1983～2005年）

1983～2005年の高利回り債と10年物Tノートの利回り平均格差は4.84％だった。1990年と2000～2002年のベア相場では格差がピークを迎えて8.5％以上まで広がった。この2つの時期は長期投資として高利回り債ファンドを買い集める素晴らしいチャンスだった。ただし、2000年と2001年の強気の兆候は少し時期尚早だった

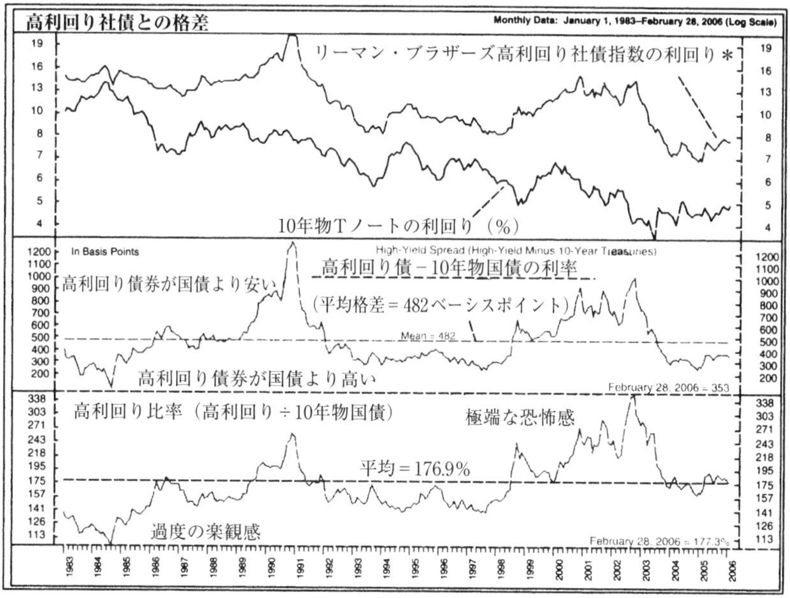

＊1987年以前はNDRの予想値

出所＝ネッド・デービス・リサーチ・インク

マイナス面

個別債券はリスクが高いうえに、流動性もあまり高くない。一方、債券ファンドは償還手数料のかかるものが増えている。

まとめ

安全性を最優先に考えるのであれば、満期までの期間が短く、最高の格付けを得ていて、現在利払いが行われているマネーマーケットかTビルの債券ラダーを中心とした幅広い分散型ポートフォリオを構築すべきだろう。

また、最大の潜在リターンを求めるなら、満期までの期間が長く、投資適格でも低格付けで、利払いを繰り延べた（ゼロクーポン債）高利回り債券を中心に、常に分散させながら保有すべきだろう。

リスクとリターンのバランスをとるためには、中期で投資適格債券を中心としたポートフォリオや、高格付けの地方債、インフレ連動国債、債券ラダーなどが向いている。ここでも高水準の分散を維持しておく必要がある。

さらなる情報が必要な場合は、本章で取り上げた項目や、投資チャンスや運用会社に関する具体的な情報が詳しく載っているウエブサイトが多くある。お勧めのサイトをいくつか紹介するが、これがすべてということではけっしてない。

●ティーンアナリスト（http://www.teenanalyst.com/）

債券や一般的な投資、投資信託、経済などに関するさまざまな記事を掲載している。詳しくはないが、きっかけとしてはよい。

●NASD（http://apps.nasd.com/investor_Information/smartbonds/000100.asp）

インカム投資の課題や概念に関する優れた記事を多く掲載している。この分野について詳しく学びたい人には強く勧める。

●インベストペディア（http://www.investopedia.com/）

インカム投資を含む投資のさまざまな分野に関する優れた記事を幅広く掲載している。

本章で取り上げた項目をインターネットで検索すると、さまざまな役立つ情報が得られる。

第５章では、特別な投資信託に投資するためのマーケットタイミングに関して、いくつかの優れた戦略を具体的に紹介していく。

第5章

Tボンドのリスクでジャンクボンドの利回りを確保する

Securing Junk Bond Yields at Treasury Bond Risk

高利回り債ファンド（BBやB、ときにはC以下の適格投資に満たない債券に投資するファンド）には、良い時代も素晴らしい時代もあったが、惨憺たる時代もまたあった。高利回り債の利回りはTボンドを10％以上上回ることもあるが、通常は３～５％の差で推移していることが多い。景気が好調のときは、有利な利率を求めて資本が高利回り債に流入することが多く、たいていは投資家にとってうまくいっていた。

全体として見れば、高利回り債ファンド（リスクを考慮してたいていは非常に分散されたポートフォリオになっている）の長期リターンは高格付けの債券に投資するファンドのパフォーマンスを上回っている。しかし、高利回り債ファンドの長期リターンの高さにも、もちろん対価がある。典型的な高利回り債の価格変動は、（高格付け債の価格を支配している）一般金利の変化よりナスダック総合株価指数の動きと相関性が高いのだ。これは、デフォルトが高利回り債券の最大のリスクだからで、経済が弱含んでいるときは株価が下落し、デフォルトリスクが最も高くなる。例えば、2000～2002年のベア相場では、高利回り債ファンドで保有していたデフォルト率が、通常の２～３％を大きく超えて10％に達したこともある。

全体としてみれば、高利回り債ファンドはある程度のリスクはある

図5.1　MFS高利回り債ファンド（1988～2005年）

MFS高利回り債ファンドは1988～2005年にかけてかなりのリターンを上げていたが、途中で最大では24%のドローダウンにも陥っている。ちなみに、これは年間平均リターンである7.6%の約3倍に当たる。1988～1990年、1993～1994年、1998年、2000～2002年は、高利回り債ファンドの投資家にとっては特に苦しい時期だった

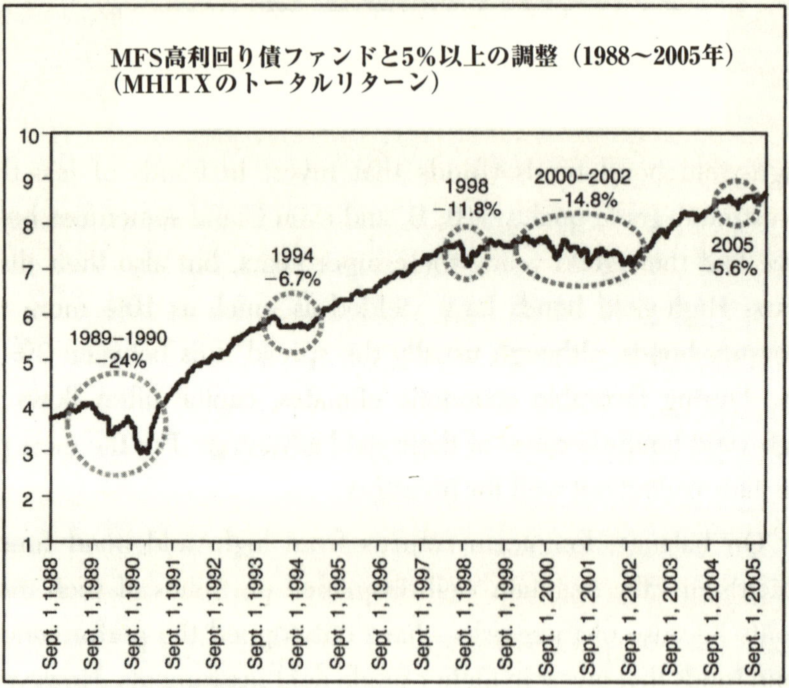

としても、かなりのリターンを生み出している。

図5.1は、典型的な高利回り債ファンドのトータルリターンの変化を表している。

図から分かるとおり、MFS高利回り債ファンドのトータルリターン（1988～2005年は複利で7.6%）は長期的に見た通常のインカム利率と比較しても適正な利益を上げているが、1988～1990年、1993～

1994年、1998年、2000～2002年の時期は、できれば避けるかダメージを減らすための工夫をすべきだった。

ミッションインポシブル――痛みなくして利益を確保する

少なくとも過去のパフォーマンスを見るかぎり、痛みのない利益も十分可能だということは証明されている。高利回り債ファンドに応用されているタイミングモデル（この変形を筆者の会社でも長年リアルタイムの投資に使っている）が、高利回りを望む投資家のニーズにぴったりと当てはまる。あとで実績を検証するときにその効果を自分自身で確認してほしい。

このタイミングモデル（1.25／0.50タイミングモデル）の良い点は、詳細な記録があって、バイ・アンド・ホールドと比較した場合のメリットがよく分かることにある（すべての人にとってではなくても、大部分の高利回り債ファンドの投資家にとっては）。

ただ、面倒なのは毎週２～３分を費やしてタイミングモデルをチェックしなければならないことで、サインが出ていたら投資信託会社に電話をして必要なトレードを行わなければならない。このモデルの手順は最初は少し複雑に見えるかもしれないが、慣れてくれば簡単に処理できるようになる。

1.25／0.50タイミングモデル

1.25／0.50タイミングモデルは、テクニカル分析の分野では「マーケット・リバーサル・タイミング・システム」と呼ばれているクラスに分類される。このクラスのシステムは、次のような仮定と手順で運用するようデザインされている。

●株式と債券の市場は、方向が変わる（リバース）前に大きく動くことがある。
●最大の利益を上げるためには、価格が上昇トレンドにあるかぎりできるだけ長くマーケットにとどまっている（そして上昇トレンドが終わったようであれば現金のポジションに移行する）。
●そのあとの戦略は、下降するトレンドが終わるまでそのマーケットから離れて損失を避ける。そのうちにタイミングモデルが再度仕掛けるサインを出すだろう。

サイン

リバーサル・タイミング・システムは、マーケット（今回の場合は債券ファンド）がトレンドと反対方向にある程度動くと、そのトレンドは効力を失っているとみなし、転換（リバーサル）するという仮定が基になっている。

例えば、1.25／0.50タイミングモデルは、もし高利回り債が下降トレンドにあれば安値水準から1.25％上げると下降トレンドは終わったとみなす（買いサイン）。

また、上昇していた高利回り債ファンドが高値近辺から0.50％下げれば、そのあとも下落が続く可能性が高い（売りサイン）。

すべてのサインが儲けにつながると期待するのは現実的ではない。ダマシの買いサインが出るときもあるし、マーケットが下降から上昇に転じるように見えても下落が続くことはある。このようなとき（ダマシは必ずある）の戦略は状況を素早く認識してそれに基づいた行動をとるということで、間違って仕掛けたのなら撤退して安全な現金に戻せばよい。

ときにはタイミングモデルが「売り」サインを出しても、そのあと価格が下がっていかないこともある。モデルがダマシを認識して警告を出したら、そのときは素早く上昇トレンドが続行していることを確認してすぐに仕掛けるようにする。

一般的に見て、正確なサインは全体のわずか50％程度だが、サインが間違っていたら素早く軌道修正することで、ダマシによる損失は軽減できる。

反対に、正確なサインはそのあとに大きな上昇（乗っているべき）か大きな下落（基本的に避けるべき）が続くことが多い。

この投資計画を成功させるためには、投資家がすべてのサインにタイミングよく従うことが重要になる。もちろん負けトレードはあるが、勝ちトレードも必ずある。これまでの実績がそれを証明している。

前置きは十分したので、そろそろ本題に入ろう。

タイミングの判断

繰り返しになるが、積極的な運用のオープンエンド型高利回り債ファンドのポートフォリオを毎週ほんの２～３分チェックするだけで、少なくとも過去にはほぼすべての高利回り債ファンドのリターンを向上させることができた戦略がある。そのうえ、この方法を使えば利益率を上げるだけでなく、ドローダウンを大幅に縮小し、高利回り債のセクターにかかわる全体的なリスクを減らすことができる。

本書で紹介しているリサーチ結果と運用成績は実際のトレーディングではなく調査に基づく仮定ではあるが、1.25／0.50タイミングの変型モデルを筆者が実際の運用口座に応用して上げた好成績は仮説ではない。将来、特定水準のパフォーマンスを保証することはもちろんできないが、結果を見ればきっとこれを応用してみる価値があると思うだろう。

先に進もう。これから紹介する手順は、最初は多少複雑に見えるかもしれない。しかし、20年以上高利回り債ファンドをトレードしてきた経験から言えば、これによって比較的低リスクでドローダウンを小さく抑えながら通常の債券投資を上回る高リターンを上げることができる。

しつこいようだが、将来の利益を保証することはできない。しかし、もし過去の実績が多少なりとも将来の参考になるのなら、この方法を学んで応用すれば、生涯使えるテクニックを身につけることができる。

トータルリターンを追跡する

1.25／0.50タイミングモデルは、高利回り債ファンドのトータルリターンを考慮した手順になっている。債券ファンドのトータルリターンは、債券自体の価格変動と投資家が受け取る配当金を組み合わせたネットの損益になる。例えば、年間利子配当が８％の高利回り債ファンドの価格が１カ月に10.00ドルから10.10ドルに上がったら、その月のトータルリターンはいくらになるのだろう。

実は、上昇分の0.10ドルは１％の利益（最初の価格である１口当たり10ドルに対して）になるため、価格のみで見たリターンは１％になる。しかし、年間利息の８％（または80セント）を12カ月で割ると、債券保有による利益に利子配当の6.67セント（１口の価格である10ドルの0.67％）が加算される。つまり、この月のトータルリターンは16.67セントまたは1.67％ということになる（キャピタルゲインと利子配当を単体で見た場合より高い）。

もし仮に１カ月で0.10ドルの利益を上げる代わりにファンドの価格が0.10ドル下がって10.00ドルから9.90ドルになったら、その月のトータルリターンはどうなるのだろう。利子配当の6.67セントは変わらないが、今回は10セントの損失と相殺されて全体としては3.33セントまたは0.33％（３分の１％）の損失となる。このように、利子配当が価格の下落に対するクッションになってくれることもある。

1.25／0.50タイミングモデルは、高利回り債ファンドのトータルリターンが良い間はそのポジションの保有を支持するサインを出すようデザインされている。この間、比較的小さな価格の下げがあっても、清算することを勧めたりはしない。この仕組みは、モデルのルールを読めば分かる。

ルール1――タイミング

毎週、最初の取引日に、前週最後の取引日の価格水準を基にしてトレードを行う。ほとんどの週は、トレードしているファンドについて金曜日の終値と利子配当の流れを確認し、月曜日の取引が終わるまでにそのデータを処理してトレードを実行することになる。

ときには週が終わる前でも、その日の動きによっては売買のサインが出ることが明らかな場合があり、そのときは翌週までトレードを待たなくてもよい。全体的に見れば、サインが出た日にトレードするほうが、日をおいてトレードするより良いが、パフォーマンスにほとんど差はない。

ルール2――売買

価格を追っているファンドのトータルリターンの水準が、直近の売りサイン以降最安値から1.25％上昇したら買う。また、この水準が直近の買いサイン以降の高値から0.50％下落したら売る。このモデルに関する売買ルールはこれだけしかない。

売買ルールは複雑ではないが、毎週きっかけとなるポイントを算出する過程に慣れるまでは少し時間がかかる（手順に慣れればずっと速くなる）。

トータルリターンの水準の算出

毎週末に、観察している投資信託の終値を確認する。この情報は翌週初めの取引終了までにバロンズ紙やブローカーやファンドなどから入手できる。

大部分のファンドについては、キャピタルゲインの分配（資産の一部を売却した利益をファンドの保有者に分配すること）や利子配当についても確認しておかなければならない。これらは通常、１カ月に一度行われている。

ほとんどのオープンエンド型債券投資信託は、投資先から入る利息（ファンドの追加的な資産）を反映した純資産価値（ファンドの価格と同じ）を毎日調整している。つまり、ファンドの価格はトータルリターン（利息収入と保有資産の価値）を表していることになる。利子配当は通常、毎月保有者の指示に基づいて現金か追加口数で配分される。利子配当が支払われるときは、多くのファンドの価格が支払った配当の分下がってファンドの資産価値も下がる。

しかし、ファンド保有者は現金か追加口数で配当を受けているため、資産価値の下落が保有者の損失になるわけではない。

配当時期に価格が下がったファンドの売買水準を計算する

1．ファンドの購入時に、利息とキャピタルゲイン配当の支払い予定日を確認する。

2．分配が行われると、その額とファンドの保有資産自体の価値の変動に応じてファンドの価格が下がる。ただ、分配の実効日（配当日）の価格変動幅より受け取る分配額のほうが多い可能性が高い。

3．もし現在ファンドを保有しているなら、配当金額の分、売りストップを下げる。もしファンドを保有していなければ、配当金額の分、買いストップを下げる。配当が行われると、ファンドファミリーはファンドの価格を変更する。
4．ファンドの価格が直近の売りサイン以降の最安値から1.25％上昇したら買う。この水準は、最安値に1.0125を掛けると算出できる。例えば、もし最後の売りサイン以降の安値が10.00ドルなら、10.125ドル（＝10.00×1.0125）に買いストップを置く。
5．ファンドの価格が直近の買いサイン以降の最高値から0.5％下落したら売る。この水準は、最高値に0.995を掛けると算出できる。例えば、もし最後に買いを仕掛けたのが10.00ドルなら、9.95ドル（＝10.00×0.995）に売りストップを置く。

例A

この例は、仮定の高利回り債ファンドがほぼ典型的な週足の価格動向を見せた場合に出るタイミングのサインに従ってトレードした結果を示している。

この仮定の高利回り債ファンドは最後に出たのが売りサインで、表の１週目でそれ以降最安値の水準に達したという想定になっている。ここからトータルリターンが安値よりも1.25％上昇して買うか、直近の買いサイン以降の高値から0.50％下げて売りサインが出るのを待つことになる。

10週目の取引終了時点で、この仮定の高利回り債ファンドは１口当たり1.25ドルのキャピタルゲイン配当をその日付でファンド保有者として登録してある顧客に支払うと発表した。この配当はファンドの資産から支払われるため、１口当たり10.40ドルだった価格は即座に1.25ドル下げて9.15ドルになった。

例A　仮定の高利回り債ファンド１
安値から1.25％上げたら買い、高値から0.50％下げたら売る

週	純資産価値（価格、配当を含む）	買いレベル	売りレベル	行動
1	10.25	10.378[a]		買い
2	10.20	10.328[b]		買い
3	10.22	10.328[c]		買い
4	10.18	10.307[d]		買い
5	10.27	10.307[e]		買い
6	10.32 買い！		10.268[f]	売り
7	10.28		10.268[g]	売り
8	10.31		10.268[h]	売り
9	10.34		10.288[i]	売り
10	10.40		10.348[j]	売り
1.25ドルのキャピタルゲイン配当が発表される				
10（修正後）	9.15[k]		9.098[l]	
11	9.04 売り！	9.153[m]		

a. 直近の価格は10.25なので、10.25＋（10.25の1.25％）＝10.25＋0.128＝10.378が最新の買いストップになる
b. 価格が新安値を付けたため、買いストップも下がる。10.20＋（10.20の1.25％）＝10.3275（または10.328）
c. 新安値は付けていないので、買いストップはそのまま
d. 新安値を付けたため、買いストップも下がる
e. 新安値は付けていないので、買いストップはそのまま
f. 買いサインが出る！　新しい売りストップは、10.32－（10.32の0.5％）＝10.32－0.0516＝10.268
g. 仕掛け以降新高値を更新していないため、売りストップはそのまま
h. 仕掛け以降新高値を更新していないため、売りストップはそのまま
i. 10.34の新高値を更新。新しい売りストップは10.34－（10.34の0.5％）＝10.288
j. 新高値更新。売りストップを10.40－（10.40の0.5％）＝10.348に上げる
k. 1.25ドルの配当が発表された。「仮定の高利回りファンド」の価格は配当を反映して調整された結果、10.40ドルから1.25ドル下がって9.15ドルになった
l. 売りストップも調整され、10.348ドルから1.25ドル下の9.098ドルになる
m. 売りサインが出る。新しい買いストップは、9.04＋（9.04の1.25％）＝9.153

そこで、価格と売買水準を調整する必要がでてくる。これは、分配される1.25ドルをその週の終値と売りサインとする価格から引けばよい。

もし、分配が発表される前に売りサインが出ていたとしても、ファンドの価格は1.25ドル下がるし、買いストップも1.25ドル下げる。

最後にもう一度手順を確認する

ファンドを購入したら、トレイリングストップをその時点の高値よりも0.50％下に置く。

売りサインが出たら買いストップを置くが、価格が下げればこのストップも下げる。先述のとおり売りストップは直近の最高値（終値）よりも0.50％下に、買いストップは直近の最安値（終値）よりも1.25％上に置く。

キャピタルゲイン配当に対する価格とサインの調整は先に述べたとおりだが、普通は月に一度、配当の支払いによってファンドの価格が下落したときにファンドの価格と売買水準を調整する必要がある（ファンドに問い合わせれば配当金額は分かる。支払いは毎月ほぼ同じ時期に行われる）。

利息収入がファンドの価格に影響しない高利回り債ファンドの扱い方

高利回り債ファンドの大部分は、利息収入が日々の価格に組み込まれていて、ファンドのトータルリターン（保有資産の価値と利息収入）を反映している。

しかし、高利回り債ファンドのなかにはインカム分を価格に含まないものもある。この種のファンドは、投資先からの利息をファンド外で保管して（ファンド保有者に毎日分配する）ファンドの価格には反映しない仕組みになっている。ただし、配当はファンド保有者の指示に基づいて、追加のファンド口数か配当金の形で毎月配分されることが多い。

売りのストップの計算にまだ配分されていない利息分の投資も含めると非常に複雑になるため、利息分の調整は無視することにする。しかし、買いストップに関しては配当分を反映させることができる。つまり、タイミングモデルは少なくとも部分的にはトータルリターンを基にしていることになる（買いサイドは価格変動のみの判断ではない）。

ここで手順を紹介しよう。ファンド購入時に毎月の配当予定を入手し、それに従って毎月の支払いを確認する。もしすでにファンドに投資しているなら、配当に合わせて売りの水準を調整する必要はなく、ファンドの価格が週の終値ベースで直近の最高値から0.5％下げたら売ればよい。もし、保有していないファンドが配当を行ったのであれば、買いストップを発表された配当金額の分下げる。こうすることで、配当を含むトータルリターンを考慮した価値を把握できるし、ファンドを再購入しやすくなる。

例B

例Bは、売ったあとに現金のポジションを維持しながら最安値よりも1.25％上の買いサインを待っているという想定で、表の１週目の価格が直近の売りサイン以降最安値になっている。

1.25／0.50タイミングモデルのパフォーマンス

最初に、160ページの**図5.2**のドライデン高利回り債ファンドの週足チャートを見てほしい。矢印は、上向きが買いサイン、下向きが売

例B　仮定の高利回り債ファンド2
配当が支払われても価格が下がらないファンド

週	価格	発表された配当金	買いの価格	売りの価格	行動
1	10.00	–	10.125[a]		買い
2	9.90	–	10.024[b]		買い
3	9.95	–	10.024[c]		買い
4	9.94	.06	9.964[d]		買い
5	9.98　買い！	–		9.93[e]	売り
6	9.97	–		9.93[f]	売り
7	10.00	–		9.95[g]	売り
8	10.03	.06		9.98[h]	売り
9	9.97	–	10.095[i]		

a.買いストップの価格は10.00＋（10.00の1.25％）＝10.00＋0.125＝10.125
b.新しい買いストップは9.90＋（9.90の1.25％）＝9.90＋0.124＝10.024
c.価格は新安値を更新していないため、買いストップの10.024ドルはそのまま
d.新安値は更新していないが、0.06ドルの配当が支払われたため、買いストップをその分下げる。新しい買いストップは10.024－0.06＝9.964
e.新しい売りストップは9.98－（9.98の0.5％）＝9.93
f.新高値は更新していないので、売りストップは9.93のまま
g.新高値を更新したため、売りストップを9.93から9.95に上げる
h.価格が新高値を更新したため、売りストップを10.03－（10.03の0.5％）＝9.98に上げる。配当の0.06ドルに関する調整は行わない
i.9.97の終値によって売りストップの9.98より低い売りサインが出る。新しい買いストップは9.97＋（9.97の1.25％）＝9.97＋0.125＝10.095

りサインになっている。

このチャートは、高利回り債ファンドにはバイ・アンド・ホールドよりも1.25／0.50のようなタイミングモデルを使うほうがメリットがあることを示している。モデルを使うとバイ・アンド・ホールド戦略で得られる利益を維持しながら、ドローダウンはかなり削減できている。特にナスダック総合株価指数がベア相場にあった2001～2002年は

図5.2　ドライデン高利回り債ファンドとタイミングサイン（2001～2005年）

この期間のタイミングモデルのパフォーマンスは素晴らしかった。モデルのサインに従って行動することで、投資家は上昇期のすべてに乗ることができ、全体的に下げた2001年夏と2002年夏と2005年春は避けることができた（このチャートは仮定のデータを基にしている）

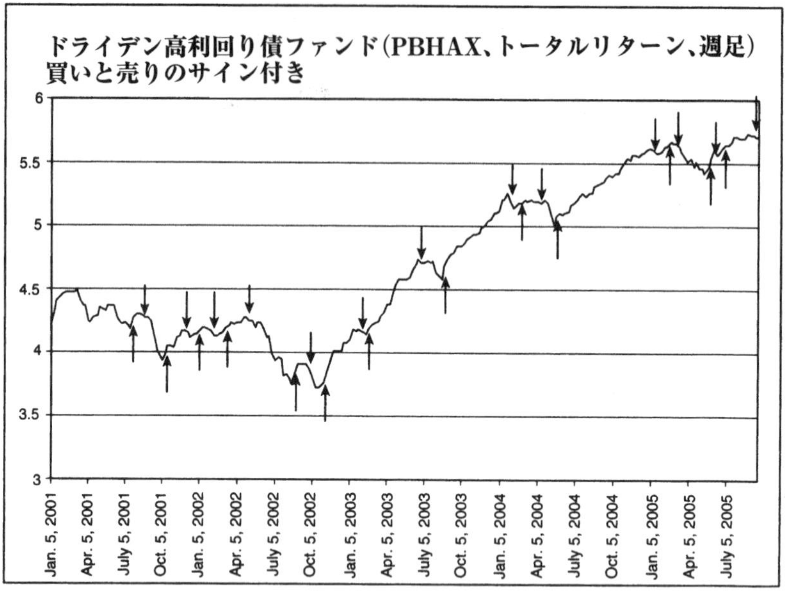

その効果が出ている。

これらのメリットは、そう頻繁にトレードしなくても達成できている（４年半にわずか13回の往復トレードで、平均すれば年間のトレード回数は2.89回）。これならトレードコストと償還手数料（もしあれば）もそう大きくはならないだろう。

次は**表5.1**を見てほしい。ここではバイ・アンド・ホールドと1.25／0.50タイミングモデルを若干変形したモデルで15の異なった投資信

表5.1　バイ・アンド・ホールド戦略と1.25/0.50タイミングモデルを若干変形したモデルの比較パフォーマンス（表示の運用開始から2005/8/24まで）

投資信託名	運用開始日	バイ・アンド・ホールドの年間利益	最大ドローダウン	タイミングモデルの年間利益	最大ドローダウン
フランクリンAGE ハイ・イールド	9/01/1988	+8.17%	–23.92%	+10.63%	–3.35%
ブラックロック・ハイ・イールド	1/05/2001	+9.92	–11.87	+11.92	–1.94
デラウェア・デルチェスト	9/01/1988	+5.82	–42.15	+10.15	–3.61
フィデリティ・アドバイザー・ハイ・インカム・アドバント	9/01/1988	+10.86	–31.84	+12.50	–6.54
フェデレーテッド・ハイ・イールド	9/01/1988	+7.99	–20.54	+9.23	–3.37
ジャナス・ハイ・イールド	1/02/1996	+8.31	–10.70	+6.61	–2.06
MFSハイ・インカム	9/01/1988	+7.64	–23.91	+9.81	–3.80
ノーザン・ハイ・イールド・フィックスト	2/18/1999	+5.62	–9.73	+6.63	–4.63
ノースイースト・インベストメント	9/01/1988	+8.63	–14.01	+8.95	–2.24
オッペンハイマー・ハイ・イールド	9/01/1988	+8.09	–17.58	+8.17	–5.72
ピムコ・ハイ・イールド	1/13/1997	+5.64	–13.26	+6.52	–4.78
サン・アメリカ・ハイ・イールド	9/01/1988	+5.71	–31.86	+9.86	–3.67
SEIハイ・イールド	1/13/1995	+7.78	–10.89	+7.03	–7.83
パイオニア・ハイ・イールド	7/07/1998	+10.93	–17.88	+11.97	–3.93
W&Rアドバイザー・ハイ・インカム	9/01/1988	+6.50	–25.18	+8.45	–4.65
平均		**+7.84%**	**–20.35%**	**+9.23%**	**–4.14%**

託を最長で17年間運用した結果を比較している。

この結果は仮定のリサーチによるもので、実際のトレーディング結果ではない。さらに、ここでは1.25／0.50タイミングモデルを若干変形して、配当ではなくSEC利回りを使ったモデルを使用している。本書では計算を簡素化するために修正を加えたが、筆者はこのことでパフォーマンスに大きな差が出るとは考えていない。ただ、これは将来のパフォーマンスを保証するものでもない。

この計算には高利回り債ファンドに投資している間の配当は入っているが、現金で保有している時期のマネーマーケットの金利は含まれていない。高利回り債ファンドに投資していたのは、平均すると全期間の約65％だったことを考えると、残りの35％はマネーマーケットに投資していたことになる。この間に１～1.5％程度の追加リターンが得られるとしたら、トレード口座の年間利益は約10.5％になる。

しかし、この計算には取引コストや償還手数料も含まれていない。コストを最小限に抑えるには、ブローカーを通さないでファンドファミリーと直接トレードするようにしたり、短期間の保有でも償還手数料を課さない高利回り債ファンドのみをトレードしたりするとよいだろう（ポジションを仕掛ける前に、このような条件が可能かどうかをブローカーやファンドに確認してほしい）。

結果を比較する

1.25／0.50タイミングモデルを使って売買した高利回り債ファンドのパフォーマンスは、バイ・アンド・ホールドの結果を大きく上回っただけでなく、リスク・リワード・レシオでも勝っていた。**表5.1**の最終行を見ると、バイ・アンド・ホールドの平均年間利益が7.84％だったのに対して、変形1.25／0.50タイミングモデルは9.23％だった。高利回り債ファンドは、トータルリターンの大部分を利息の支払いが占めるため、トレーディングにかかわる税金のマイナス影響は比較的小さいと考えてよい。

そして、さらに重要なのは最大ドローダウンの平均（月ごとに算出）

がタイミングモデルではわずか4.14％しかないことで、これはこのポートフォリオの平均年間利益の45％以下だった。一方、バイ・アンド・ホールドの最大ドローダウン（日ごとで算出）は20.35％で平均年間利益である7.84％の2.6倍近くになっていた（タイミングモデルのドローダウンを日ごとで算出していたら、月ごとの値よりも少し高くなると思われる）。

なぜ高利回り債ファンドはこの種のタイミングモデルに向いているのか

一般的に、タイミングモデルはボラティリティが高い投資先に使うほうが効果がある。これはタイミングモデルのリスク削減効果が、ボラティリティが高いほうが（低いときよりも）大きく作用するからだ。

高利回り債ファンドの特徴は、高格付け債ファンドよりも長期リスクが高いことだが、実際の日々の価格スイングはかなり緩やかになっている。これは売買サインに近づいても実際にサインが乱発されることはないという意味で好ましいパターンと言える（例えば、10.50ドルのストップより下げて売りサインが出れば、10.49ドルでストップに達したほうが１日で10.51から10.40に下落するよりよい。投資信託は取引終了時しか売却できないということを忘れてはいけない）。

ちなみに、S&P500指数のリターン率は配当を含めて約11％だったが、近年大きいときは45％のドローダウンに陥ったこともあった（配当を含めないで）。高利回り債券は通常投機的な投資だと考えられているし、実際にリスクもあるが、全体として見ればこれまで株式よりもかなり低いリスクで比較的近いリターンを上げてきた。

高利回り債ファンドで保有している債券は、大部分が日々トレードされるわけではないため、価格や時価評価や純資産価値も毎日変わることはない。それに比べて、国債は積極的にトレードされている。

まとめ

全体として、高利回り債ファンドはバイ・アンド・ホールドで考えた場合でも興味深いセクターだ。しかし、比較的単純でも完全に客観的で頻繁にトレードする必要がないタイミングモデルを使うと、このセクターのリスク・リワード・レシオが非常に良くなるということも覚えておいてほしい。1.25／0.50タイミングモデルもそのうちのひとつだ。

強い推奨

高利回り債ファンドの一部を投資ポートフォリオに組み込んで、1.25／0.50タイミングモデルでトレードするとよい。このポジションは安定した価値を保ちながら平均以上の利息収入とある程度のキャピタルゲインを生む可能性が高い。また、ポートフォリオ内の高利回り部分は、株式のみのポートフォリオに見られる資産の変動を減らす効果も期待できる。

高利回り債ファンドのパフォーマンスデータを載せている数々のウエブサイトを見れば、さらに役立つ情報が見つかるだろう。例えば、モーニングスターは高利回り債に投資するファンドのスターレーティングを掲載している。また、ヤフー！ファイナンスは、さまざまな期間における高パフォーマンスの高利回り債ファンドを紹介しているし、MSNマネーも同様の情報をコメントを添えて載せている。

高格付け債ファンドと債券ファンド

筆者のリサーチスタッフは高格付け債ファンドと債券ファンドのマーケットタイミングに関して相当量のリサーチを行っているが、いまだにトータルリターンでバイ・アンド・ホールド戦略を上回るテクニックを探し当てていない。

例えば、価格リスク（債券価格の下落リスク）を削減するテクニックはあっても、せっかくの削減分が利息の損失（資本を高利率の長期債のポジションから安全だが利率の低いマネーマーケットファンドなどに避難させることで減る利息収入）で相殺されてしまう。そのうえ、取引コストがタイミングモデルのパフォーマンスの足をさらに引っ張る。

少なくとも歴史的には、資本を分散型高格付け投資信託や平均満期が７年以下の債券ポートフォリオに投資した場合、トータルリターンで見たリスクは非常に低くなっている。これまでのところ、このようなポートフォリオで利息を含めて損失になった年はあまりないため、ほとんど気にする必要はないだろう。

ただ、高格付け債のラダーのテクニックは忘れないでほしい。この戦略は長期的に見ればランダムに売買するより高パフォーマンスを上げる可能性が非常に高い。

マーケットタイミングテクニックの兵器庫はまだ完成していない。もしタイミングが短期や中期の高格付け債投資にメリットをもたらしていなくても、株式市場ではリターンをかなり高めていることは間違いない。タイミングモデルについては次章以降もさらに説明していく。

第6章

ETFの素晴らしい世界

The Wonderful World of Exchange-Traded Funds

投資信託は大口投資家にとっても小口投資家にとっても、幅広い分散投資を、たった1回の取引で可能にしてくれる。このなじみのある手段を使えば、ひとつの（あるいは限られた）セクターのなかでも資本（例えば小型株）、地域（ひとつ、または複数の国で活動する企業）、業界（例えばヘルスケア、エネルギー）、そのほかの分類別に株や債券を幅広く投資することができる。

投資信託業界は、ときには不祥事もあるが、全体として見れば長期的に投資家に報いてきたと思う。そのうえ、いくつかの投資信託ファミリー（けっしてすべてではない）は比較的低いコストとリスクで素晴らしい長期リターンを提供してきた。

ただ、それでも投資信託への投資には不利な点も間違いなくある。例えば、近年下がってきたとはいえ運用手数料はファンド業界のパフォーマンスの足を引っ張っているため、株式投資信託の大部分は運用成績の比較に使われる株式指数のパフォーマンスを下回っている。

さらに、業界にはファンドの流動性を制限するトレンドが広がっている。購入から90日以内で解約すると償還手数料を課す投資信託ファミリーが増え、なかには償還手数料を避けるための最低保有期間がもっと長く設定されているものもある。また、一部の投資信託ファミリーは年間のトレード数を往復1～2回に制限しているところもある。

これでは、それほど活発にトレードしていない投資家でさえ、フィデリティやバンガードでは歓迎されないのかもしれない。

また、税制優遇措置のない資本を投資する場合には、ある種のマイナス税効果を伴う投資信託も多い。もし投資信託を購入して保有すると（場合によっては何年間も）、途中で売却しなくても利益の一部に課税されることもある。これは、ファンドが資産の再配分を行うときに資産の一部を売却して、その実現利益をファンドの保有者に分配したときなどに起こる。この「キャピタルゲイン配分」は、たとえ投資信託自体を（部分的にさえ）売却していなくても、その年の連邦と州の所得税の対象になる。

このような配分を行うファンドの価格は資産売却とファンド保有者へのキャピタルゲイン配当（その時点の価格で同じファンドに再投資する保有者もいる）による純資産価値の低下を反映して下落する。一般的には、大部分の投資家が分配された資金をファンドに再投資するため、結局ファンドの合計資産は分配前とあまり変わらないが、税金だけは請求される。そのうえ、投資家は過去も将来も正確に確定申告を行うために、これらの分配記録やファンドに再投資した価格を保管しておかなければならない。

簡単に言えば、投資信託に投資すると、実際には利益を手にしていなくても税金がかかることがある。

税に関するヒント

キャピタルゲイン配当の大部分は12月に行われる。年末に新しいファンドを購入するときは、先にキャピタルゲイン配当の金額と配当日の予定をファンドに問い合わせることを勧める。配当は、もし可能なら避けたほうがよい。

ETFを購入する

分散型で流動性が高く、取引時間内であれば低コストで制約なしに（マーケット自体の制約以外で）トレードできる投資手段を開発するためのさまざまな試みが、長年にわたって行われてきた。一時は株式バスケット（先物に対する何らかのヘッジがかけてある場合が多い）が人気を集めたが、1987年の暴落によってこの種の戦略の落とし穴が露呈し、人気がなくなってしまった。

そのほかにも、インデックス・パーティシペーション・シェア（IPS）、トロント証券取引所インデックス・パーティシペーション（TIPS）、スーパーシェアなどが考案されたが、どれも長続きしなかったため、これらについては名前だけ知っておけばよいだろう。

1990年代初期になって、やっともう少し長続きする商品が現れた。通常、スパイダース（SPDRs）と呼ばれているこの商品はS&P500指数に連動するようデザインされたユニット型投資信託で、S&P500の構成が変わればSPDRsもそれに倣って修正される。SPDRsのトレードは最初は緩やかだったが、S&P500が急騰した1990年代半ばから後半にかけてマーケットの関心もトレードも劇的に増えた。

投資信託と違って株式に近いSPDRs（とそのほかのETF）は、さまざまな証券取引所の店頭でトレードされ、そのほとんどが投資家とETFの発行者間ではなく、投資家同士でトレードが行われている。また、ETFの割合が増加しているマーケットでは流動性が高くなり、比較的低いスプレッド（投資家の売値と買値の差）で活発にトレードできるようになっている。なかには多少流動性が落ちるマーケットのETFもあるが、それほど頻繁にトレードしない投資家にとっては有効な投資手段と言える。

SPDRsが上場されてから何年かのうちに、ダイヤモンズ（ダウ平均に連動するユニット型ETF）、ナスダック100インデックスETF（通称QQQQ、ナスダックの投機熱が高まった1998～1999年にはSPDRsより人気があった)、セクター別SPDRs、そのほかのセクターのETFなど、数多くのETFが登場した。このなかには債券ポートフォリオに連動するようになっているものもある。また、近年外国株のパフォーマンスがアメリカ株を上回っているため、外国株のポートフォリオで作るETFも開発されている。

2005年末の時点で、ETFはあらゆる嗜好と投機レベルに対応できるようになったと言ってよいだろう。

ETFの長所と短所

ETFは面白い投資商品で、投資信託や個別の株式より有利な点も多数あるが、完璧な投資商品というわけではない。そこで、最初にETFの良い特性、次にあまり好ましくない点、そして最後に単純なバイ・アンド・ホールドより利益が大きくなるETFのためのマーケットタイミングモデルを見ていくことにする。

長所

分散——ひとつの投資手段に多数の異なった銘柄が入っている

ETFとインデックス投資信託には共通点が多数ある。インデックス投信は、何らかの株式指数に連動するようデザインされたファンドで、ポートフォリオマネジャーの投資スタイルや選択や予想に基づくのではなく、保有資産の加重が指数と等しいのである。SPDRsやダイヤモンズやQQQQの購入者は、例えばバンガードS&P500指数ファンドを買うことで、事実上「S&P500指数を１口」買えることになるのと同じように、これらの指数を買えることになる。

インデックス投資信託（と指数ETF）のマネジャーは、株式市場の指数（パフォーマンス）を上回るための操作は行わない。高給のポートフォリオマネジャーも、高い回転率のポートフォリオも、投資のための高い経費も必要ないこれらのファンドは、最低限のコストで株式市場に連動することができるデザインになっているのだ。

幅広い大型のポートフォリオは個別銘柄よりも予想しやすいうえ、価格のボラティリティも低い。指数ETFはすでに分散されていて、日中の流動性が高く、信用買いも可能で、1日中価格が公表されているうえ、コストも大部分の投資信託と比べて安くなっている。

運用手数料も低い

ETFは、その運用と事務を代行する会社によって設定されている。増え続けるこれらの会社のなかには、例えばバークレイズ・グローバル・インベスターズ、モルガン・スタンレー、ステート・ストリート・グローバル・インベスターズ、投資信託ファミリー（フィデリティ、バンガード、ライデックスなど）、そしてそのほかにもさまざまな構成のETFを作っている会社がある。

クローズドエンド型の運用会社が運用手数料で儲けるように、ETFの運用会社も運用手数料で儲けを上げている。

通常、ETFの投資家が負担する運用手数料は、従来のオープンエンド型（ついでに言えばクローズドエンド型）投資信託の運用手数料より安い（ときにはかなり安い）。

例えば、バークレイズ証券のウエブサイト（http://www.ishares.com/）によると、オープンエンド型の大企業ブレンド指数ファンドの経費率は0.69％だが、ｉシェアーズS&P500指数ファンド（ETF）の経費率はわずか0.09％しかかからない。外国のETFの経費率は高いが、それでもｉシェアーズMSCI EAFEが0.35％、ｉシェアーズMSCIエマージングマーケットETFが0.75％だ。それに対して、従来の投資信託で外国株式に投資するファンドの平均経費率を見ると2005

年は1.07％、ベンチマークの指数を上回るために積極的な運用を行っている指数ファンドなら1.81％もかかっている。

運用経費の差はけっして小さくなく、簡単に投資家が受け取る年間リターンの５～10％に達してしまう（いわば隠れた税金のようなものだ）。

さらなる税制優遇措置

オープンエンド型投資信託の保有に関する不利な税制についてはすでに少し触れている。

ほとんどのETFでは、納税義務が生じるキャピタルゲイン分配の資産に占める割合が非常に低い。例えば、ヤフー!ファイナンス（http://www.yahoo.com/ のなかのファイナンス）によると、インデックス投資信託の2000年８月から2001年８月までのキャピタルゲイン配当は平均で資産の5.87％だったのに対し、ETF（同じ指数で同じ期間）のほうは0.31％だった。ポートフォリオの回転率が高い積極的な運用の投資信託のキャピタルゲイン配当は、さらに高くなるだろう。

この差は典型的なオープンエンド型投資信託に対するETFの大きなメリットと言える。

流動性とポートフォリオの見通し

ETFは１日中トレードできるが、トレードの多くは保有者と運用会社間ではなく（トレードされている口数が多いときはあり得る）、二次的な保有者間で行われている。マーケットは通常（絶対ではない）流動的で、これには日中の短期的な変動に刺激されて感情的な過剰トレードにつながるという「流動性というメリット」のマイナス面もある。ただ、それでも概してプラス面のほうが大きい。

投資信託は保有している銘柄に関する情報を提供しているが、この情報は通常、実際のトレードから目論見書が更新される数カ月まで待たなければならない。一方、ETFは連動するバスケットとの関連でトレードしたり構築したりするため、運用会社はファンドの構成を比較的頻繁に公表している。

資産配分とポートフォリオのコントロール

オープンエンド型投資信託が積極的なトレードに対する制限を強めていくなかで、投資家がマーケットの強さに応じてセクター間で資本を移行するのが難しくなってきている。ところが、すでにセクターごとに構築されているETFにはそのような制限がなく、セクター配分はほとんどいつでも変更できる。

ETF業界のレパートリーはかなり広域に及ぶようになってきた。積極的にトレードや資産配分を行っている投資家にとって、ETFは活動範囲が広く、全体として見れば流動性の高い分野になっている。

短所

取引コストと売買スプレッド

投資信託にはある程度の償還手数料がかかるものもある一方で（特に積極的な運用の場合）、取引コストがほとんどかからないものもある。もちろん投資信託の売買を、（ファンドと直接行う代わりに）ブローカーを通す必要はまったくない。

ETFの売買にはブローカーの手数料がかかるが、資産に占める割合を考えると、大口の口座より小口の口座のほうが影響が大きい。通常、投資信託と直接売買すれば、取引コストはかからない。

先述の売買スプレッドは、特に一部のETFにとっては大きな経費になり得る。2005年10月13日の後場、SPDRsの売り気配は117.80ドル、買い気配は117.81ドルで、その差は１口当たり117.80ドルという価格に対してわずか１セント（0.0001または100分の１％）しかなかった（往復トレードのスプレッドの影響は往復ではなく片道のみ)。

もしSPDRsを１年間に20往復トレードすれば、SPDRsの価値の100分の20％（10分の２％）の追加経費がかかることになる。これはETFをトレードするための追加経費ということになるが、そう悪くはない。

このときのQQQQのスプレッドは、１トレード当たり300分の１％だったので、20往復なら10分の６％ということになる。この手数料とコストを合わせると、投資信託と比較したETFの経費率のメリットが相殺されてしまう。

ほかにも、中型株に投資するIJJ（S&P中型株400指数）という優れたETFがあるが、これはQQQQやSPDRsより流動性ははるかに劣る。2005年10月13日にこのETFは65.12ドルでトレードされていたが、このときの売り気配が65.07ドル、買い気配が65.18ドルでスプレッドは１トレード当たり11セント（100分の17％）になっていた。もし年間20回往復トレードを行うなら、追加経費はブローカーの手数料を別にしてスプレッドだけで3.38％になってしまう！　これではトレード経費だけで、投資信託からETFに切り替えて節約した経費が相殺されてしまう可能性があるし、少なくともETFの積極的なトレードは勧められない。

教訓――タダでは何も手に入らない

マーケットの状態の変化に合わせてETFを売買できたら本当に良いだろうが、株式市場の短期スイングにいちいち合わせて売買していたら利益よりもコストがかかってしまう。そこで、どんなETFでも購入する前に一般的な売買スプレッドを調べて予想コストを確認しておく必要がある。トレード対象となるETFのスプレッドのリストを用意しておけば、年間トレードコストの合計が１

～1.5％を超えない往復トレードの回数をあらかじめ算出しておくことができる。

例えば、IJJには売り気配のスリッページだけで１回当たり100分の17％のコストがかかるため、年間のトレード数は８往復以内に抑えるべきだろう（100分の17％×８トレード＝1.36％。ここにはブローカーやトレード金額によって異なる手数料は含まれていないが、実際の合計コストはこの分を含めて計算する）。

純資産価値によって変わるトレード

投資信託は、購入・償還手数料がかかることはあっても、価格は常に純資産価値に合わせてある。しかし、実際にはクローズドエンド型投資信託がプレミアムやディスカウントによって純資産価値以上または以下の価格で取引され、そのときどきで買い手や売り手はメリットを受けてきた。

同様に、ETFもときには純資産価値と若干上下する価格で取引されている。ただ、スプレッドがクローズドエンド型投資信託ほどの水準に達することがないのは、もし大きく乖離するとアービトラージの可能性があるからだ。例えば、ETFの価格が１口当たり40ドルで、その原資産の価値が41ドルなら、抜け目のないアービトラージャーがETFを40ドルで買うと同時に同じ口数分の原資産を41ドルで空売りするだろう。そして、スプレッドが戻ったら両方のサイドを手仕舞えば、マーケットがどちらの方向に動いたとしても、2.5％の利益が確保できる。大口の保有者なら単にETFを償還して原資産を受け取り、それを純資産価値で売却することもできる。

ただ、マーケットが急落したとき（資産が純資産価値以下で売却されることになる状況）や、上げ相場でつられて買った（純資産価値より高く買っているかもしれない）ETFを売却しなければならないと、困難に陥る可能性が高い。ETFが純資産価値と乖離すると、投資家のメリットになるときもあれば、ならないときもある。しかし、全体として見ればETFが純資産価値から乖離した価格でトレードされることが多いと、おそらくマイナスの影響のほうが大きいだろう。

それ以外の警告

これから個別のETFについて詳しく見ていくが、指数ベースのETF（何らかのマーケット指数やセクターに連動するETF）の多くが、連動しているはずの指数の構成を正確に再現しているわけではないことを知っておく必要がある。

例えば、あるセクターに連動するETFが、すべての銘柄ではなく、非常に流動性の高い一握りの銘柄だけを組み込んでいる場合がある。このように限られた銘柄のみで構成されたETFはベンチマークとする指数ほど分散されていないため、ボラティリティが高くなる可能性がある。

そのうえ、ETFは指数に連想したパフォーマンスを示すものの、運用による特別なパフォーマンスの上乗せはない。ただ、インデックス投資信託が大部分の投資信託よりも高パフォーマンスを上げていることを考えれば、このことは大体において不利とも言えない。ただ、ファンドに特別な「何か」を施して素晴らしいパフォーマンスをたたき出す優秀な投資信託のマネジャーも実在する。

ETFの価格動向は、通常の株式市場より予想しやすい反面、嬉しい誤算や飛躍的なパフォーマンスは期待できない。これらの点を理解したうえで指数のメリットを利用してほしい。

ETFの世界を観察する

何て急成長している世界なのだろう！

1995年に上場されていたETFはわずか２つで、原資産の総額は11

億ドルだった。ところが2004年になると、上場されているETFの数は138に増えて資産の総額は1670億ドルになっていた。この数字は本書執筆中も増え続けている。繰り返しになるが、ETFは投資という舞台のほぼすべての分野（債券から特定のセクター、さまざまな指数、外国市場、商品関連まで）をカバーしている。

そのほんの一部を挙げておこう。

インカム系のETF

- **ｉシェアーズ・リーマンTIPSボンドファンド（TIP）**　インフレ連動型の国債に投資
- **ｉシェアーズGS$インベストップ・コープ・ボンド**　社債に投資

グローバル投資

- **ｉシェアーズMSCIエマージング・マーケット・インデックス（EEM）**　新興市場の株式に投資
- **バンガード・エマージング・マーケットVIPERS（VWO）**　新興市場の株式に投資

アメリカ国内のマーケット指標

- **ダイヤモンド・シリーズ・トラストＩ（DIA）**　ダウ平均に連動
- **SPDR500（SPY）**　S&P500に連動
- **ｉシェアーズ・ラッセル1000グロース（IWF）**　ラッセル1000大型株グロース指数に連動
- **ｉシェアーズ・ラッセル・マイクロキャップ・インデックスファンド（IWC）**　ラッセル超小型株指数に連動

●ｉシェアーズ・ラッセル2000バリュー（IWN） ラッセル小型バリュー株指数に連動

特定の国

●ｉシェアーズMSCIブラジル・インデックス（EWZ） ブラジルの株式市場に連動

●ｉシェアーズMSCIメキシコ・インデックス（EWW） メキシコの株式市場に連動

●ｉシェアーズMSCIパシフィック・エックスジャパン・インデックス（EPP） 日本以外の太平洋地域に投資

●ｉシェアーズMSCIスウェーデン・インデックス（EWD） スウェーデンの株式市場に連動

特定の業種

●バンガード・ファイナンシャルVIPERs（VFH） 金融サービスに投資

●ホルダース・インターネット（HHH） インターネット・セクターに投資

●ｉシェアーズ・ダウ・ジョーンズUSベーシック・マテリアル（IYM） 基本素材（インフレヘッジ用）に投資

●ｉシェアーズ・コメックス・ゴールド・トラスト（IAU） 貴金属に投資

●ｉシェアーズ・コーエン＆スティアーズ・リアリティ・メジャー（ICF） 不動産に投資

ETFの世界は広くて柔軟性があり、近年株式市場を牽引してきたすべてのセクターを実質的に網羅している（実際には、マーケットを牽引している業種や地域のETFが投資家の要請に応えて次々と設定されている）。

雑録

ほとんどのETFは100口以下の端数でも取引できるが、「ホルダース」は100口単位でしか取引できない。

オプションを使った戦略のファンならば、「ｉシェアーズ」という一連のETFのプットやコールを売買することもできる。

特定のETFに関する情報が必要なときは、プライスデータ（http://www.pricedata.com/）をチェックするとよい。このサイトには銘柄リスト、シンボル、現存するほぼすべてのETFの内容が載っている。また、MSN・ドット・コムの「マネー」セクションにも多くの情報が掲載されている。例えば、「シンボルガイド」で現存するETFのリストを表示して、関心があるファンドのシンボルをクリックすれば、さらに詳しい情報を入手できる。

うまく分散された完全なポートフォリオを構築する

よく分散されているうえに、マーケットの変化に応じて素早く入れ替えが可能なポートフォリオを構築するとき、ETFがとても役に立つ。例えば、2005年に強含んだ業界はエネルギー関連銘柄、公共事業、新興市場などとその関連銘柄、そしてヘルスケアだった。しかし年の後半になるとエネルギーと公共事業は燃え尽きてしまい（10月）、その代わりに大型グロース株が年末の牽引役を担うことになった。新興市場関連の証券は９～10月の暴落で一度は下げたが、すぐに回復した。

マーケットリーダーの変化に気づくことができたとしても、すべてのETFの投資家がそれに応じて短期で保有資産を入れ替え、利益につなげられるほど素早く（少なくとも間に合うタイミングで）察知できるわけではない（すべてどころか多くさえない）。ただ、さまざまな種類があるETFは、多くの投資家に強含んでいく分野に素早く柔軟に移行するチャンスを提供している。

投資信託にこのような柔軟性があるだろうか。答えはイエスでありノーでもある。前述のとおり、多くの投資信託が償還手数料や購入手数料を請求してトレーディングを規制しているうえ、運用手数料もETFより高いからだ。

分散の原則を忘れるな

株式トレーダーのなかには、マーケットの流行やトレンドの変化を見極める優れた能力を持った連中がいる。彼らは自分が強いセクターになってほしいと思う分野に集中した分散度の低い積極的な運用のポートフォリオを使って好成績を上げるというチャレンジを成功させていることがよくある。

しかし、大部分の投資家は、本書で紹介しているさまざまな戦略を使ってよく分散されたポートフォリオで平均以上のパフォーマンスを目指すほうがうまくいく。分散はリスクを削減し、パフォーマンスをスムーズかつ向上させることが多いということを覚えておいてほしい。

ETFを使ったポートフォリオを構築し維持する

1．**トレード可能なETFの世界をよく知る**　ETFのシンボル、トレードされている場所、原資産の特徴、属しているセクターなどについて調べる。そうすれば、投資したいセクターの特定のETFに焦点を定めることができる。情報源についてはすでに紹介したが、ほかにも多数あり、完全なリストはできない。

2．**分散ポートフォリオの構成を決める**　比較的相関性のないセクターを使って分散した構成を考える。すでにいくつか例を紹介したが、6～10セクターが適当だろう。ETFのなかには、ポートフォリオのインカム部分で債券と同様の効果が得られる債券ETFもあれば、数多くの外国市場にアクセスできるETFもある。

3．**前述した一部の要素を加重する戦略を考慮する**　分散ポートフォリオを6カ月ごとに見直しして高パフォーマンスのセクターを加重し、低パフォーマンスのセクターを軽減する戦略の手順を確認する。

筆者自身が行ったリサーチでも、ETFは投資信託のポートフォリオと同様に、中期のレラティブストレングスに基づいて見直ししながら保有すると利益が高まることが分かっている（第3章「最も成功しそうな投資信託を選ぶ」で学んだ原則と手順に従って、トップ10％のパフォーマンスを上げたファンドのなかで分散し、トップデシルから落ちたファンドがあれば入れ替える）。ただ、積極的な運用の投資信託と比べて指数連動型投資信託とパフォーマンスが近いETFの場合、このような運用をしても積極的な運用の投資信託のときほどはっきりとしたメリットは得られない。

儲けを増やし痛みを減らす、有利な税制措置

１年に一度見直しをする戦略の下、毎年１回だけトレードする投資家はレラティブストレングス戦略と長期キャピタルゲインという有利な税制措置の両方を確保することができる。

先述のとおり、マーケットの中期的な牽引役を基にしたETFや投資信託の投資は、非常に生産性が高い。ちなみに、再配分を行う間隔がさらに長くてもよいというリサーチ結果もある。

ここでも前提は、投資信託をレラティブストレングスに基づいて選択したときと同様に強さは持続することが多いため、マーケットを牽引しているかぎりはそれに従っていく。

大型株対小型株

株式市場は、大型株に有利なときもあれば小型株に有利なときもある。例えば、1980年代の初めには小型株のパフォーマンスが大型株を上回っていたが、1983～1988年は下回っている。1994年になると大型株がリードを取り戻してそれが1998年まで続いたが、そのあとは小型株が再びその地位を回復した。

あとで紹介するが、パフォーマンスの差はかなり開くこともある。トータルリターンで指数に連動する代表的なETFに、大型株セクターはラッセル1000ETF（IWB)、小型株セクターはラッセル2000ETF（IWM）がある。

２つの分野を１年の終わりに見直しをするだけで、どちらか一方に投資するより高いパフォーマンスを上げることができる。このためにはまず、毎年12月31日に大型株のラッセル1000と小型株のラッセル2000のどちらがその年に高いトータルリターンを上げたか調べる。ト

ータルリターンには価格変動と配当金の両方が含まれている。

過去12カ月のパフォーマンスが高かったほうのETFに資本を投入し、次の１年間保有する。保有期間は見直しの結果によって１年間で終わることもあれば、数年間レラティブストレングスが変わらず同じセクターにとどまることもある。手順はたったこれだけだ。

このプログラムを1980年から2005年10月31日まで運用した結果を次に示してある。まず、ラッセル2000（小型株）に投資していた期間を見てみよう。

小型株の保有期間		大型株のトータルリターン	小型株のトータルリターン
開始	終了		
1979/12/31	1984/12/31	92.6%	111.5%
1988/12/31	1989/12/31	30.4	16.3
1991/12/31	1994/12/31	20.5	38.2
1999/12/31	2005/10/31（オープン）	6.4	37.9

次に、ラッセル1000（大型株）に投資していた期間を見てみよう。

大型株の保有期間		大型株のトータルリターン	小型株のトータルリターン
開始	終了		
1984/12/31	1988/12/31	88.2%	57.9%
1989/12/31	1991/12/31	27.4	17.6
1994/12/31	1999/12/31	244.2	116.4

出所＝アペル・アセット・マネジメント・コーポレーション（ニューヨーク州、グレートネック）、マービン・アペル博士によるリサーチ

総合結果

この期間、ラッセル2000の年換算リターンは12.0％で、最大ドローダウンは36％だった。同じ時期のラッセル1000の年換算リターンは12.9％、最大ドローダウンは45％だった。

一方、１年に一度入れ替える戦略の平均利益は15.1％で、最大ドローダウンは35％だった。この結果は、入れ替えたほうがパフォーマンスでは両方のセクターを上回り、リスクでは両方よりも低くなることを示している（アペル・アセット・マネジメント・コーポレーション、マービン・アペル博士によるリサーチより）。

コメント

この戦略自体が劇的なリターンを生むわけではないが、長期的に見ればバイ・アンド・ホールド戦略との差は年率２％以上になる。リスク削減もそれほど大きくはないが、このモデルが比較的相関性が高い分野に全期間投資していることを考えれば悪くない（見直しの頻度を高くしても、パフォーマンスが大きく改善するとは思えない）。

また、この戦略はポジションを最低でも１年間保有するため、すべてのキャピタルゲインが税率の低い長期利益とみなされ、税制上も有利になる。

図6.1は1980～2005年にかけた年に一度の入れ替え戦略の結果を示している。

セクターの選択とマーケットタイミングを組み合わせてパフォーマンスを向上させる

第７章「タイミングを取るための３面アプローチ」と第８章「マーケットの周期と分布とボトムファインディング戦略」では、バイ・アンド・ホールドよりリターンを向上させるため、マーケッ

図6.1　ラッセル1000とラッセル2000をレラティブストレングスに応じて1年に一度入れ替える戦略

ラッセル1000とラッセル2000のパフォーマンスは1980年から1990年代前半までは相前後していたが、そのあとはそれまでになく乖離していった。チャートの右端で高い値を示している濃い実線が再配分ポートフォリオの最終的な価値で、ラッセル1000とラッセル2000を単独で保有した場合を大きく上回っている。また、ここからは年間見直し戦略が1990年代初期以降のほうがそれ以前より有効だったことも分かる

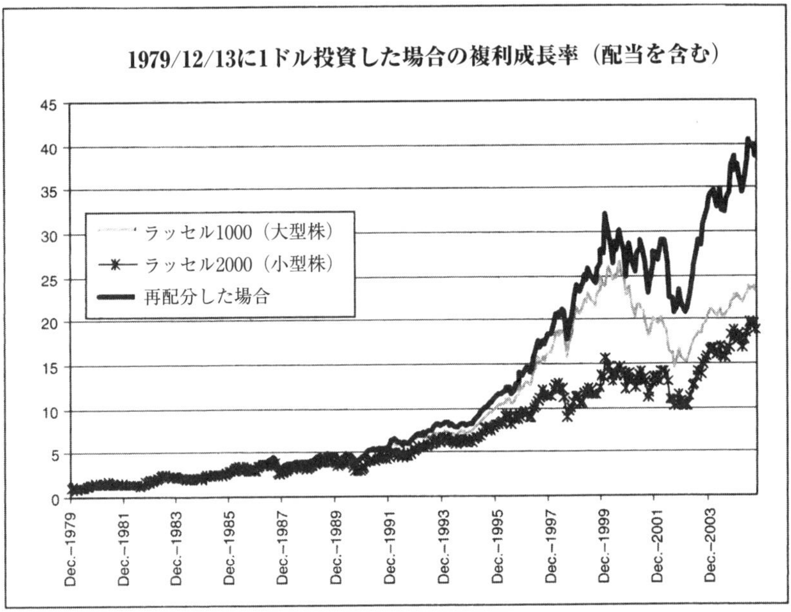

トタイミングに利用できるようデザインされたファンダメンタルズ的循環と分布の指標を紹介する。

ETFをインフレヘッジに使う

インフレ連動型の資産に投資する投資信託もいくつかあるが、ETF

のほうが幅広くインフレヘッジとしてポートフォリオに組み入れられる商品を提供している。インカム収入と最高の安全性を望むのなら、選択肢のひとつとしてｉシェアーズ・リーマンTIPSボンドファンド（TIP）が挙げられる。最高のインフレ対策としてすでに紹介したインフレ連動債（TIPS）は、金利上昇期にリターン率が上がることが多いため、ほかの債券と同様この時期下落の影響を受けにくい。

そのほかのインフレヘッジ用ETFのなかには、ｉシェアーズ・ゴールドマン・サックス・ナチュラル・リソース・インデックス（IGE）、ホルダース・オイル・サービス（OIH）、バンガード・マテリアルVIPERS（VAW）、ｉシェアーズ・ダウ・ジョーンズUSベーシック・マテリアル（IYM）などがある。

面白いことに、ETFは株式市場のほかの分野と同様、変化を後追いするのではなく、先取りする傾向がある。例えば、2005年には原油価格のピークよりも前にエネルギー銘柄の株価が天井を打ったし、夏の終わりに下落が止まったのも原油価格が年末に底を打つより早かった。

ここでメディアの指標を思い出してほしい。一般メディアがそろって経済発展をうたっているときは、そうはならない可能性が高い。例えば、2005年には金利が急騰するという認識で一致していたが、実際には夏の終わりにしばらく上げただけで長期的なレンジを突き抜けることなく下降に転じた。また、エネルギー不足でインフレ圧力と短期金利の急騰が予想されたが実現しなかったため、長期債市場への影響もなかった。

ただ、投資の一部をインフレ連動型の資産にしておくのは悪いことではない。外国の経済発展（特に中国とインド）を考えると、近い将来天然素材の価格圧力を受けることは十分あり得る。現在保有しているエネルギーや公共事業銘柄（多くが天然ガスを生産している）のポジションの価値が今後上がるかもしれない。

ただ、これらのポジションはインフレが叫ばれる時期よりも、静かで価格が安定している時期に建てるほうがよい。スマートマネーは通常、見出しを飾る以前の人気がない時期にポジションを増していく。

サンプルポートフォリオ

ここで３つの面白いETFのポートフォリオを紹介しよう。これらには幅広い業種、地域、企業の規模、ボラティリティ、リスク、現行のインカム収入などが配置されている。

保守的な投資家用

このタイプの投資家はキャピタルゲインも望んでいるが、資本の維持とインカム収入を最優先に考えている。一般的に言えば、このような投資家はボラティリティが平均以下のインカム型投資の割合を大きくすべきだろう。例えば、次のような構成のポートフォリオならこのような目的を達成できる。

- **SPDRsを10％**　S&P500の価格動向を模倣するETFで、アメリカで最も有力な企業が集まっている。S&P500のボラティリティは大部分のマーケットより低くなっている。
- **ｉシェアーズ・ラッセル2000バリュー（IWN）を５％**　小型バリュー株
- **ｉシェアーズ・コーエン&スティアーズ・リアリティ・メジャー（ICF）を10％**　配当を受けながら不動産投資ができる。このセクターは大部分の株式と相関性が低く、通常は良いインフレヘッジになってくれる。ICFの2005年の配当利回りは約５％だった。
- **ホルダース・ユティリティ（UTH）を５％**　天然ガスという資源

があるため、公共事業銘柄にはインカム収入とインフレ対策が期待できる。

- **iシェアーズMSCI・EAFEバリュー・インデックス・ファンド（FEV）を５％**　ヨーロッパ、オーストラリア、極東のバリュー株。
- **iシェアーズMSCIパシフィック・エックスジャパン・インデックス（EPP）を５％**　さらなる地域分散。
- **iシェアーズ・グローバル・ヘルスケア・セクター（IXJ）を５％**　業種と地域の分散。
- **iシェアーズS&Pグローバル・ファイナンシャル・セクター（IXG）を５％**　アメリカ国内と外国の金融セクター。
- **スパイダース・エネルギー（XLE）を10％**　エネルギーと天然資源。
- **iシェアーズ・リーマン１～３イヤー・トレジャリー・ボンド（SHY）を15％**　リスクが最も低いインカム投資。
- **iシェアーズ・リーマン７～10イヤー・トレジャリー・ボンド（IEF）を15％**　ほとんどの人に必要な債券は最長このくらい。
- **iシェアーズ・リーマンTIPSボンドファンド（TIP）を10％**　確実な利息収入とインフレ対策。

本章にはさまざまなETFが出てくるが、これらを特に勧めているわけではない。このリストは、分散によってバランスのとれたETFポートフォリオを構築するひとつの例として見てほしい。保守的なETFのポートフォリオを構築して維持していきたいときは、さまざまな業種や地域の選択肢のなかからパフォーマンスが最も良いものを選んで組み入れていけばよい。

そして、選択肢を定期的に見直し（週ごととか月ごとの必要はないが、できれば四半期ごとか半年ごと）、保有しているETFが該当セクターで少なくとも平均以上のパフォーマンスを上げていることを確認する（その場合はそのまま保有し続けてよい）。

先のリストには、最も保守的な部分である短期と中期の米国債が30％含まれている。国債はETFや投資信託を通さないで直接保有したい投資家も多いかもしれないが、資本の額によっては分散した債券のポートフォリオを作ることができない場合でも（典型的な新規発行債券の価格は1000ドル）、ETFを使えば分散したインカムポジションを組み入れるチャンスが広がるかもしれない。

また、ETFとオープンエンド型投資信託とクローズドエンド型投資信託から最適のものを選んでブレンドすれば、幅広く分散されたポートフォリオの構築が可能になる。筆者はこの方法を勧めている。

穏やかな投資家用

このタイプの投資家はリスクを気にはしているが、追加的なキャピタルゲインを確保するためにある程度のリスクは許容する意欲も能力もある。予定できる利息収入を必ずしも優先しているわけではないが、長期的なキャピタルゲインの伸びは投資目的のなかでも重視している。穏やかな投資家は一時的な損失とある程度のリスクなら許容できる。

先の保守的なポートフォリオは大部分が穏やかな投資家にも当てはまるが、潜在利益を高めるために構成を少し変えてある。

今回は、ｉシェアーズ・リーマン１～３イヤー・トレジャリー・ボンド（SHY）の10％を外し、その代わりに次のインカム系の資産を組み入れることにする。

- **ｉシェアーズ・ラッセル・マイクロキャップ・インデックスファンド（IWC）を５％**　超小型株には独自のリスクがあるが、長期的なパフォーマンスでは大型株を上回ることが多い。
- **ｉシェアーズFTSE・シンホワ・チャイナ25（FXI）を５％**　このETFは中国で最も流動性が高い大企業25社を反映しており、急速な経済発展を遂げながらボラティリティはS&P500よりも低い銘柄を集めて中国への足場を提供している。中国にも問題はあるが、ひとつくらい保有しても大丈夫だろう（代わりにｉシェアーズMSCI・サウス・コリア・インデックス［EWY］を組み入れてもよい）。

積極的な投資家用

このタイプの投資家は、キャピタルゲインの達成が第一で、継続的な利息収入には二次的な関心しかない。積極的な投資家は、リターン率を最大にするために高いリスクを許容する意欲も能力もある。保守的な投資家は低リスクのインカム投資の割合を大きくしたいし（全資産の30〜40％）、穏やかな投資家も最低20％はこのような資産を組み込みたいが、積極的な投資家は短期や中期の国債の安全性を放棄する場合もある。

筆者はすべてのポートフォリオの少なくとも一部にインカム部分を組み込むべきだと考えている。最も積極的な投資家でも最低10％はインカム収入があるポジションを保有しておくべきだろう。このケースでは、ｉシェアーズ・リーマンTIPSボンドファンドを外し、その代わりに次のETFを組み込むことにする。

- **パワーシェア・ザックス・マイクロ・キャップ（PZI）を５％**　比較的新しい超小型株中心のETF（実際にポジションを建てる前にパフォーマンスを確認すること）。
- **ｉシェアーズMSCIカナダ・インデックス（EWC）を５％**　天然資源が豊富なカナダは強い経済成長を示している。このポジションはカナダの株式市場の伸びを考えれば投機的に見えるかもしれないが、強力な長期保有資産になる可能性もある。

まとめ

できれば最後にもうひとつ忠告しておきたい。株式市場のどこかに「ホット」なセクターがあると、1つか2つのそういったセクターに資産を集中したくなる気持ちはよく分かる。しかし、先に紹介したような相関性の低い資産に分散しておいたほうが安全性ははるかに高い。

時間をかけてウエブサイトをチェックし、金融ニュースやレポートに目を通しておこう。また、パフォーマンスを確認するときには、一貫性があるかどうかも見ておくとよい。そして、大部分の投資家は、リスクを下げるために最低でも資産の20～30%をインカム収入が得られるポジションにしておいてほしい。

一言で言えば、枠の外で考えることを恐れてはいけない。新しいマーケットや新しいチャンスから小型グロース銘柄まで、幅広く目を向けてほしい。もちろんETFがチャンスへの唯一の道ではないが、少なくともこれまで創造的に運用され、幅広い投資の可能性を示してきたし、ほとんどの場合マーケット環境の変化に合わせて入れ替えるための十分な流動性も備えている。

つまり、ETFは本当に「チャンスを生かす投資」ができる金融商品なのである。

第7章

タイミングを取るための３面アプローチ

A Three-Pronged Approach to Timing the Markets

前章までに、株式市場で使えるいくつかのタイミングツールについてすでに述べてきた。例えば、ナスダック総合株価指数のレラティブストレングスがNYSE指数よりも高くて金利が下落しているとき、全体的な株式市場のパフォーマンスが最も高くなることはすでに紹介した。大衆心理についても、株を保有するのに最高の６カ月や、大統領選挙の４年周期にかかわる最高と最悪の年などと合わせて見てきた（第１章「バイ・アンド・ホールドという神話」）。

完璧なパフォーマンスを達成できるタイミングツールはまだ見つかっていないが、チャンスを自分のほうに引き寄せるのに有効なツールならいくつか知っている。投資家が期待できるのはせいぜいここまでだろう。

この株式予想というアート（科学ではけっしてない）は、次の２つの手法を使って行われている。

●**ファンダメンタルズ分析**　この手法は、業界や企業の経済的な見通しを査定したうえで立てた予想を基にしている。査定する項目には、世界と地域の経済、販売見通し、金利トレンドが経済に与える影響、実質的な企業収益の予想水準、企業の実質的な資産価値などが含まれている。

●テクニカル分析　２つ目は、ファンダメンタルズ分析の対語としてテクニカル分析と呼ばれている手法で、これは株式市場自体の動きを研究して、過去のパターンから将来の動きを予想していく。

ファンダメンタルズ分析の根底には、株式市場は全体としても個々の企業としても基準となる株価水準があり、それを下回っていればいずれ株価は上昇するし、上回っていればいずれ株価は下がるという仮定がある。ただ、これは価格と価値が合わなければ株式市場が即座に反応するということではない。ここでは、査定した株価の価値と実際にトレードされている株価の関係を知っていたらリスクが高い時期と低い時期を見極められるということを覚えておいてほしい。

一般的な評価基準

経験豊富でエキスパートの域に達しているアナリストは、貸借対照表、キャッシュフロー、販売傾向、マーケットシェア、個別企業と業界全体の労働契約などを徹底的に調べて将来の成長率を割り出し、そこから将来の株価を予想することができる。

また、彼らは金利水準、貿易収支のバランス、インフレ率と経済成長率、失業率などマクロ経済のトレンドを掘り下げて国内経済や世界経済の状態を判断する（これが個々の企業の将来に大きく影響を及ぼす）。

ただ、知識が豊富で教養もある株や経済のアナリストが同じデータ（客観的なもの主観的なものもある）から導き出す結論が一致することはほとんどない。ここはもう一度「メディアという指標」について考える良い機会かもしれない。世間の予想がひとつの方向に偏りすぎているときは、間違っていることが多いのである。

株式市場に関する基本的なファンダメンタルズ指標のいくつかは、利益チャンスを高めてくれるだろう。

警告はしたが、いくつかの基本的かつ入手しやすいファンダメンタルズ指標は、株式市場のトレンドを予想するのに役立つことが分かっている（もちろん完全ではないが、あてずっぽうよりははるかに良い結果が得られる）。

企業収益――ファンダメンタルズの核心

投資家（短期トレーダーではない）が企業の株を買おうと思ったとき、実際にはどれを買えばよいのだろう。もしかしたら当座の収入（配当）が欲しいのかもしれないし、多少はキャピタルゲインも期待しているかもしれない。あるいは目先の配当ではなく、長期的に企業利益が向上して、それがキャピタルゲインと株価を押し上げることを重視しているのかもしれない。

いずれにしても、企業の利益（収益）は今後の見通しのカギとなる。安定的な収益は、安定した継続的な配当の支払いにつながる。収益の増加は、企業の資産価値や配当金の増額につながる。「グロース企業」と呼ばれる会社の多くは、何年間も最小限の配当しか支払わない代わりに、現在や将来期待できる利益を自社の成長のために再投資していく道を選んでいる。また、「バリュー株」と呼ばれる銘柄は、すでに高い利益幅を確保していて高水準の「簿価」（企業の財産や現金を含む純資産から負債などの債務を差し引いた値）を維持し、配当を支払っている可能性が高い。

株を買うということは現在と将来の収益を買っているということであり、ここではこの概念がカギとなる。もし、収益の伸びが期待を下回れば株価は下がる可能性が高いし、期待を上回れば株価は上がるだろう。そして、この概念は株式市場全体にも個別銘柄にも当てはまる。

企業収益と株価変動の長期的な相関関係

企業の利益は通常その企業の１株当たり利益として表される。もしある企業の発行済み株数が100万株で総利益が1000万ドルなら、１株に割り当てられる利益は10ドル（1000万ドルの利益÷100万株）になる。次に、１株当たり利益の10ドルを株価に割り当てていく。もしこの会社の株価が100ドルなら、株主は１株当たり100ドルを支払って10ドルの利益配分を受けるため、株主が１ドルの利益を上げるには10ドル（株価の100ドル÷利益の10ドル）のコストがかかることになる。この株価と１株当たり収益の関係は株価収益率（PER）と呼ばれ、この場合は10になる。これは、言い換えれば株価が利益の10倍ということでもある。

投資家は、企業の収益が急上昇しているときには高くても株を買い、収益が横ばいか下降していたら高い金額は支払いたがらない傾向がある。また、楽観的な時期は多く出すし、悲観的な時期は少なくしか出さない、低金利（債券と競合しない）のときは高く払うし、高金利（企業の金利負担が増えて企業の利益には逆効果になると同時に、利回りの低い株より高利回り債に人気が移る）のときにはあまり払いたがらないということもある。

利益トレンドと株式市場の価格動向は短期間で見ると一定ではないが、長期的に見るとかなりの一貫性がある。長期で見た収益トレンドと株価動向には高い相関性があるのだ。**図7.1**はこの関係を示している。

図7.1を詳しく見てほしい。上のグラフは、ひとつがS&P500企業の収益の合計で、もうひとつがS&P500の終値の月足を示している。２本の線が見にくければ、下のグラフの株価収益率（収益÷S&P500）

図7.1　株価動向と企業収益の関係（1927〜2005年）

企業の収益成長率とS&P500の成長率は長期的には同水準を保っているが、ときどき企業の収益成長率が株式市場全体の成長率を上回ったり（買いチャンス）、株価が収益より高くなる（投資するにはリスクが高い時期）ことがある

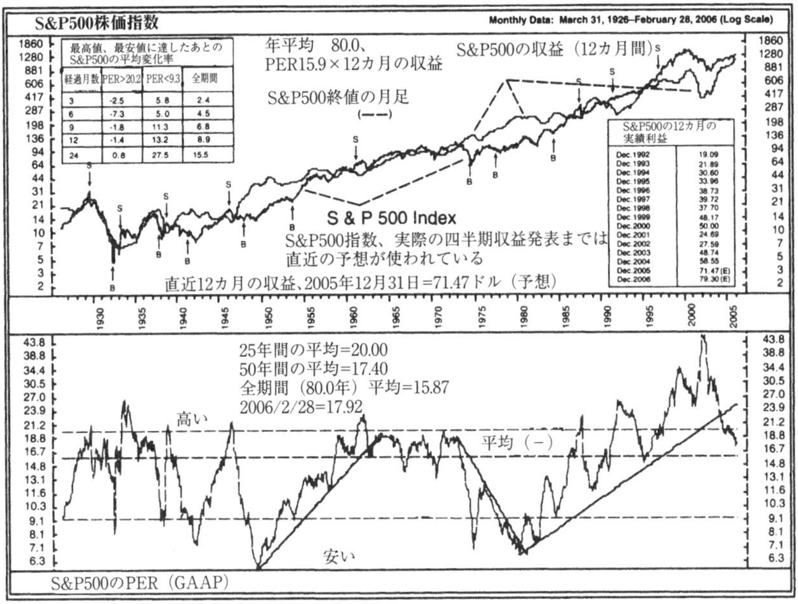

を参考にしてほしい。

チャンスを生かす投資戦略1

PERのパターンを使って株式市場に参入する最高のタイミングを見極める。

PERのパターン

チャートからも分かるとおり、株価は収益より先に動くこともあれば、逆のこともある。最高の買いチャンスは、収益成長率（**図7.1**の点線）がS&P500の価格成長率（実線）を大きく上回っている時期に現れている。このような時期のなかには、1942年と1949年と1974年からの長期のブル相場の始まりも含まれている。また、株式相場で20世紀最高の20年間と呼ばれている時期に突入した1980年代初期にも、収益と株価は良い関係になっていた。

この関係は、S&P500のPERを示した下のグラフで見てほしい。歴史的に見て、株式市場はPERが9.3以下（つまり投資家は、S&P500企業で１株当たり１ドルの利益を得るために9.30ドル以上支払うつもりがない）になると良い状態になっている。このような買いのチャンスは上のグラフにＢと上向きの矢印（↑）で示してある。

株価はほとんどの時期上昇している。しかし、チャートを見ると低PERによる買いサインのすぐあとの期間にパォーマンスが良くなっていることが分かる。株が割安になることは本当にあるのだ。

リスクが高い期間

反対に、株価が利益を上回ったときには、株式市場から最低の利益しか上がっていない。このような時期のなかには、1920年代末の大暴落の直前や、1960年代半ばから1970年代半ば、そして1990年代半ばから2000年代初めまでの時期などが含まれている。

1990年から2000年初めにかけた非常に投機的なブル相場や、1995年から2000年初めの時期は特に株価の上昇率が収益の伸びを大きく上回っていたため、PERの関係が本質的にマイナスになっていた。そして、この激しく投機的な時期は何十年ぶりかの株式市場最大級の下落でやっと幕を閉じた。2002～2005年の急速な収益上昇にもかかわらず、2006年春の時点でもまだS&P500など主要なマーケット指数は2000年初めの水準まで回復していないが、株価と企業収益の関係は平常に近づいている。

歴史を見ると、株価が高くてPERが20.2以上になったとき、株式市場は不安定になっている。1990年代後半には通常の危険水準をはるかに突き抜け、2000年初めにはPERが46に達したあと株価は崩壊、2005年末になるとPERは19以下まで下落した。これは比較的高水準ではあるが、完全な高リスクゾーンというわけではない。

統計的な資料

- 2005年11月までの25年間における平均PERは19.9で、投資家は1ドルの企業利益に対して平均19.90ドルを支払ってきた。
- 50年間の平均PERは17.38で、1925年以降の平均は15.87だった。大部分の投資家は、月日とともに株に高い金額を支払うようになっていった。
- S&P500のPERが20.2以上だった1920年代半ばから2005年末までに株を買った投資家は、その後12カ月の利益がわずか0.8%（保有期間は24カ月）でネットでは損失になっていた。
- PERが9.3以下の時期に株を買った投資家は、12カ月間で13.2%、24カ月間で27.5%の利益を享受した。

それに対して、この期間にS&P500は12カ月間の平均利益が9.0%、24カ月間の利益が15.6%になった。

絶対的な相関関係は分からないが、株価が収益と比べて割安なときに株を買うほうが、PERが割高を示しているときに買うよりはるかに良いということは明らかだろう。

PERに基づいた投資戦略

PERが非常に低い水準（9.3よりはるかに下）まで下がったら、買いの戦略に集中する。また、PERが20を超えたら警戒を強める。特に金利が上昇していて高水準になっているときは注意してほしい。

この買いの警告手順は、通常、買いの接点やリスクが高まる時期を見極めるのに役に立つ。ただ、企業収益を左右するのは経済だけではない。例えば、債券市場はときには株と競合したり、経済状況によって独自の影響力を発揮したりすることもある。

債券利回りを使って株を買う時期を見極める

株式市場のパフォーマンスが最も高くなるのは債券価格が上昇して金利が下げているときで、最も低くなるのは金利が上昇して債券価格が下落しているときだ。過去に、このような関係が成り立った理由のひとつは、金利上昇がビジネスにマイナスの影響を与えていたからだろう。住宅ローン金利が上昇し、それが不動産市場と住宅建設に悪影響を及ぼす。また、高金利になると株式トレーダーにとっては信用取引での金利が上がるため、利益もトレード数も減る。そして企業も消費者も、返済額が増えると経済活動や投資が減っていく。

金利の上昇が株価に悪影響を及ぼす理由はほかにもある。債券の利息のほうが高いのに、わざわざ株を買う理由はない。過去に必ずしもそうだったわけではないが、この何十年かは、長期的かつ大幅なキャピタルゲインのチャンスが成長株よりも低くても、債券の利息のほうが株の配当より高いことが多かった。投資家は株に資本の成長か配当金かその両方を期待する。それに対して債券には、利息が決まっていることや安全性、そして投資がどのくらいの価値でいつ終了するかを予定できる（満期）ことなどを求める。

株の成長率と比較して、平均以上の利息収入を提供する債券が割安に見え、資本が株式市場から債券市場に引き込まれていく時期がある。また、株価が債券に比べて割安に見えて株の価値が高まるときもある。洞察力のある投資家は、常に最高のチャンスを見分けて資本を投資していく。

益利回り

益利回りは、時価総額に対する企業利益の割合で投資家のリターンを示している。利益の一部は配当などで分配している場合もあるが、利益の大部分（もしくはすべて）はその会社に再投資され、簿価や事業力、成長力など、現金配当でなくても何らかの形で株主へのリターンを高めていく。

益利回りを算出するためには、１株当たり利益を１株のコストで割ってPERを算出する。例えば、１株当たりの利益が２ドルで株価が40ドルなら、株主は２ドルの利益を確保するために40ドルを支払わなければならないため、この会社のPERは20（利益の20倍）、そして１株当たり１ドルの利益にかかるコストは20ドルということになる。

もし、投資家が１株当たりのコストの20分の１を利益として毎年受け取ったとしたら、これだけで最初の投資分を回収するには20年かかることになる。益利回りは、２ドル（利益）÷40ドル（株価）で0.05または５％になる（もちろん多くの企業は益利回りに加えて配当金でリターンを配分している）。

当然ながら、益利回りは高いほど良い。最低限の配当金しか支払わない会社ならなおさらだ。株主にとって、トータルリターンには益利回りと配当金の両方が含まれている。

チャンスを生かす投資戦略2

株が債券より相対的に安いときに株を買う。

これまで見てきたとおり、相対的な利回りを比較して、株が債券より割安になっているとき株の利益が最も高くなることや、債券より割高になっているときは利益が低いことはみんな知っている。

図7.2は、この概念を表したもので、これが株が割安か、比較的安いか、買い時かということを判断するための客観的な基準としても利用できる。また、この基準を使って株のリスクが平均に近いのか、それとも高いのかを判断することもできる。

図7.2は非常に意味深いだけでなく、いくつかの新しい概念が含まれている。次の説明は少し難しいかもしれないが、この指標を使いこなせるようになれば毎週ほんの２～３分で長期的なメリットが得られるため、少し時間がかかっても理解しておく価値はある。

まずは定義を確認しておこう。

●**ムーディーズ債券格付けBaa**　スタンダード・アンド・プアーズのBBBとほぼ同じ格付け。さまざまなグレードの債券の利回りがムーディーズの指標に用いられているが、S&P500の投資適格銘柄の平均利回りにもっとも近いのがBaaの利回りだろう。

●**予想営業利益利回り**　さまざまなアナリストの予想と企業の見通し（ガイダンス）に基づいた次の４四半期の予想利益。この値は過去ではなく将来の価値に基づいた株価評価に使うことができる。残念ながら、将来の収益見通しは楽観的になる傾向があり、実際の数字より高くなっていることが多い。

●**GAAP益利回り**　適正な会計基準と手法に基づいた直近12カ月の実績収益。

図7.2　ムーディーズBaa債の平均利回り対S&P500の利回り（1981〜2005年）

益利回りより債券利回りのほうが大きければ、株式市場はリスクが高くて利益率が低くなる。1981年以降、株は全期間の35〜40%で非常にブルの状態になっていたが、中立の期間も同じくらいあった。この指標によると、ベアの状態だったのは全体の約26%で、この期間全体を通してみるとネットでは損失になっている

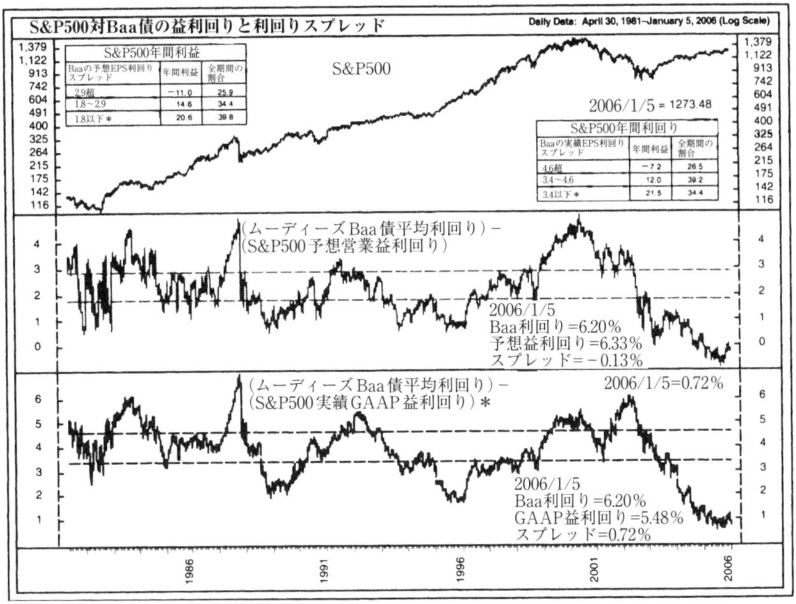

＊実際の四半期収益が発表されるまでは直近の予想値を使っている。2005年12月31日のEPSは69.82ドル（予想）

予想収益は実現収益より高くなる傾向があるため、筆者の債券利回り・益利回り評価モデルでは収益の種類によってパラメータを若干変えている。パラメータを調整すると、予想収益と実現収益から導かれる推論にあまり差がなくなる。

必要なデータを探す

PERと益利回りを毎週算出した値はバロンズ紙の「マーケットラボラトリー」セクションに掲載されている。

また、予想収益見通しはインターネットで検索すれば手に入る。アナリストによって見通しが違うため、決定的な数字というのは存在しない。

ムーディーズの格付け別債券利回りは、http://www.federalreserve.gov/releases/H15/data.htm で見ることができる。画面を下にスクロールすると、ムーディーズの債券利回りのセクションがあり、Baaだけでなく AAAの利回りも分かる（これも確認する必要がある）。

図7.2の上のチャートは1981年以降のS&P500を示している。ちなみに、現在のパラメータによるこの指数は1980年より前は運用されていなかった。今後、投資家は使用しているデータの特性の変化に注意を払っておく必要がある。株式市場の指標の多くは、長い年月の間にパラメータが変化していく。例えば、1980年より前には、株の利回りが債券を上回ることが頻繁にあったが、1980年以降はそうではなくなった。

２つ目のチャートは、ムーディーズのBaa格付け債の平均利回りからS&P500の予想営業利益利回りを引いた値を示している。例えば、2005年12月21日のBaa債の利回りは6.33％、S&P500の予想益利回りは6.38％で、債券の利回りのほうが株式の益利回りより若干低かった。株式の大きな潜在成長力を考えれば、当時の益利回りは債券利回りと比べて高くなっていたと言える（そのうえ株価も比較的高かった）。ちなみに、このときのスプレッドは－0.05だった（Baa債の利回りの6.33％－予想株式益利回りの6.38％）。

図7.2は、ネッド・デービス・リサーチ・コーポレーションのリサーチに基づいて、３つの部分に分かれている。

- 過去の記録を見ると、ムーディーズのBaa債の利回りがS&P500の予想益利回りを上回っていて、その差が1.8％以下なら非常にブルだった。このブルの状態は1981～2005年のうち39.7％の期間を占め、この間株価は年率20.6％も上昇した（投資期間中の利益率）。ちなみに、もし債券利回りが7.0％で株の利回りが5.2％なら、差は＋1.8％ということになる。
- ムーディーズのBaa債利回りがS&P500の益利回りを1.8～2.9％上回っているときは、もっと良い状態になる。この状態は1981～2005年の34.4％を占め、このときS&P500は年率14.6％上昇した（投資期間中の利益率）。

注目点

図7.2を注意深く観察すると、相対的な利回りが中程度のゾーンのときでもブルゾーンにあるときと同じように株価が急騰することが何度もあるのが分かる。しかし、1981年、1982年、2002年（短期間）に株式市場が急騰しなかったことで、このゾーンのパフォーマンスの評価は下がった。

- ムーディーズのBaa債利回りがS&P500の予想益利回りを2.9％よりも大きく上回っている期間は、株がネットで損失になっていた。実は、債券利回りが株の利回りより高いにもかかわらず、株はかなり長い期間上昇していたのだ（例えば、1987年の何カ月か、1991年、1999年など）。しかし、このマイナス状態が続くなかで1987年の大暴落が起こった（2000～2002年のベア相場も同じ状況）。債券利回りが株の予想益利回りを2.9％を超えて上回った時期は1981～2005年の25.9％に及び、この間、株式市場は年率11％の割合で下落していった。

このデータを示す**図7.2**からは、債券利回りがS&P500の予想利益見通しと同じか若干上回るときが、株を保有するのに最適な期間だということがはっきりと分かる。投資家はこの好機に株のポジションを増しておき、あとは株式市場のリスクが高まっていくときにポジションを減らしていく計画を準備しておけばよい。

実績収益対予想収益

図7.2の下部分には前述の概念が使われているが、値は予想収益見通しではなく、実績益利回りを用いている。さまざまな数値の算出において、実際の実績利益を使ったほうが予想収益を使うより指標はより安定する。ただ、パフォーマンスの指標についてはどちらを使用しても大差はない。

- ムーディーズのBaa債利回りがS&P500の実績益利回りを上回っていて、その差が3.4％未満のとき、もっともブルな投資分野が生まれる。このような状況になったのは1981～2005年のうちの34.3％で、この間S&P500は年率21.5％で上昇していた（この年率は年間利益というよりも、投資期間のみの利益率と言ったほうがよい）。
- ムーディーズのBaa債利回りがS&P500の実績益利回りより3.4～4.6％高いときでも、株のパフォーマンスは平均を超えていた。この状態は1981～2005年のうち39.2％を占め、この間S&P500は年率12％で上昇していた。これはこの期間の平均成長率を少し上回っている。
- ムーディーズのBaa債利回りがS&P500の実績益利回りを4.6％を超えて上回っていると、株はネットで損失になっていた。このような状態は1981～2005年の26.5％を占め、この間S&P500は平均すると年率7.2％で下落していた。
- 債券利回りと株の益利回りのスプレッドがベアの状態でも、株が上昇し続けることもある（例えば、1990年代末）。ただ、利回りの差が平均以上になっているときは、リスクも間違いなく高くなっている。

指標の意味するもの

先述のとおり、株価が実績利益ベースでも予想益利回りベースでも割安になっていれば株式市場のリターン率は大きく上昇し、リスクは大幅に減る。つまり、株を買って保有するのに適した時期ということになる。

この指標は維持していくのに毎週ほんの２～３分しかかからない。これを利用しない手があるだろうか。

筆者が数多くのテクニカルとファンダメンタルズの指標とともにこの指標に出合ったのは、ネッド・デービス・リサーチ・インクのサイト（http://www.ndr.com/）だった。この会社は多くの機関投資家や大口の個人投資家が利用していて、高い評価を受けている。**図7.2**もこの会社から提供を受けたものだ。

ネッド・デービス・リサーチの示す結果を筆者のリサーチスタッフがさらに検討して、次のような発見をした。

- テスト結果は、**図7.2**の結果を裏付けている。誤差は少なく、基本概念にかかわる影響はほとんどない。違いが出るとすれば元のデータの差である可能性が高い。
- ここで示したパラメータは、1980年よりも前の時期には適用できない。このことは今後の課題になっているが、この指標はパラメータの意義の変化に注意して使う必要がある。この件に関しては筆者のスタッフが1934～1980年の期間についてさらに調べを進めることにしている。

●債券利回り・益利回りの指標は、リスク削減において非常に大きなメリットがあると思われる。もし1981～2005年に、この指標が最もベアのポジション（4.6％を超えている）にあるとき以外ずっと株に投資していても、四半期で最大のドローダウンは11.7％に抑えられていた。ちなみにS&P500は2000～2003年のベア相場で44％以上下落している。

次は、債券利回り・株式益利回り指標を少し変形して、２つの利回りの関係を違った角度からとらえた指標を見ていくことにしよう。

債券利回り――Aaa債の利回りを使った益利回りの比較

図7.3はムーディーズのAaa債（高格付けの投資適格）とS&P500の益利回り（濃線）を比較している。1960年代の初期よりも前は株の益利回りが債券利回りより高かったが、1970年代初期になると債券の利回りのほうが高くなった。また、1960～2005年の45年間は、Aaa債の利回りがS&P500の益利回りより平均1.3％高くなっていた。

1960～2005年に、株の益利回りがAaa債の利回りよりも明らかに高くなっていた時期が３回ある。最初の時期は1960年代初めで、全体としては株がプラスの時期だった。しかし、1960年代末になると債券利回りが株の利回りを上回り、この強さが逆転した状態は、1969～1970年代半ばのベア相場と1972～1973年のベア相場の両方に影響を及ぼした。

株がブルの時期（1974～1980年）

1974年の深刻なベア相場で債券利回りが株の益利回りを大きく下回

図7.3　Aaa債利回りと株の益利回りの差（1945～2005年）

債券の利息が高くなった1960年代末までは、株の利回りが債券を明らかに上回っていた。また、1980年以降は債券利回りが株の利回りより高いことが多くなっている

ったため、株に大きな買いのチャンスが生まれた。当然のことながら株価は1974～1980年半ばにかけて急騰した（途中1977年に一度中断した）。この時期、株のほうが債券より価値が高かったのだ。

それ以降、債券利回りは株の利回りより比較的高い状態を保っている。ただ、1982年、1988年、1995年に債券利回り・株式利回りの比率が落ち込んだときは、株の大きな買いチャンスになった（**図7.3**矢印参照）。

大きな買いチャンスなのか

2005年に株の益利回りがAaa債の利回りを上回り、株は明らかに高格付け債より割安になっていた。この関係は長期的かつ大きな買いチャンスを示しているように見えた。

直近の25年間におけるこの指標の通常のパラメータから考えると、2005年末に株が債券より安くなっていて、株式市場が近いうちに(2006年にも)大きく上昇するように見える。この予想が当たったかどうかは読者が判断してほしい。

10年物Tボンドの利回り対株の益利回り

人気の10年物Tボンドの利回りはS&P500の益利回りと近い水準にあることが多い。1974～2005年にかけて、米国債はS&P500益利回りを平均1.1%上回っていた。**図7.4**にこの関係を示してある。

Tボンドと株の利回りの差は、BaaとAaaの社債と同じパターンを示す傾向がある。これまで債券利回りが株の益利回りよりも高くてその差が1.1%未満であればブルで、差が2.0%を超えていればベアになっていた。

図7.4は、有利な期間をはっきりと示している（1974～1981年、1982～1983年、1989～1990年、1995年、1998年末、2001年はダマシ、2003年、2004～2005年）。

これを見ると、少なくとも1980～2005年には、S&P500の益利回りが例に挙げたさまざまな債券の利回りよりも高いとき、株は素晴らしい投資先になっていたことが分かる。反対に、株の益利回りが債券の利回りを大きく下回ると、株の動きはあまり良くなくなる。

いくつかの例は挙げたが、そのほかにもマイケル・サントーリがバロンズ紙（2002年８月５日号）の記事のなかで、S&P500の益利回り

図7.4　10年物TボンドとS&P500の益利回りの比較（1981〜2005年）

10年物TボンドはS&P500の益利回りより若干高いことが多い。株の実績益利回りが10年物Tボンドの利回りを超えると、株式市場は良い状態になることが多い

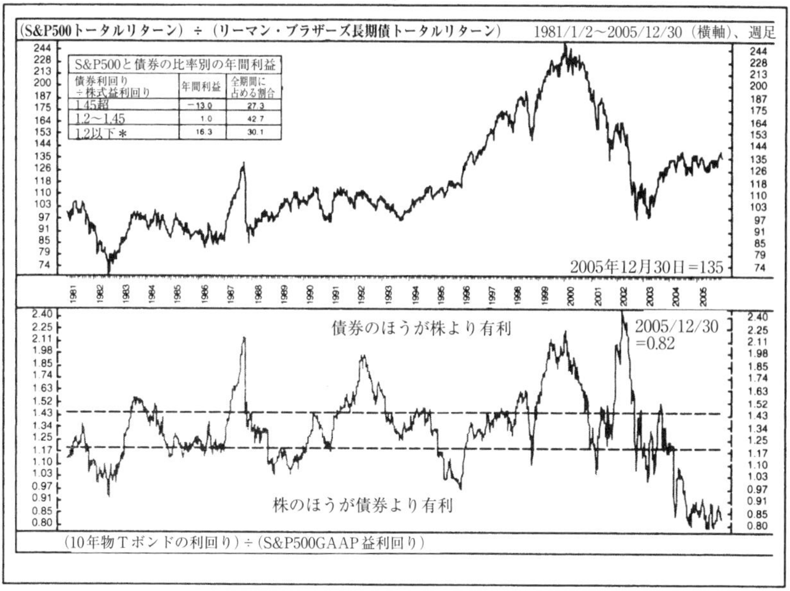

が10年物Ｔボンドの利回りより５％以上高い時期のあとは1980年以降のS&P500の年間平均利益が31.7％になったと書いている。一方、10年物ＴボンドがS&P500の益利回りよりも15％以上高い時期のあとを見ると、S&P500は平均して8.7％下落している（ネッド・デービス・リサーチ・インクのリサーチより）。

この指標はさまざまな意味を含んでいるが、そのなかのいくつかが素晴らしいきっかけを示していることは間違いない。

つまり、株の評価は非常に複雑で、債券利回りと益利回りの比較も、エコノミストや株の研究者が株を少なくとも理論的に評価しようと考案した数多くの手法のひとつすぎない。ただ、ときには単純な方法が複雑な手法に負けない効果を上げることもある。KISSの原則だ（keep it simple,stupid、単純にいこう）。

とはいえ、この指標を単独で判断材料とするのは必ずしも勧められない。債券利回りと株式益利回りの比較は確かにいくつかの優れたきっかけを教えてくれたが、その一方で時期尚早の買いサインや、株価が割高なのに上昇する時期、一時的な損失、生かせなかったチャンスなどもあった。しかし、それでもこの比較はたくさんの優れたサインを出し、深刻な下落を早期に警告するなど、全体として見れば投資家の大きな助けになっている。

それにあと一言。株は、債券に比べて割安なときに買い、債券に比べてはるかに割高になっているときに売れ。この関係がプラスの領域に向かったら、100％（かそれに近い割合で）投資できるし、この関係がマイナスに向かうときはすべて投資している状態からポジションを減らしていけばよい。

奇襲攻撃！　株は収益発表が悪ければ買い、最高の収益なら売れ

金融ニュースの視聴者は、いつも好調な収益予想を見せられている（前述のとおり、予想は実際の数字を上回っていることが多い）。メディアは通常、このような予想からバラ色の見通しを語り、株価は将来上がるとうたう。企業収益は前年比で示され、前年よりも上げたとか下げたとか、来年は上昇する見通しなどという言い方で伸び率が示されるのだ。

しかし、実際にはこの反対になることが多い。前年比ベースで最高の利益増加率になったなどというときは、前年に活気がなかったケー

スが多い。逆に、悪い時期、それでも最悪ではない程度のひどさの前年比は、株にとってたいてい良いニュースになる。ベア相場は、悪い収益発表が多い時期に始まることはほとんどないが、企業の利益が大きく向上するか、少なくともある程度安定する兆しが見えるまでは継続する。**図7.5**にはこの様子がよく表れている。

また、実際には反対の結果になったことも**図7.5**から分かる。

株式市場の価格動向は、将来の出来事を割り引いて示す傾向があり、経済が大きく変化するときではなく、それより6～9カ月前に方向を転換する。経験豊富な投資家は先を見て行動し、そうではない投資家はメディアの最新の話題に乗って投資する。

ネッド・デービス・リサーチのレポートは、1928～2005年における次のような関係も示している。

S&P500年間利益

前年比の収益成長率	年率	全期間に占める割合
20％超	2.1％	23.6％
5～20％	5.4	29.9
－20～5％	13.1	39.2
－20％以下	－14.8	7.3

収益成長率が－20％まで下げた時期はあまりなく、そのうちの2つは1930年代の大恐慌のさなかだった。通常、株価は前年比の収益が好調だとピークに達するが、この時期の株価は前年比の収益がプラスに転じても急騰していった。

前年比収益は、1990年末にもほんの短期間だけ－20％を下回ったがすぐに回復し、それと同時に株価も一時落ち込んだあと前年比収益がプラスに戻る前に上昇に転じた。

最後に前年比収益が－20％を下回ったのは、2001～2002年のベア相

図7.5　収益成長率と株価動向（1928～2005年）

株式市場は、企業の前年比収益成長率が低いか若干マイナスの時期のあとで最高のパフォーマンスを上げる傾向がある。反対に、前年比の収益成長率が最もマイナスになっているときは株も最悪のパフォーマンスになり、収益成長率がマイナスから中立より若干上のレンジにあるとき最高のパフォーマンスになる。株は収益成長率が非常に高いときに特に良くなるわけではない

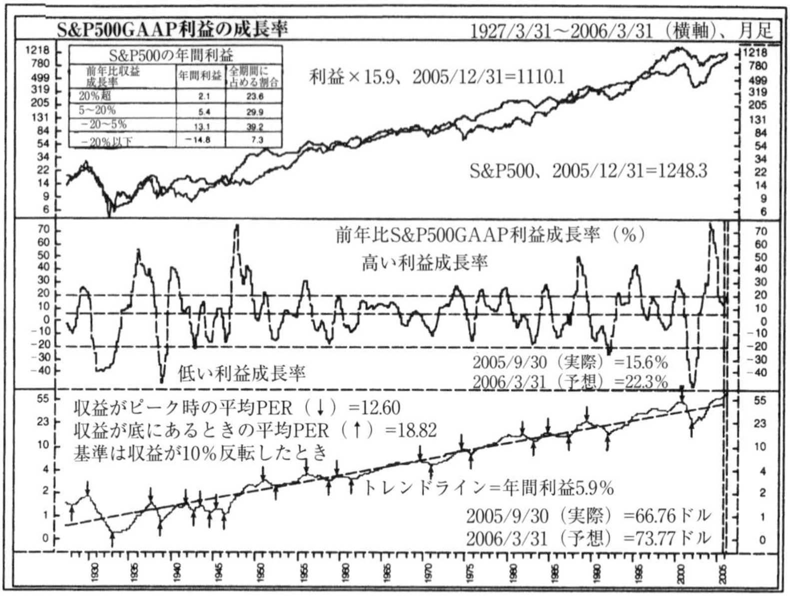

出所＝ネッド・デービス・リサーチ・インク

場の最中だったが、このときの株式市場の下落は、前年比の収益が改善するまで上昇に転じなかった。

前にも書いたとおり、企業の前年比利益が好調だとメディアが騒ぎ立てるのに安心してはいけない。安全に株を買えるのは、たいていは下降していた収益トレンドが改善し始めたときで、最大の利益は収益が伸びたあとよりもさらなる成長が見込める時期に得られる可能性が高い。

もちろん本書で紹介した以外にも、株を正当に評価するためにデザインされたさまざまな指標がある。指標やその関連分野についてさらに詳しく知りたければ、インターネットで「株価評価」と検索すると、関連記事や理論的手法など膨大な情報を掲載した面白いサイトが数多く見つかるだろう。

ただ、結局株の価値は利益率と投資した資本を回収できるまでの時間に関係していることが多い。その意味では、PERが必要な情報の大部分を提供してくれていることになる。

繰り返しになるが、投資で成功するためには、大衆がどちらかといえば悲観的で、PERが比較的優位にあり、利回りもほかの投資と比較して良くなっているとき、つまり勝率が高いときにポジションを建てることがカギとなる。

次の第８章「マーケットの周期と分布とボトムファインディング戦略」では、株を仕掛けたり手仕舞ったりするタイミングを微調整するために役立つツールについて研究していこう。

第8章

マーケットの周期と分布とボトムファインディング戦略

Time Cycles, Market Breadth, and Bottom-Finding Strategies

第7章「タイミングを取るための3面アプローチ」では、株が全体としてファンダメンタルズ的に割安か、適正か、それとも割高かを判断し、株式ポートフォリオをどのように修正すれば株価水準にかかわらずマーケットの潜在利益に合わせていくことができるかということについて述べた。

本章では、S&P500やダウ平均などよく利用されているマーケット指標より、株式市場の強さを示す重要な基準である「マーケット分布」の「本当の強さ」について探求していくことにする。

マーケット分布を示す指標について述べる前に、株式が時間とかかわる特定のリズムで上下することや、どうすれば最も重要なリズムを見極められるか、そしてどうすればこのパターンを利用して利益につなげられるかについて観察していこう。

マーケットの周期

大統領選挙の4年サイクルなど政治的な出来事から惑星間の動きの影響まで、理由はさまざまだが、株式市場は何らかの周期で上昇したり下降したりしている。この周期的な現象は自然界全体を通してさまざまな形で起こり、これにはもちろん季節、潮の干満、月の満欠、人間の体の変化などさまざまなことがかかわっている。

また、理由は何にせよ、株価は短期的にも長期的にも周期的なパターンをたどっている。ただ、周期的と言っても日数が決まっているわけではないが、これを利用すれば本章で紹介するさまざまな株式指標を使った判断を補強できることは間違いないと筆者は思っている。

株式市場には４～５日周期、６～７週間周期、20～22週周期で底を打つ傾向がある。もちろんそれ以外にも有効な周期は多くあるが、ここでは短期の周期は無視して最も重要な４年サイクルに焦点を当てていく。この周期は過去に株価の主要な転換点を見極める助けになってきた。

周期は、株価の動きの底から底で測定するため、重要な安値から上昇して次の重要な安値を付けるまで、という経過をたどる。もし大きなトレンドがブルならば、株価は周期の大部分で下降よりも上昇しているかもしれない。また、マーケットが中立のときは上昇期間と下降期間がほぼ同じになる傾向がある。そして、ベアの時期には下降している時間が長くなる。いずれにしても、周期の長さは底から底までで測定する。

図8.1は、株価の典型的な周期を示している。また、**図8.2**と**図8.3**ではリアルタイムで株価動向を比較していく。

株式市場の周期とその投資への応用に関しては、さまざまな情報源があり、詳しくは、拙著『アペル流テクニカル売買のコツ』（パンローリング）に書いてある。また、インターネットなら、インベストペディア（http://www.investopedia.com/）に掲載されているマット・ブラックマンの「アンダースタンディング・サイクル、ザ・キー・トゥ・マーケットタイミング」という記事も役に立つ。それ以外にも「株式市場の周期」と検索すれば、さまざまな情報を入手できる。周期に関しては、この概念を否定するアナリストも数多くいるなど、ある程度議論の余地はある。それでも、これは非常に魅力的な課題であり、短

図8.1　株式市場の典型的な周期

このチャートは、株式市場の典型的な周期を構成する4つのフェーズを示している。周期の長さは安値から次の安値までの期間で、ブル相場のときは上昇しているほうが下落しているより長くなるが、実際にはこれが正常な状態に近い。また、マーケットが中立のときは上昇期と下降期の長さがほぼ同じでバランスがとれている。そしてベア相場のときには下落している期間が上昇している期間より長くなる可能性がある

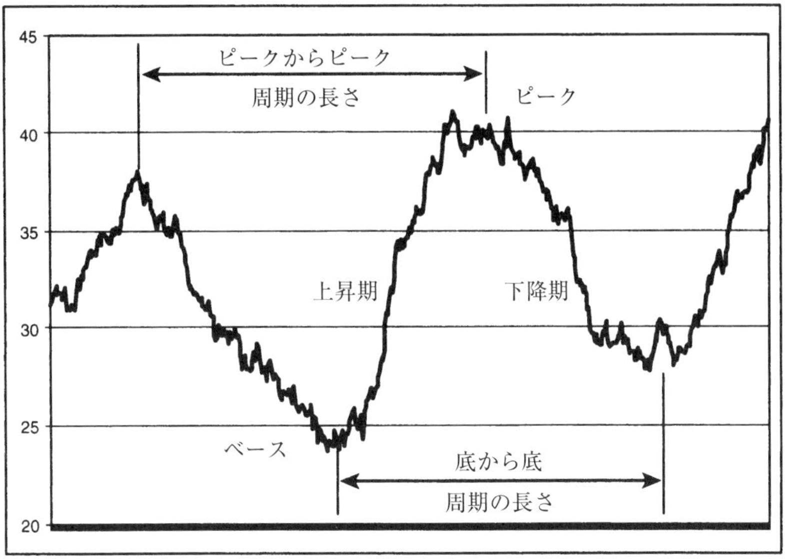

期トレーダーも長期投資家も周期について研究するよう筆者は勧めている。

株式市場の最も重要な周期――株式市場の４年（大統領選挙）周期！

株式市場において、1962年、1966年、1970年、1974年、1978年、1982年、1986年、1990年、1994年、1998年、2002年に共通するのは何か。

図8.2　ナスダック総合指数とS&P500の4年周期（1973〜1990年）

このチャートには、底を打ったところに縦線を引いてある。4年周期は正確に48カ月というわけではなく、多少短めのときもあれば、長めのときもある。ただ、理想の4年から外れたとしても誤差は2〜3カ月以上にはならない

答えは、これらがすべて４年間隔になっていて、株式市場は深刻な下げが止まって新しいブル相場が始まったか、少なくとも中長期の下落が完全に停止して長期の上昇トレンドが再開する前の状態になっているということである。

この場合、百聞は一見にしかずで、**図8.2**と**図8.3**は1974〜2005年における定期的かつ一貫した４年間隔のマーケットの重要な転換点を示している。ここには出ていないが、1962年と1966年と1970年のベア相場の底も、底から底の４年周期にぴったりと当てはまる。次の周期的な底は2006年の予定だが、この予想が正確かどうかは読者の判断にゆだねることにする。

図8.3　ナスダック総合指数とS&P500の4年周期（1990～2006年）

このチャートを見ると、4年周期とベア相場の底が重なっていて、底と周期が一致しているのがよく分かる。次の4年周期の底は2006年の後半になると考えられる

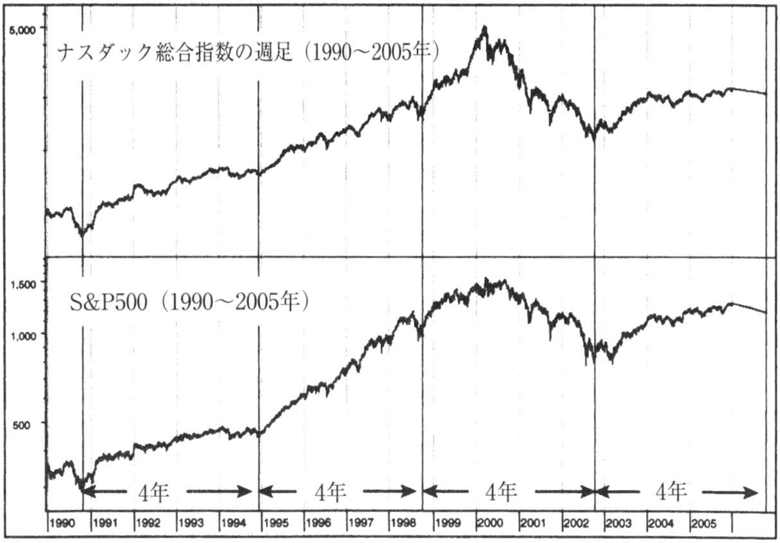

これらのチャートをよく観察してほしい。1970年、1974年、1982年、そして最近では2002年に、底を打った株式市場の全体的な弱気ムードを無視してポジションを増していくためには投資家として何をすればよかったのだろう。もちろんその間に底を打ったときもそうだ。

ここですべきことは、直近の４年周期の底を記録しておくだけだ。

株価評価、株と債券の比較、分布指標など、本書で紹介した確認の指標をチェックする。これらは４年周期の重要な底の予定時期かその直前に有利なポジションになっている可能性が高い。

そして、これが株を買う最高のタイミングなのだ！

これらのチャートが示す株式市場の歴史から分かるとおり、４年ごとの底で株を買っていれば、少なくとも１年間は株価の急上昇を享受し、その翌年もかなり良い年になった可能性が高い。しかし、それ以降は４年周期の３年目と４年目というパフォーマンスが予想しにくい時期に入るため、投資家は注意深く対応しなければならない。ただ、正しく仕掛けていれば、２年目が終わった時点で、株式市場から得られる利益のかなりの部分はすでに確保できているはずだ。

４年周期をPERで確認する

ここで**図7.1**に戻ってPERを思い出してほしい。

このチャートをよく見ると、先に示した４年周期のほぼすべての底で、PERと「債券利回りと株式利回り」指標が有利なポジションか非常に有利なポジションにあり、最低でも中立のポジションになっているということが分かる。

PERは、1962年の底では平均的な水準だが、1966年と1970年は平均より良く、1974年、1978年、1982年は非常に割安になっていた。また、1986年の周期の底では平均、1990年と1994年には平均以下（有利)、1998年の底には平均以上（不利）だが、2002年の底は特に有利にはなっていなかった。ただ、PERほど重要ではないが「債券利回りと株式利回り」指標のほうは1990年、1994年、1998年、2002年（そして1982年も）に非常に有利なポジションにあった。

周期的な価格動向とファンダメンタルズ指標の関係は完全に一致するのだろうか。答えはノーだ。それでは、周期が株を仕掛けるタイミングを見極める助けになるだろうか。筆者はなると思う。読者の考えはどうだろうか。

マーケットの４年周期と大統領選挙との関連性

偶然か、何らかの政治的意図があるのかどうか（そう疑っている人は多い）は分からないが、株式市場の４年周期と大統領選挙の周期には高い相関性がある。

基本的に、株式市場では大統領の任期の後半（例えば1966年、1970年、1974年、1978年、1982年）に入るとブル相場が始まり、１年間大きく上昇したあと、翌年（選挙の年）もペースは落ちるがさらに上げ、３年目（大統領任期の１年目）もさらに緩やかに上昇したあと、４年目（任期２年目）で下降に転じる傾向がある。

政治に対して冷ややかな連中（現実主義者かもしれない）は、株価が再選前に景気を良く見せるための行政によるさまざまな戦略を反映しているだけで、そのあとはこれが株価に逆効果をもたらして大統領任期２年目（このころには選挙と株価の利害関係は比較的薄くなっている）には株価が抑えられるのだと信じている。

本当はそうなのかもしれないし、違うかもしれない。ただ、筆者は多くの外国の市場（例えばニュージーランド）がアメリカの４年周期と非常によく似た動きをすることに気づいた。相関性がとても高いのだ。ニュージーランドほど遠くても、ウォール街に踊らされているのだろうか。それともわれわれには理解できない地球全体の周期的な力があるのだろうか。これについては読者の想像に任せるが、おそらく筆者の考えとそう変わらないだろう。

大統領選挙の周期を使って投資で勝つ

大統領選挙の周期を利用した詳しい戦略について書いた記事や研究は多数発表されている。エールとジェフリー・ハーシュが毎年発行している『ザ・トレーダーズ・アルマナック』（ワイリー・アンド・カンパニー）は何十年にもわたって政治やそれ以外の投資周期に関する研究の先駆者として、大統領選挙の周期についても詳しい追跡結果を毎年更新している。

また、ペパーダイン大学のサイト（http://pepperdine.edu/043/stocks.html）にはマーシャル・D・ニクルス教授による「大統領選挙と株式市場の周期」という面白いレポートが載っている（グランザディオ・ビジネス・レポート、Vol.7、No.3、2004年）。

このなかでニクルスは、過去の価格動向の観察に基づいて大統領の任期２年目の10月１日にS&P500を買い、次の選挙の年の12月31日まで保有するという戦略を提案している（戦略１）。この保有期間は27カ月になる。これを選挙の年の最後に売ったら、次は21カ月後に買うまで現金のポジションで保有しておく。

戦略２は、戦略１で手仕舞った日（開業日）に株を買ってそれを大統領の任期２年目の９月30日まで保有する（戦略２）。簡単に言えば、戦略２は戦略１で売ったときに買って、１で買ったときに売っていることになる。

理論的な比較結果（配当と金利は考慮しない）を、次ページの表にまとめてある。

戦略１はすべての期間で利益を出して、最初に投資した1000ドルは７万2701ドルに増えた。ただし、ここには税金、経費、現金保有時の金利、配当などは含まれていない。

戦略２は、13期間中７期間で利益を出したが、最終的には36％の損失で当初の1000ドルは643ドルに減ってしまった。こちらも税金、経費、現金保有時の金利、配当などは含まれていない。

大統領選挙を利用した投資――1952～2004年（当初資本1000ドルと仮定）

大統領選挙の年	戦略１	戦略２	戦略１の累積結果	戦略２の累積結果
1952	35%	22%	1350ドル	1220ドル
1956	45	8	1956	1318
1960	16	－2	2271	1291
1964	52	－9	3451	1175
1968	39	－19	4798	952
1972	40	－47	6717	505
1976	70	－4	11418	483
1980	32	－12	15072	425
1984	37	40	20649	595
1988	19	11	24571	660
1992	38	7	33909	707
1996	60	42	54254	1004
2000	34	－36	72701	643

この結果は仮定に基づく値であり、この戦略による将来の結果を示すものではない。

選挙が周期に影響を及ぼしているのか、単なる偶然なのかは別としても、この研究は大統領選挙と組み合わせたマーケットの４年周期の効力をよく表していると筆者は思っている。この重要な周期の原動力が何か分かっていなくても、この予定された転換点を認識してそのチャンスを生かせば、メリットは得られる。

この何十年か、４年周期の最初の２年間のリスクは低くなっているが、後半の21カ月、なかでも最後の12カ月は高くなっている。一般的には、４年周期の初めと、株式市場が周期的な安値に突入する４年周期の最後は株を買い集めていく時期だと考えておくとよい。

マーケットの分布

収益も見て、金利も見て、マーケットの周期も見た。あとは息を止めて……いや手を広げてできるだけ幅広くつかみとろう。

株式市場で幅広いとは、どういう意味なのだろう。

マーケットの分布と主要な指標

投資家の多くは、マーケットの構成や強さを示す有名な指標くらいは知っている。例えば、S&P500やナスダック総合株価指数、NYSE指数などがそうだ。これらはすべて該当する銘柄を「時価総額加重平均」で組み込んでいる（S&Pが500銘柄、ナスダックとNYSEがそれぞれ約3600銘柄）。

時価総額加重

有名なS&P500が、指数に組み込まれた国内外の500銘柄の終値を毎日合計して発表しているだけだと思っている人もいるかもしれない。

しかし、それは違う。S&P500の日々の計算は実はとても複雑で、その歴史は1941～1943年までさかのぼらなければならない。

この算出方法の詳細については本書の範疇を外れているため、興味があればクール・ファイヤー・テクノロジーのサイト（http://www.cftech.com/BrainBank/FINANCE/SandPIndexCalc.html）を参照してほしい。このサイトには、S&P500の管理方法や上場基準などに関する詳しい説明が載っている（2006年１月現在）。

詳細はさておき、この時点ではS&P500指数がすべての銘柄を均等に計算しているわけではないということを理解しておいてほしい。この指数は「時価総額で加重」しているため、大企業の株価は小企業の株価よりも大きく加重して組み込まれている。加重の割合は、上場銘柄の時価総額と同じ比率、つまり各銘柄の株価に発行済株数を掛けた値に合わせてある。

これは、もし大部分の銘柄が下げていても最大銘柄のいくつかが上昇していれば、その日のS&P500は上昇する可能性があることを意味している。反対に、もしほとんどの銘柄が上昇していても比較的少ない銘柄の下落でその日の指数は下げを記録することになるかもしれない。

S&P500の加重は、株式市場で最も流動性の高い大資本の方向を示すことができるという意味では妥当な判断なのかもしれない。そのうえ、S&P500はもともと大手年金ファンドやそれ以外の機関投資家のパフォーマンスのベンチマークとして使われていて、彼らは流動性が高い大手企業、つまりS&P500のパフォーマンスに最大の影響を与える企業に投資せざるを得ない立場にある。

要するに、S&P500や、もっと幅広い銘柄から成るNYSE指数（3500銘柄以上）やナスダック総合株価指数（5500銘柄以上が含まれているが大きく影響するのは20～40銘柄）は、株式市場の動きについて、投資家に間違った認識を与える可能性があるということになる。

例えば、多くの投資家は2000～2002年のベア相場の開始時期について、下落が始まる前にナスダック総合株価指数とS&P500が史上最高値を付けた2000年の冬だと思っている。

しかし、実際には1999年から数多くの銘柄がすでにベア相場に入っていて、なかには1998年から下げ始めていたものもあった！　要するに、株式市場全体が、名目上のブル相場のピークである2000年３月まで上昇していたわけではなかったのだ。最も有名なマーケット指数が史上最高値を更新しようとしていたとき、実は多くの銘柄がすでに52週安値まで下げていた。この時期非常に強含んでいるように見えた指数を押し上げていたのはほんのいくつかのテクノロジー系大企業だけで、それ以外の典型的な企業はみんな惨めな状態にあったのだ。

これはそう珍しいことではない。ほとんどの銘柄がストップ安を付けた1972年の早春もS&P500は1973年１月の最高値に向かって上昇を続けていた。ちなみに、1972年はS&P500が14％上昇したのに対して、平均的な投資信託の上昇率は年間わずか２～３％だった。

一方、S&P500は2003年３月と４月まで安値を更新しなかったが、大部分の銘柄は2002年後半にはベア相場が終わって上昇に転じていた。

ここでは、主要なマーケット指数の値動きが通常は典型的な株の動向を示すものであっても、ときには全体の動き、つまり投資家が経験していることを反映していない場合があることを考慮しておかなければならない。また、「株式市場」のメジャートレンドを見極めるときは、ダウ平均、S&P500、ナスダック総合株価指数以外の指標も見ておくべきだろう（実は3500銘柄以上を擁するNYSE指数も時価総額で加重されているが、これだけはなぜか典型的な幅広い銘柄を保有する投資信託のパフォーマンスを非常によく反映しているように見える）。

主要な指数とそうでない指数の価格動向を「分布」指標で確認する

分布指標は、マーケットで実際に上昇したり下落したりした銘柄の割合を反映するようデザインされている。

このなかには株式市場の１日の「騰落」の関係を示すものがある。騰落の騰はその日価格が上昇したもの、落は下降したものを示し、価格が変わらなかったものは変化なしとする。

これらの比率は、S&P500のような広く使われている主要な指数よりも重要な意味を持つことも多い。例えば、S&P500が0.5％上昇した日にNYSEで1800銘柄が上昇して1350銘柄が下落したとしたら、相対的に多かったのは＋450銘柄（上昇した1800－下降した1350）ということになる。これはほとんどの銘柄が動いたなかで全体としては上昇したということで、S&P500の上昇を分布からも確認できたことになる。言い換えれば、この日のマーケットの上昇には「幅広い」銘柄がかかわっているということで、これは株式市場にとっても良い兆候だ。

反対に、S&P500が0.5％上昇してもNYSEでは1400銘柄しか上げておらず、1750銘柄が下落していたら、この日は上げるよりも下げるほうが多い「マイナス」の日ということになる。こうなるとS&P500の上昇は大部分の上昇銘柄の動きで確認できないため、否定的な要素が含まれていると考えてほしい。

同じことはS&P500が下落した日にも言える。もし分布指標がマイナスならS&P500の下げが確認でき、分布指標がプラスで下げが確認できなければ上昇する分布指標と下降する時価総額加重型S&P500は乖離していることになる。大部分の銘柄が価格を上げていても、広く利用されているS&P500がマーケットの下落を示すというS&P500の下げが確認できない状態は、株にとってかなり良い前兆かもしれない。

マーケット環境は、全般的に主要な指数の動きが良いうえに分布もプラス（上げている銘柄数のほうが下げている銘柄数より多い）のとき最も良くなる。この「分布指標と価格」の確認は、マーケットの大部分が上昇にかかわっていることを示している。このような状況のほうが、利益が出る株や投資信託を選ぶ確率は高くなる。反対に、分布指標がマイナスの時期は下げている銘柄のほうが上げている銘柄よりも多いため、たとえS&P500やそのほかの指数が上げていたとしても、勝てる銘柄を選ぶ確率は低くなる。

騰落ライン

騰落ラインは、日々の値上がり銘柄数から値下がり銘柄数を引いた値の累計で、NYSEやナスダックなど主要な取引所すべてでマーケットごとに記録されている。

騰落ラインを自分でつけるときは、まず任意の数字を選ぶ（例えば1万）。もし、初日にNYSEでは1500銘柄が値上がりして1200銘柄が値下がりしたら、相対多数（プルラリティ）は＋300になるため、300を開始レベルの1万に足すと新しい騰落ラインの水準は＋1万0300になる。そして翌日、もし値上がりしたほうが500銘柄多ければ騰落ラインは＋1万0800に上がる（1万0300＋500）。ところが翌日は値下がりしたほうが200銘柄多いと（値上がり銘柄数－値下がり銘柄数＝－200）、次の騰落ラインは＋1万0600（＝1万0800－200）になる。

騰落ラインを理解するための簡単な方法

一般的に、次のときはブルと考えられる

●主要な指数のピークと累計騰落ラインのピークが同時かほぼ同時に確認できる。

●過去10日間に値上がりしている銘柄の割合が、値上がりしている銘柄と値下がりしている銘柄全部の60％を超えている。つまり、上昇と下落の過去10日間の合計で算出した比率［値上がり銘柄数÷（値上がり銘柄数＋値下がり銘柄数）］が60％を超えている。このような有利な分布指標はそう頻繁に起こるわけではないが、起こったときはブルを暗示している。

●マーケットが多少下落していても、分布指標はプラスか中立に近い値になる。

一般的に、次のときはベアと考えられる

●主要な指数のピークが数カ月たっても騰落ラインのピークでは確認できない。時間の経過とともに、ブル相場でも上昇する銘柄は減ってくる。ただ、広範囲のベア相場で分布指標がすぐ緩

んでくるわけではない。それでも、もし数カ月間にわたって分布指標が弱含んできたら、ベアに向かう確率は高まる。

●主要なマーケット指数が上昇していても、分布指標が継続して弱含んでいくパターンもベアの可能性がある。

金融面のある新聞のほとんどが主要な証券取引所の取引終了時の騰落を毎日報じているし、バロンズ紙は週ごとのデータを掲載している。また、日中は、MSNやそのほかのウエブサイトが分布指標を含む株式市場のデータをリアルタイムで伝えている。

新高値・新安値分布指数――主要ブル相場を含む28％買いサインの確認

分布指数には、騰落ラインとはまた別の効果的なサインを出すグループがある。これらは、活発にトレードされているマーケットの「新高値・新安値」にかかわる分布指数としてデザインされている。

「高値を更新する」銘柄は、過去52週間の最高値を付けたもので、株価は過去52週間の最高水準にある。また、「新安値を更新した」銘柄は過去52週間の最安値まで下げたもので、株価は過去52週間で最低水準にある。

ブルとベアの指標

騰落数が分布指標を示すように、毎日、あるいは毎週ブルかベアに分類される銘柄数も分布指標を示してくれる。もし時価総額加重した株式指数が新しいピークに近づいているとき、株式市場で幅広いセクターがこの上昇にかかわっていれば（高値を更新する銘柄のほうが安値を更新する銘柄より数も割合も大きい）良いサインであることは間違いない。新高値と新安値の銘柄数の差が大きいほど分布指標は強くなり、さらに強くブルを示唆するようになる。

株式市場の深刻な下落には、通常「最高値を付けた銘柄数－最安値を付けた銘柄数」がマイナスになるという特徴がある。これは、新安値を付けた銘柄数が新高値を付けた銘柄数よりも多いことを示している。通常、マーケットが新安値付近まで下降しているとき、新安値を更新する銘柄は減っていくことが多い。このパターンは、上昇に転じかけていることを示す早期サインになっていて、たとえ株式市場の指数が弱含んでいるように見えても、支持線に達してそれ以上下げない銘柄が増えていることを教えてくれている。主要なマーケットの指数が下げ続けていても、下落して新安値を更新する銘柄数が減少していく状態は（例えば2002年）、ベア相場の終わりが近いことを示している。

新高値・新安値のデータは、騰落ラインのように累計値にはなっていないことが多い。しかし、新高値から新安値を引いた10日間の比率や、新高値÷新安値、新高値÷（新高値合計＋新安値合計）も記録しておくと役に立つだろう。

マーケット分布の簡単なブル指数

高値を更新した銘柄数を高値か安値を更新したすべての銘柄数で割った値［(新高値の数÷（新高値の数＋新安値の数)］＝NH÷（NH＋NL）の10日間の比率が、次の条件を満たすとき、素晴らしいブルの指標になっていることが多い。

日々の新高値の銘柄数と新高値か新安値を付けた銘柄数の比率の10日間の平均が90％を超えている。

例えば、NYSEの150銘柄が新高値を更新し、30銘柄が新安値を更新したら、その日の比率は83.3％＝［新高値150÷（新高値150＋新安値30)］になる。

もし、この比率の10日間平均が88％から91％になったら、90

%を超えて条件を満たす（これは日々の比率の過去10日間の平均で、10日分の新高値と新安値の合計ではない）。

このようなときは、日々の比率の10日間平均［NH÷（NH＋NL)］が80％未満になるまで（「証拠不十分なら無罪」という考えなら70％未満になるまで)、投資した状態を維持しても大丈夫だろう。

株式市場は10日間平均が70％を割り込んだあと必ず下がるわけではないが、少なくともそうなったら新高値・新安値分布が有利な状態とは言えない。

ボトムファインディング・パラメータ

株式市場の深刻な中期（数カ月）の下落のあとは、この比率の10日間平均が25％未満やときには15％未満にまで下がることが多い。

一般的に、NH÷（NH＋NL）の10日間平均が10～15％未満まで下がると、株は売り尽くされてしまうため、ここまで低くなったら仕掛ける準備をしておいたほうがよい（売られ過ぎの状態)。10日間平均が５～10％改善するたびに少しずつポジションを増していくのだ（例えば12％程度まで下げたら、17～22％まで回復したところで買う)。

この手法による仕掛けは時期尚早のときもあるが、株式市場は極端に売られ過ぎの水準に達して日々の新高値・新安値比率が改善してくると回復していく傾向がある。ただ、この指標は、先述の周期やPERなどにかかわるほかのマーケット指標で確認しながら使うほうが望ましい。

重要な買いパターン

株式市場の分布指標は満場一致が良い。

株のトレンドは、銘柄の大部分が下降ではなく上昇していたり、新高値を付ける銘柄数が新安値を付ける銘柄数を明らかに上回っていたりするとき、力強く上昇する傾向が強い。

驚くかどうかは分からないが、分布指標が極端にマイナスの時期（マイナスだがある程度一致していて、大衆とメディアがパニックに陥る時期）は、結局素晴らしい「底値買い」のチャンスに転じることが多い。特にこれが４年周期でも確認されると、その可能性は高くなる。売られ過ぎで出来高が急騰する時期や、突然マーケットが下降から上昇に転じる時期、そして急に騰落ラインが大きくプラスに転じる時期を見極めてほしい。このように、非常に感情的で、出来高が大きく、マーケットが急展開する状態は「売りのクライマックス」などとも呼ばれている。株式市場の数多くのベア相場や深刻な中期の下げは、このような形で反転して終了している。

新高値・新安値データが示す警戒すべき状態

少し前に書いたとおり、株式市場では一方的な分布指標の値が好ましい。もし上昇ならばみんなで波に乗って押し上げられたいし、下落ならみんなで一気に滝つぼに突っ込みたい。

反対に、ある程度の銘柄が上昇しているのと同時に、安値を更新している銘柄も多くあるという状態は株式市場では歓迎されない。こうなると、実際のマーケットは「分裂」しているのに、それが一部の銘柄の上昇によって表面的に押し上げられているマーケットの陰に隠れてしまう。

警告サインは、毎週、その週の新高値の数と新安値の数の少ないほうがNYSEでトレードされた銘柄数の７％を超えるかどうかで決まる（データはバロンズ紙に掲載されている）。

例えば、NYSEで3500銘柄がトレードされた週に280銘柄が上昇して180銘柄が下降したとしよう。

新高値を付けた280銘柄は、3500銘柄の８％で条件は満たしているが、新安値を付けた180銘柄は3500銘柄の5.1％で、低くはないが正式な警告サインを発する水準には至っていない。

別の週には、3500銘柄中280銘柄（８％）が新高値を付け、下げて新安値を付けた銘柄も265銘柄（7.6％）あった。そこで、マーケットの警告サインが点灯した！　新高値と新安値の少ないほう（新安値の265）がトレードされた銘柄数の７％よりも高いからだ。

これらのサインのあとの株式市場の動きはさまざまで、上昇が続くこともあれば、マーケットが分裂して警告サインを出したあと何週間も何カ月も横ばいになることもある。また、ときにはこのような警告サインのすぐあとにマーケットが深刻な下落に見舞われることもある。

分裂による警告サインはそれ自体が売りサインではないが、潜在的な危険を教えてくれる良い指標で、株式市場という道路の黄信号の役割を果たしてくれる。

長期的な買い期間を示す28％新高値買いサイン

これはそう頻繁に起こるものではないが、過去の精度は91.7％に達している！

これが本章で紹介する最後のタイミングツールになる。タイミングのきっかけを算出するための時間は毎週わずか２～３分ですむが、サインが表れる頻度は非常に低い。ただ、この買いサインの勝率は非常に高いため、少なくとも筆者は、これを観察しておく価値があると思っている。

作業は簡単で、毎週末にNYSEでその週に新高値を付けた銘柄数を調べ、この数字をNYSEの銘柄数で割るだけだ。もし、高値を更新したのが全銘柄の28％に達していれば、非常に強いプラスの分布になっているということで、長期的な買いサインの効力はその時点から52週間続く！

例を見てみよう。

新高値の割合

週の最終日	S&P500	トレードされた銘柄数	新高値	トレード銘柄数に対する割合
2003/5/16	944.30	3535	599	16.9％
2003/5/23	933.22	3538	661	18.7
2003/5/30	963.59	3543	797	22.5
2003/6/6	987.76	3546	1097	30.9　買い！

2003年６月６日までの週には、NYSEで3546銘柄がトレードされ、そのうち1097銘柄（30.9％）が高値を更新して長期的な買いサインを出した（必要な週ごとのデータはバロンズ紙などから入手できる）。

このモデルを使って1943年以降の仮定パフォーマンスの算出結果を次に示しておく。

28％新高値タイミングモデルを使ったS&P500のパフォーマンス（1943～2004年）

28％買い日	買いの水準	52週間後	52週間後の価格	価格変化	１万ドルの運用結果
1943/1/30	10.47	1944/1/29	11.81	12.80％	11279.85ドル
1948/4/24	15.76	1949/4/23	14.74	－6.47	10549.81
1954/7/30	30.88	1955/7/29	43.52	40.93	14868.12
1958/7/25	46.97	1959/7/24	59.65	27.00	18881.91
1967/5/5	94.44	1968/5/3	98.66	4.47	19725.64
1968/6/7	101.25	1969/6/6	102.12	0.84	19891.21

1971/1/22	94.88	1972/1/21	103.65	9.24	21729.80
1975/3/14	84.76	1976/3/12	100.86	18.99	25857.33
1982/10/8	131.05	1983/10/7	170.80	30.33	33700.36
1985/5/24	188.29	1986/5/23	241.35	28.18	43197.10
1997/7/11	916.68	1998/7/10	1164.33	27.02	54867.22
2003/6/6	987.76	2004/6/4	1122.51	13.64	62352.30

結果は次のようになった。

- 12回のサインのうち11回（91.7%）は正確で、利益を出した。
- １サイン当たりの平均利益は＋17.25%になった。
- 最大ドローダウン（１年以内）は14%を少し超えていた（1948～1949年）。
- 直近の６つのサイン（1971年以降）の平均利益は21.3%になった。

この指標は、パフォーマンスが年々衰えるのではなく向上しているように見える（ただ、1971年より前は28%より30%のほうが正確な仕掛けサインを出していた。この何十年かで新高値や新安値を付ける銘柄の数が減ったのかもしれない）。

28%新高値分布指標は、頻繁にサインを出すわけではないが、少なくとも過去の信頼性は極めて高かった。このモデルには面白い特徴がある。買いサインがブル相場のごく初めや重要な中期的上昇には重なっていないのである。このサインが出るのは動きが始まってから３～６カ月が経過したころで、その時点で仕掛けていない投資家にもまだ良いチャンスが残っていて、新しくポジションを建てたり、以前からのポジションを建て増したりするのに間に合うということを知らせてくれる。**図8.4**は、1982～2006年にかけて出た「28%新高値分布指標」の４つの買いサインで、どれも非常に良いタイミングで現れている。

これらのサインは、ブル相場の最初で買いそびれたあと、怖くて仕掛けられないために相当の利益チャンスを逃している投資家にとって助けになるかもしれない。このタイプの投資家は、株が上昇しているのに待って待って最後に我慢できなくなって仕掛けたときには遅すぎるなどという場合も多い。28%新高値指標を使えば、この状態はかなり改善できるだろう。

まとめ

ここまでの２章で次のことを検証してきた。

- 株が比較的安いのか（または高いのか）を、利益水準や、株の利益と債券やほかのインカム投資の利率を比較することによって判断する方法。
- 長期的な政治やその他の予定に基づく株式市場の周期を利用して、重要な転換点の可能性を予想したり確認したりする。周期のパターンを知っておけば、マーケットが転換する時期を予想し、それによって変わる株価評価に合わせてポートフォリオを調整する準備をしておくことができる。
- マーケット分布指標を使うと、マーケットが強含んでいるのか、弱含んでいるのか、それともどちらかに移行しようとしているのかをマーケットの動き自体から確認することができる。

言い換えれば、これまで「なぜ株は上がったり下がったりするのか」「主要なマーケットの転換期はいつ起こる可能性が最も高いか」、そして株式市場の内面的な強さや弱さがほかのマーケット指標を反映していることを確認するためにはどのマーケットの「何」を見ればよいのか、ということについて書いてきた。

筆者は、価値と時間と分布は投資用の兵器庫に備えておくべき優れた組み合わせだと思っている。しかし、これを活用できるかどうかは、

図8.4　28%新高値分布指数（1982～2006年）

このチャートは、28%新高値分布指標が出した買いサインを示している（↑）。また、下向きの矢印（↓）は、買いサインから52週間後の日（全銘柄の28%が新高値を更新して出るサインが名目上終了する日）を示している。チャートから分かるとおり、このサインは頻繁に出るわけではないが、1970年以降の利益率は非常に高い

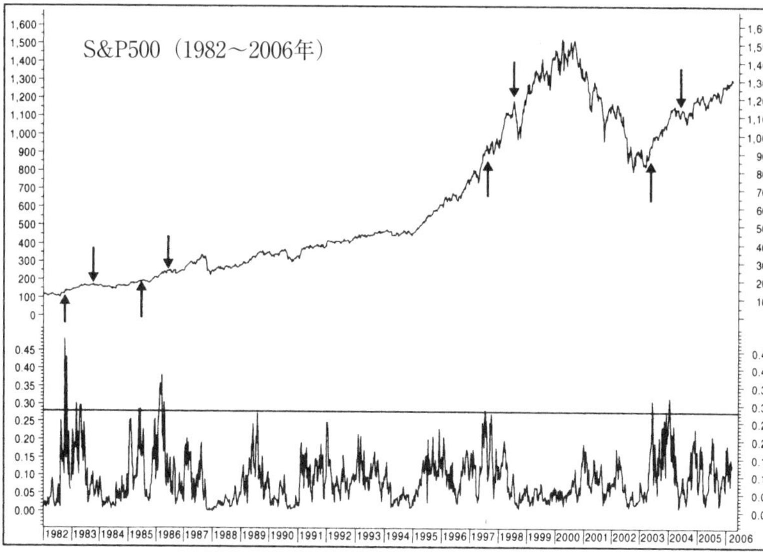

投資家自身にかかっている！

第9章

不動産ブームに乗って儲ける――REITへの投資

Cashing In on the Real Estate Boom ― Investing in REITs

過去33年間のうち27年間で利益を出した投資に興味があるだろうか。そのうえこの投資が2000年、2001年、2002年という株式市場がベア相場のときにもかなりの利益を上げていたと言ったら、ますます興味がわかないだろうか（株式市場がかなり不調だった1973年と1974年もほぼトントンに近かった）。

そのうえ、この投資は1971年以降、悪い年も含めて年率に換算すると毎年13.4％の利益を上げていると言ったらどうだろう。

このあとREIT（不動産投資信託）の世界の資本成長の波と流れについて見ていくことにする。REITは株の通常の動きに非常によくつり合う投資対象で、分散型ポートフォリオの重要な要素のひとつと言える。

REIT――簡単な定義

米国証券取引委員会（SEC）によると、「不動産投資信託（REIT）はさまざまな不動産や不動産に関連する資産に投資する事業体で、投資先にはショッピングセンター、オフィスビル、ホテル、抵当権付住宅ローンなどが含まれている」。

●株式REIT　最も一般的な形態で、さまざまなタイプの不動産に投資したり保有したりする。テナントからの賃料が利益になる。

●**住宅ローンREIT**　不動産所有者や不動産デベロッパーへの融資。また、抵当権や不動産を担保にした金融商品にも投資する。

●**ハイブリッドREIT**　株式REITと住宅ローンREITを組み合わせた商品。

金融サービス、製造、素材、そのほかのサービスから得る企業の利益が基となった典型的な株の利益に対して、REITはその投資先を見るだけでも興味深い分散になっていることが分かる。REITは不動産自体やそれを運用することで利益を得る。不動産投資は、長期的に見れば、劇的ではないにせよ、一貫して利益を上げてきた。アメリカ人の文化には家や会社を所有することに対して強い思いがあり、不動産運用にも愛着がある（2005年にアメリカの世帯の住宅所有率は68.5％に増加し、それまでの所有率を更新した）。

REITの課題と分散についてさらに述べる前に、REITのメリットを見ておこう。

安定した高利率の収入を継続的に得られるREIT

国税収入局の規約によると、REITは課税所得の90％を投資家に支払えば連邦税を免除される。そしてREITが収入の最低90％を投資家に支払えば、典型的な株の配当（通常は年率８～９％）よりも多くなる。また、REITをクローズドエンド型投資信託としてレバレッジをかければ、利益はさらに高くなる可能性がある。

高い配当はREITの大きな魅力のひとつで、価格は株と比較してもある程度安定している。高配当がREITの価格を安定させ、値上がり益とは別に保有者の収入源となっている。REITに投資するということは、だいたいにおいて継続的に平均以上の利息を得られることだと言える。また、投資家が受け取るトータルリターンの大部分は値上がり益ではなく、配当が占めている。

警告

ワシントンDCでは、利益に課税されている企業の株主配当にかかる税金は同一の利益に対する二重課税（企業と株主への課税）だということで、免除または削減しようとする取り組みが行われている。

ただ、利益の90％を配当として支払えば利益に課税されないREITの場合、株主がこの法案の恩恵を受けることはないと思われる。

この警告は別として、REITはこれまで投資家にとって価格が比較的安定していて平均以上の収入を生む資産として機能してきた。ポートフォリオに占めるREITの割合を５％にするのか、10％、20％がいいのかはマーケット全体の状況や、投資家が現行インカムをどの程度重視するかによって変わってくる。ただ、過去のパフォーマンスからREITがよく分散されたポートフォリオの重要な要素になることは間違いない。

REITの種類

不動産投資にはさまざまな形態がある。集合住宅に投資するものもあれば、ホテル、ショッピングセンター、商業用賃貸ビルなどに投資するものなど、それぞれが違った魅力とリスクを持っている。ぜひとも分散すべきだろう。

REITは個別に投資することができ、証券取引所で株と同じようにトレードできる。また、オープンエンド型とクローズドエンド型REIT投資信託なら、すでに分散もできている。ただ、クローズドエンド型投資信託はレバレッジを効かせているため、価格のボラティリティは高い。

REIT投資信託の大部分は積極的な運用だが、バンガードREITインデックスファンド（VGSIX）は受動的な運用でさまざまなREIT指数の結果と連動するようデザインされていて、設定以来のリターンは狙いどおり約14.6％になっている（1996年５月～2005年11月）。

積極的な運用の投資信託を提供しているファンドファミリーには、キングストン・インベストメント・グループ、アルパインファンド、コーヘン＆スティアーズなどがある。REIT投資信託はMSN（http://www.MSN.com/）の「不動産投資信託」でも探すことができる。

クローズドエンド型REIT投資信託

クローズドエンド型投資信託はレバレッジを使っているため通常オープンエンド型より配当が高いが、ボラティリティもリスクも高い。

冒険したい投資家なら、2006年にかけて不動産投信に投資するクローズドエンド型投資信託のコーヘン＆スティアーズ・クオリティ・インカム・リアリティ・ファンド（RQI）に興味を持ったかもしれない。このファンドは2005年末の利回りが約8.5％もありながら、純資産価値の13.75％という史上最高のディスカウント率で売られていた。また、ニューバーガー・バーマン・リアル・エステート・セキュリティース・インカム・ファンド（NRO）も面白いかもしれない。このファンドは2005年に純資産価値の16.9％という大幅なディスカウントによって、8.4％の利回りになっている。

大幅なディスカウント率が、必ずしもインカム系のクローズドエンド型投資信託の明るい見通しを示しているわけではない。ときにはこれが配当の引き下げやそれ以外の悪い材料を示唆していることもある。ただ、それでも高利率のファンドで14～17%のディスカウントはそれなりの魅力があるし、利回りが非常に高ければなおさらだ。

クローズドエンド型REIT投資信託は、ファンドの詳しい情報を載せているETFコネクト（http://www.etfconnect.com/）で探すことができる。

情報開示について

本書で紹介した投資信託のなかには、筆者自身や筆者の家族や顧客が保有しているものも含まれている可能性があるが、本書に掲載したファンドに関する特定あるいは一般的な情報に関して、ファンド会社からもそれ以外のだれからも報酬のたぐいは受け取っていない。

REITのETF

言うまでもないが、ETFのなかにも不動産セクターは登場する。不動産にかかわるETFには次のようなものがある。

- ストリートTRACKSウィルシャーREITファンド（RWR）
- バンガードREITインデックスVIPERS（VNQ）
- ｉシェアーズ・ダウ・ジョーンズUSリアル・エステート（IYR）
- ｉシェアーズ・コーヘン＆スティアーズ・リアリティ・メジャーズ（ICF）

REIT投資信託（オープンエンド型とクローズドエンド型）とREITのETFは、特定のREIT指数の影響を受けたり、どこか特定の分野（例

図9.1　コーヘン＆スティアーズ・クオリティ・インカム・リアリティ・ファンド（RQI）の1口当たりの価格、純資産価値、プレミアム/ディスカウント率（2003年の運用開始時から2005年）

運用開始以来、純資産価値は上昇し続けていたが、ファンドの価格はプレミアム（ファンドの発売時）から14%のディスカウントまで下落し、このときの利回りは約8.5%になっていた。ディスカウント率と利回りがこの水準だと、レバレッジによって間違いなくリスク要素は高まっていても、インカム収入を期待する投資家はかなり興味を持つだろう。チャートから分かるとおり、このファンドが新ファンドとして発売されたときはプレミアムがついていた。これは珍しいことではない。クローズドエンド型投資信託の新ファンドの多くは販売価格の4～5%が引き受け会社に支払われて1ドルにつき95セントしか投資に回せないため、避けたほうがよい。これらのファンドは実際には純資産価値の5%のプレミアムで運用を開始していることになる

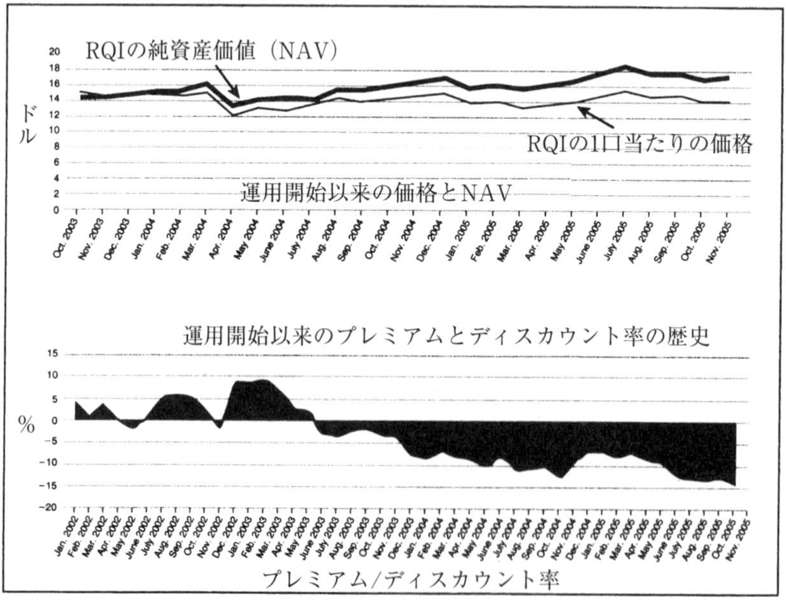

図9.2　ニューバーガー・バーマン・リアル・エステート・セキュリティース・インカム・ファンド（NRO）、1口当たりの価格、純資産価値、プレミアム/ディスカウント率（2003年の運用開始時から2005年）

このファンドも同じようなパターンを示している。チャートから分かるとおり、ファンド発売時の価格は純資産価値より約5%高かったが、引き受け会社のサポートがなくなるとすぐにディスカウントに転じている。ファンドの発売時は純資産価値にプレミアムがついている場合が多いため、新ファンドとして買う価値があるものはほとんどない。このファンドも時間の経過とともに15%以上のディスカウントになったが、もしかしたらそれと同時に投資家が金利上昇を期待したり、目先の潜在利益によって上がりすぎたREITセクターが調整されたりした結果かもしれない

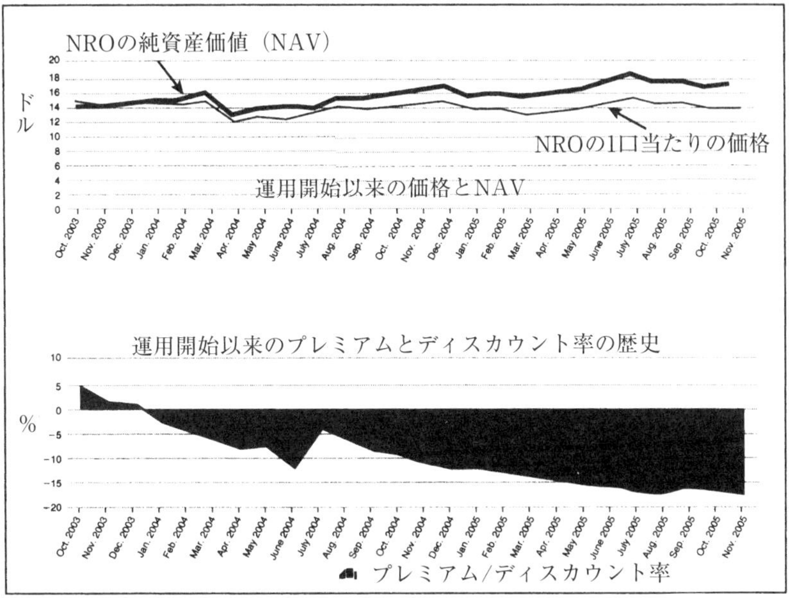

えばホテル、集合住宅、ショッピングセンターなど）だけのパフォーマンスを反映したりしていることもある。特定の好みの分野があるのでなければ、REITのなかでも分散して保有すべきだろう。

バンガードVIPERSは費用率が低い（年間10分の１％を若干超える

程度）。レバレッジをかけていないREITのETFは、2005年の大部分において年間利払い率が４～５％で、これは10年物Ｔノートとほぼ同じ利回りになっている。VIPERSの総合利回りにはファンド自体の値上がり益も含まれているが、この年は全体的な不動産価格の値上がりを反映して平均的なREITファンドのリターンを上回った。

警告

バンガードVIPERSなどETFの利回りには、投資家に還元される運用リターンだけでなく、キャピタルリターンも含まれている場合が多い。「キャピタルリターン」は、ファンドの資産を売却して得た利益を投資家に現金で配分することで、これによってETFの原資産の価値は減少する。

これは、クローズドエンド型投資信託がファンドの資産を運用する代わりに清算した金額も「配当」として配分するケースとともに、注意しておかなければならない。

教訓――もし配当が高すぎると感じたときは、本当の配当ではないのかもしれない。

総合的なサービスを提供しているブローカーを使っている場合は、担当者を通じてリサーチ部門に聞けば、おそらく本当の利回りを分析している。もしそれで分からなければ、ファンドに問い合わせてみてもよい（ただし、ファンドによっては顧客と話ができる担当者のなかで情報を持っている人を見つけるのが難しい場合もある）。それでもだめなら、ウエブでETFや投資信託の銘柄のコードや名称と「利回り」で検索してみるという方法もある（例えば、「バンガードREIT・VIPERS、配当利回り」で検索する）。

配当の情報はリターン率で表示されていることもある。また、四半期ベースで書いてある場合は、４倍して年率に直してから比

較する。

もし配当が金額で表示してあるときは、まず4倍してから現在の株価で割って年間配当率を算出する。例えば、株価が50ドルで四半期ごとに0.75ドルの配当があるならば、0.75×4＝3ドル、3ドル÷50＝0.06で、年間リターン率は6％ということになる。

REITの長期パフォーマンス

この10年間にREITの人気は、ほかの投資と同様、山もあれば谷もあった。

セクターとしてのREITの価格は、かなり幅広くスイングしてきた。例えば下げ幅を見ると、上場しているREITすべての価格を示すNAREIT（全米不動産投資信託）指数が1970年代初めには100以上から40まで下げたし、1987～1990年には120周辺から60に、1990年代後半には120から80まで下げている。

反対に上昇幅を見ると、NAREIT指数は1974～1987年に40以下から120に上げているし、1990～1990年代後半には60以下から120近くまで、1999～2004には80以下から140近くまで上げている。

図9.3はNAREIT指数の動きを示している。

REIT指数の価格動向だけで全体像は分からない

REITは、テクノロジー系の株式とは違って値上がり益だけを狙って買うものではない。REITはトータルリターン、つまり値上がり益と配当の両方を目指して投資する商品なのだ。配当はREITの重要な部分で、これがトータルリターンを安定させ、長期投資家にとっては

図9.3　金利対NAREIT指数の価格動向（1972/1～2006/3）

長期的に見るとREITの価格はかなり大きくスイングしている。1973～1974年にはREITと株式市場が同時に下落したが、1977年と1981～1982年の株式市場のベア相場ではREITの価格は堅調に推移していた。また、1980年代後半と1990年代末のREITのパフォーマンスは株式市場を下回っていたが、2000～2002年のベア相場のときはREITは急騰した。REITの価格動向と全体的な金利の方向には、何らかの相関性がある。金利が下降しているときはREITのパフォーマンスが良いことが多いのだ。ただし、これは厳密な相関性ではない

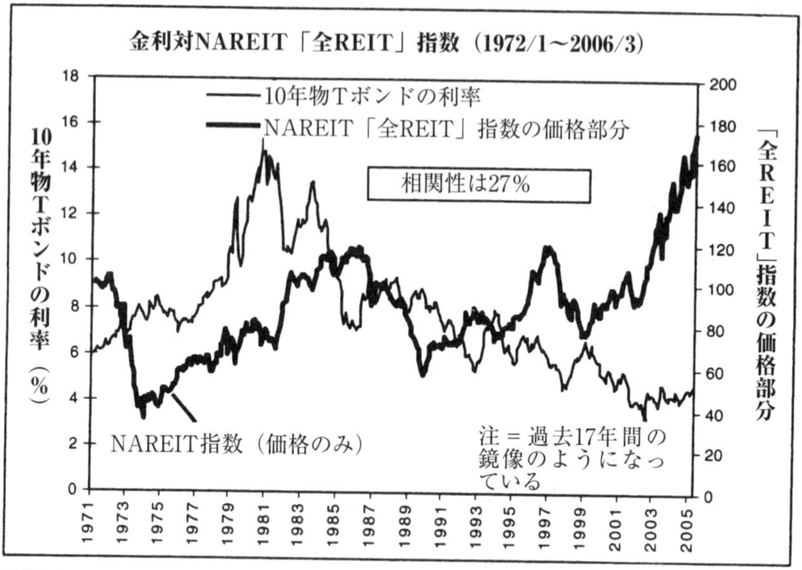

出所＝http://www.investopedia.com

トータルリターンの大部分を形勢していく。

図9.4は、1972～2004年の金利とNAREIT指数のトータルリターンを示している。

全米不動産投資信託協会（http://www.NAREIT.com/）では、

2004年６月30日までのパフォーマンスのデータを提供している。また、2004年６月から2005年末までのデータは、**表9.1**のようになっている。

REITはこれまで、ほかの株式セクターよりスムーズかつ安定したリターンを提供してきた

表9.1の数字がこのことをよく物語っている。

REITは、５年、10年、15年、20年、25年にわたって非常に持続的なパフォーマンスを上げてきた。おそらく投資家自身も自宅や不動産に関して同じ経験をしてきたのではないだろうか。何年も住宅を保有している人のリターンは、複利の関係で誇張されていることが多い。例えば、1966年に５万2000ドルで購入した家が、2005年には140万ドルに上がって、複利で10％弱のパフォーマンスになっていた。これは株式市場のリターンとあまり変わらない。

しかし、住宅の価格が10％も下がる年はほとんどない。

ちなみに、株式REITのパフォーマンスは住宅ローンREITやハイブリッドREITのパフォーマンスを上回る場合が多い。

ただ、ほかの株式市場のセクターが似通ったパフォーマンスになっていることは注目に値する。長期的に見ると、小型株が多少有利である以外は、さまざまな分野にあまり差がない。REITに組み込まれているのは小型から中型株で、もしかしたら優れたレラティブストレングスは業界だけでなく、資本の大きさも関係しているのかもしれない。

REITのタイプ別の配当

2004年のREITの利回りは、10年物Ｔボンドより若干高い平均約5.5％で、２％以下のS&P500の配当利回りよりは明らかに高い。ただ、

図9.4　金利対NAREIT指数のトータルリターン（1972/1～2006/3）

「トータルリターン」の損益曲線はNAREIT指数のみの損益曲線よりスムーズになっている。REITの投資では、値上がりと利回りを組み合わせたほうが、価格の動きだけに頼るよりずっと良い結果につながっている。REITを価格のみでなくトータルリターンで評価すると、REITのパフォーマンスと金利の方向には高い相関性がある。トータルリターンで見ると、厳密な相関性とは言えないものの、全般的に金利が低下しているときはREITのパフォーマンスが非常に良くなっている

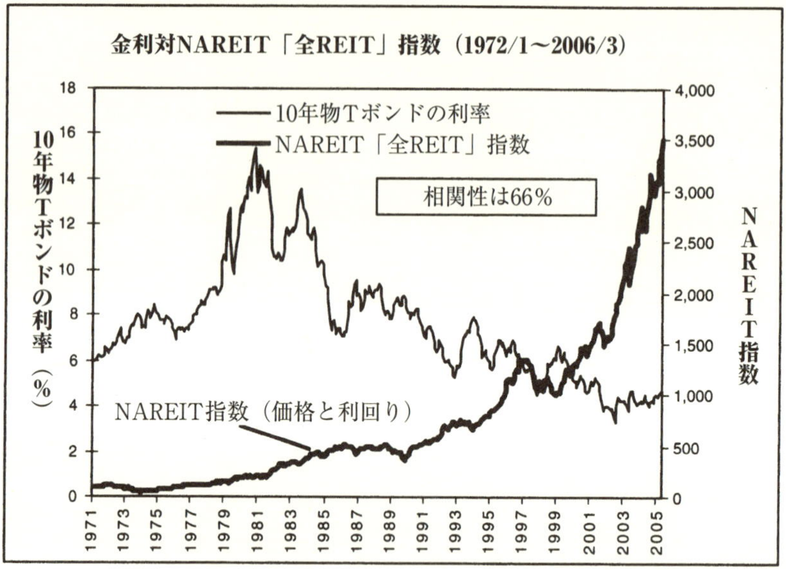

出所＝http://www.investopedia.com

REITの配当は全額課税対象になるうえ、大部分の企業配当金に適用される軽減措置もない。

利率は分散型、住宅、ヘルスケア、事務所REITが最も高い。一方、工業、ホテル、小売店REITなど利率は多少下がるが、これはこの分

表9.1　NAREIT株価指数対アメリカの代表的なベンチマーク*

年	NAREIT株価	S&P500	ラッセル2000	ナスダック総合指数	ダウ平均
1年	27.1	19.1	33.4	26.2	16.4
5年	14.5	–2.2	6.6	–5.3	–1.0
10年	12.1	11.8	10.9	11.2	11.2
15年	11.6	11.3	10.4	10.9	10.2
20年	12.3	13.5	11.1	11.3	11.7
25年	13.6	13.6	12.6	11.4	10.6

＊ナスダック総合指数とダウ平均に関しては投資家への配当は含まれていないが、このほうがナスダックとダウ平均のリターンを理解しやすい（特にダウ平均）
ここで示した6期間のうち5期間でNAREITのパフォーマンスがS&P500を上回っているが、25年間で見るとリターン（複利）はNAREIT指数が13.61％で、S&P500が13.56％になっている

野の投資目的が大幅なキャピタルゲインだということを意味している。

REITが10年物Tボンドより高利率だという事実から、こちらのほうがインカム商品として優れているとも言える。しかし、もちろんREITには国債より大きいリスク（と潜在リワード）がある。筆者は、REITをほぼすべての分散型ポートフォリオにある程度大きな割合で組み込むことを勧めているが、理由は高利回りだけではない。REITの価格動向はほかの株式セクターの価格とあまり相関性がない。ほかのセクターが下落しているとき（例えば2000～2002年）にREITは上昇していることがよくあるし、ほかのセクターが上昇しているとき（例えば1997～1999年）にREITが下げることもある。

仕掛けと手仕舞いのタイミング

REITは、安定した投資先ではあるが（特に価格だけでなくトータルリターンで見た場合）、ほかの投資と同様、一次的な投資需要にみんなが殺到したり、スキャンダルが起こったり、悲観的になる期間があったり、投資意欲が低下する時期があるなどの問題は起こる。

長期投資家は、分散型ポートフォリオの一部としてREITをバイ・アンド・ホールドで組み込んでおけば、ポートフォリオの目的である安定した成長を見せてくれると考えられる。

REITの価格と金利の方向の関係から、REITを買う最高のタイミングは、金利がピークに達して下降し始めたときだということが分かる。金利、特に長期債の利率はマーケットの状態という必ずしもFRBの意図どおりにはならない要素に左右される。FRBは通常、金利の方向について希望を表明し、そのための行動を起こし、少なくとも短期金利はそうなるよう計画的に動いていく。FRBの発表は、金融系の新聞やニュース番組などで広く報道されている。

REITと金利の関係

前述のとおり、REIT価格は金利が下降するときは上昇し、金利が上昇するときは下降する傾向がある。このことは、次の２つの要素について考えてみるとよく分かる。まず、REITは主に利回りを求める投資家が買っている。もし金利が高ければ、REITは短期のＴノートや短期社債、もしかしたらマネーマーケットファンドとさえ競合することになるかもしれない（これらが最高のリターンを出している時期など）。REITの利回りは、全般的に投資家の利回りが高かったり上昇したりしている環境では価値が下がる。しかし、低金利下で、競合商品のなかに高利率のものがなければ（例えば2002～2004年）、REITの高配当の価値は上がる。

２つ目は、低金利がREITの費用の安さにつながるということで、住宅ローンのコストも、ショッピングセンター建築用の借入金のコストも、ホテルの建設費用も下がる。反対に、金利が上がればREITの運用経費上昇につながるが、これは価格上昇で回復できる場合とできない場合がある。

2000～2002年のベア相場で非常に強含んでいたREITの価格は、2005年に入って多少緩やかになったものの崩壊はしなかった。当時のREIT業界にはこの動きを支えるさまざまな要因があった。このなかには、大きな不動産ブームが訪れていたことや、株式市場から避難した資金の行き場になっていたことのほかに、2001～2002年にかけてFRBが経済全般と株式市場を支えるため一貫して行ってきた利下げに後押しされたということもある。低い住宅ローン金利、世界中で起こっていた不動産インフレ、単純に上昇を続ける住宅価格など、すべてがREITへの投機をあおっていた。

そこで何をすべきか。金利が上昇しているときはそれをよく観察し、FRBが債券市場や株式市場を支えるための利下げ準備に入った、もしくは着手したサインに注目しなければならない。通常、FRBは彼らの方針を示すサインを出し、それはすぐに金融紙やニュース番組で詳しく報道される。FRBが金融政策を引き締めから緩和に転換する時期は、高配当のREITを買い増すのに適した時期である可能性が高い。

長期投資用にREITの主なセクターを観察する

図9.5はNAREIT指数の長期の価格動向で、これを見ると1972～1999年に大きな買いチャンスが３回あることが分かる。

この主要なチャネルを使って長期のタイミングを探してほしい（**図9.5**参照）。業界別の株やそれ以外のマーケットの価格動向について

図9.5　NAREIT価格指数（1972～2004年）

このチャートは前にも見たが、今回は金利のグラフを外して、長期間にわたるNAREIT指数の変動をカバーするチャネルを書き込んである。指数がチャネルの下限に達すると重要な買いサインになり、上限に近づくとリスクが非常に高くなる

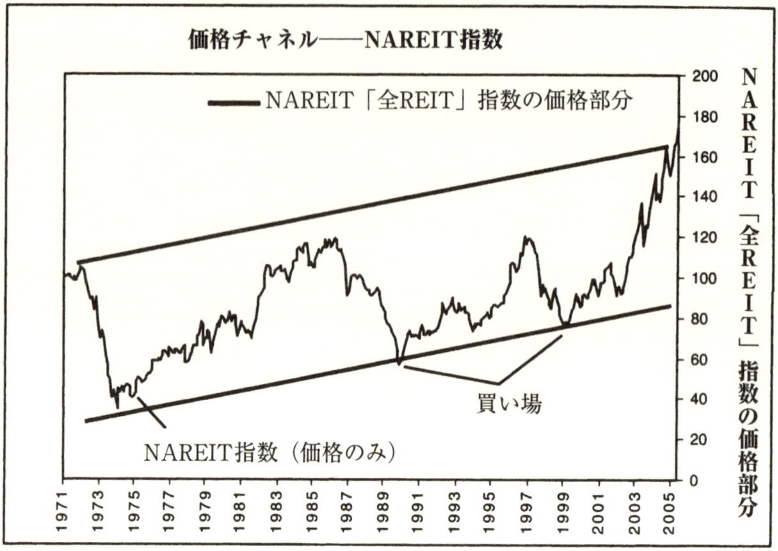

研究を進めていくと、たいてい何らかのチャネルが見えてくる。価格はこの範囲で周期的なリズムを刻みながら上下し、大きい変動や小さい変動を重ねていく。

もし、このチャネルを少しでも信頼できるのなら（筆者はしている）、「安く買って高く売る」ためにはこのようなチャネルがついたチャートが役に立つことになる。チャートのなかには習慣的な動きを繰り返すものもあれば、そうでないものもある。インカム中心の投資に関するチャートは、習慣的にチャネルの上限と下限を行き来するものが多く、債券価格のチャートの多くがこの特性を持っている。そしてREITのチャートもこの一種と言える。

ただ、正確な買い場をピンポイントで探し当てたり、下降スイングの最安値を確保したりする必要はない。チャネルの下限に近づいたらREITの投資を買い増していくことができれば、目的は十分果たしている。このとき、金利でこの状態を確認できればさらに良い。チャネルの下限の領域でREITのポートフォリオを構築できれば、それから何年にもわたって優位に立つことができる。

反対に、すべてがうまくいけば、一部のポジションを売却してもよい。少なくともチャネルの上限に近づいたときには手仕舞うことを検討してほしい。もちろん利息収入や分散を維持するために保有し続けるという選択もある。

不利な展開

本書を執筆している2005年末の時点で、アメリカの不動産市場は堅調に推移しているが、REITの価格が長期のトレーディングチャネルの上限に近づいていることと、金利が下げ止まっていることから、（現時点で）このセクターの直近の見通しは数年来より慎重になるべき時期に入っていると考えられる。

今回の下げは、投資家にとって、これまでより高利回りのREITの長期ポジションを買い集める良いチャンスなのかもしれない。

REITというアパートから最高の部屋を選ぶ

テクニカル作戦

1．もしREITの投資信託をトレードしているのなら、費用率が最も低く、長期のパフォーマンスが最も高く、購入と償還ロード（手数料）が最も低く、運用が一貫しているものを選ぶ。

2．購入可能なファンドの過去6カ月から1年のパフォーマンスについて上の条件でスクリーニングをかける。そのなかからレラティブストレングスが高いものを購入する。
3．もし長期のチャートが入手できれば、それを観察することで選択したファンドが主要なサイクルのどこに位置しているかが分かる。ただ、大部分の業界は多かれ少なかれみんな連動して動いている。

ファンダメンタルズ戦略

MSN・ドット・マネーに執筆しているハリー・ドマッシュは、投資家がポートフォリオに組み込むREITを選択する条件として次のような項目を提案している（http://www.MSN.com/、「ハウ・トゥ・スクリーン・フォア・トップREIT」2005年12月3日）。

配当の最低利回り

REITの配当は税制上優遇されていないことを考慮すると、非課税措置のない口座で許容できる配当は最低でも3.7％はあるものを選びたい。もし、非課税措置のある口座で保有する場合は、この水準を下げてもよい。

高水準の配当を確保するために、10年物Tボンドの水準（2005年12月時点で約4.5％）を最低水準としておくよう筆者は勧めている。レバレッジをかけていないREITの平均利回りが5.5％程度なので、よほどのメリットがなければこれ以下の利率を許容することはないだろう。レバレッジをかけたクローズドエンド型REIT投資信託の利回りは8.25％以上になるが、これらの商品は当然ながら高いリスクを伴っている。

過去の配当が安定的に成長しているものを選ぶ

REITは過去の配当が上昇してきたものが良い。配当が上がると投資家の収益が増えるうえ、その株や投資信託の価格が上昇する可能性も高くなる。過去５年間に配当が最低でも年率４％は上昇しているファンドや銘柄を選んでほしい。

ウォール街のアナリストの格付けが「売り推奨」のREIT会社は避ける

ウォール街のアナリストは楽観的すぎる傾向があり、株が「売り推奨」になることはめったにない。つまり、もし「売り推奨」が出たとしたらそれはこの先本当に悪い材料があると考えたほうがよいし、REITも「売り推奨」のものは避けることを勧める。ちなみに、ドマッシュ氏の経験によると、「保有」は「買い推奨」とあまり変わらないという。

格付けはアナリストやブローカーによって変わるため、明らかに主観的な条件と言える。念のため、ポジションを建てる前に複数の意見を聞いて保守的なほうを採用し、もしひとつでも「売り推奨」があればほかを探したほうがよい。

今後５年間の１株当たりの予想成長率が最低でも５％の銘柄を探す

この場合、投資家はさまざまな業界の分析結果に頼らざるを得ない。アナリストの見通しは、ブローカー会社が提供している（MSNのサイトにも掲載されている）。もちろん、成長見通しが年率５％以上ならなお良いが、REITの成長率は高くないものが多い。

５％の利益成長率は、利益の最低90％を配当として投資家に支払ったうえで配当を年率４％上昇させるために必要な数字だ。この場合、過去の利益と配当の成長率が将来も継続することを業界のエキスパートが予想していることが前提となるが、もちろんこれは有効なときもそうでないときもある。

全体として見れば、これまで挙げた過去のパフォーマンスと継続したマネジメントに基づくREIT選択の条件は、賢明な基準だと言ってよいだろう。

さらなる情報

REITには、配当金の再投資と持株制度がついたDRIPというサービスがある。

配当金を生活費として引き出す必要のない投資家は、配当を現金で支払う代わりにその会社に再投資して持ち株数を増やすDRIPを提供しているREITのほうが便利かもしれない。これによって投資家は、取引コストや売買スプレッド、少額の配当を再投資するわずらわしさなどを避けることができる。

インベスティンリートのサイト（http://www.investinreits.com/の「ウエイス・トゥ・インベスト」の画面）には、このようなサービスを提供しているさまざまなタイプのREITが多数掲載されている。

また、このサイトには、オープンエンド型のREIT投資信託ファミリーや、個別のREIT投資信託なども数多く載っている。

まずはこのリストを使ってREITを提供しているファンドファミリーを知ったうえで、過去のパフォーマンス、現在の構成、投資理念、費用などの情報を集めていけばよい。

まとめ

- REITの世界は平均以上の現行利回りと比較的安定したトータルリターンを提供する投資先になっている。
- REITの価格は株式市場のほかのセクターの全般的な動きとは独立した動きをする傾向がある。また、REITはそれ自体が分散型の株式ポートフォリオになっている。
- 調査の結果、株式ポートフォリオにREITを加えると、利益達成の妨げになることなくリスクを削減できることが分かっている。
- REITは、不動産投資信託やREIT投資信託（オープンエンド型かクローズドエンド型）やETFの形で購入できる。このなかで、レバレッジをかけているクローズドエンド型REIT投資信託の利回りが最も高いが、これはボラティリティとリスクも高い。
- REITは分散型の株式ポートフォリオの一部として継続的に保有できるが、新しくポジションを建てるのであれば、①価格が長期のトレードチャネルの下限まで下がり、②上昇していた金利が下降に転じる準備が整ったように見える──という状態を確認してからにするとよい。また、ニュースで金利の方向性に関するFRBの意図や債券市場（特に10年物Tボンド）の価格動向に注意を払い、金利トレンドが下降に転換する時期に気をつけておく。
- 投資するためのREITを選択するときには、配当が上昇していて将来的にも収益と配当の伸びが期待でき、マネジメントとパフォーマンスが継続しているものを選ぶ。また、保有資産が分散していることも確認する。

次は、現在素晴らしいパフォーマンスを上げていて、将来性も秘めた投資分野である外国投資について見ていこう。

第10章

外国（アメリカ以外）のチャンス——ブラジルからイギリスまで

Opportunities Abroad — Investing From Brazil to Britain

世界経済とそのかかわりに、はっきりとした変化（それも非常にはっきりと）が起こっている。アメリカは今のところ世界の資本の最も望ましい保管場所であり、ドルは世界の基準通貨になっているが、アメリカが経済力や将来性や利益や潜在的成長力において世界の牽引役だと言い切ることはもはやできなくなっている。

2005年末の時点でアメリカ経済は十分健全であり、企業収益は高く、失業率は低く、価格は安定している。ただ、製造業は生産も技術もアウトソーシングによって揺らいでいる。中国や韓国やインドの経済成長力は、アメリカ経済のそれを明らかに上回っていて、なかでも輸出製造業に関してはその差がさらに広がっている。

アメリカ企業の利益は高水準を維持しているが、このかなりの部分は海外部門からもたらされている。ただ、ナイキ（運動靴は外国で生産している）にとっては良いことが、ゼネラル・モーターズ（倒産の瀬戸際で揺れている）やインテル（すでに外国に移転している繊維部門などに続いて主要な生産部門もアメリカを離れることを迫られている）にとっても良いとは必ずしも言えない。

アウトソーシング以外にも、外国には常に洗練された投資チャンスがある。世界中の株の銘柄のうちアメリカの市場にあるのは約28％、時価総額（発行済み株数の価値）が１億ドル以上の企業はアメリカ国内に42％、アメリカ以外に58％ある。

つまり、アメリカには世界有数の投資チャンスがあるには違いないが、すべてを独占しているというわけではまったくない。

新興市場

アメリカは政治的に高い安定性を維持し、強い軍事力と、流動性が高い最も洗練された金融市場と、優れた輸送ネットワークを有していて、これらすべてが優れた条件ではある。

ただ、国際競争力という意味であまり良くないのは、高い人件費、国際競争に対する経営者の怠慢（なぜアメリカはカメラ、フィルム、電子機器、テレビ、衣服、繊維で敗北し、今後も自動車生産が外国に移転しそうなのかを考えてみるとよい）、インドや中国に大幅に遅れをとっている教育システムなどがある。教育については、工学技術の研究成果などを見てもそうだし、生徒の成績も外国に劣っている（最近の統計によると、ある年の工学部の卒業生数はアメリカが１万6000人だったのに対して、インドが８万人、中国が20万人だった）。

アメリカの株式市場は、外国の市場に対する競争力を維持できるのだろうか。だいたいにおいてはイエスだろう。しかし、ここ数十年、特に第二次世界大戦後から20世紀末までのように絶対的な強さを保つことができるのだろうか。だいたいにおいてはノーだろう。

アメリカの株式市場は多くのヨーロッパの市場（すべてではない）などのように古くからのマーケットに対しては競争力を維持している。しかし近年、中国、ブラジル、メキシコ、インド、韓国、カナダ、オーストラリア、南アフリカなどのマーケットがアメリカ市場のパフォーマンスを上回るか、少なくとも一時的に代替的な存在となるなど、アメリカの競争力が保たれているとは言えなくなってきている。

図10.1は、近年のレラティブストレングスの変化を表している。

図10.1　EAFE指数とS&P500（1995～2005年）

上のグラフはアメリカの株式市場を代表するS&P500、下のグラフはヨーロッパ、オーストラリア、極東の市場を代表するEAFE指数を示している。1995～2005年の大部分における長期トレンドは外国よりアメリカのほうが有利だった。しかし、2003年以降は外国市場、特にEAFE指数に組み込まれていないいくつかの新興市場がアメリカのパフォーマンスを大きく上回っている

アメリカの株式市場を上回る多くの外国市場

すべての資産を外国の株や投資信託やETFに投資すべきと言ったら言いすぎかもしれない。しかし、大部分の投資家は分散ポートフォリオの少なくとも一部分に継続的に外国株を組み入れ、常に外国の債券や株式に特別なチャンスがないかどうか注意を払っておくべきだ、というのはまったく大げさではない。

表10.1　先進国市場のETF（2005/1/1～2005/11/25）

シンボル	ETF	国	変化率
EWC	iシェアーズMSCI	カナダ	24.1%
EWO	iシェアーズMSCI	オーストリア	15.9
EWA	iシェアーズMSCI	オーストラリア	14.3
EWL	iシェアーズMSCI	スイス	10.7
EWN	iシェアーズMSCI	オランダ	6.4
EWQ	iシェアーズMSCI	フランス	6.1
SPY	**S&P預託証券**	アメリカ	**5.2**
EWD	iシェアーズMSCI	スウェーデン	4.2
EWG	iシェアーズMSCI	ドイツ	4.1
EWK	iシェアーズMSCI	ベルギー	3.3
EWU	iシェアーズMSCI	イギリス	3.3
EWP	iシェアーズMSCI	スペイン	2.9
EWI	iシェアーズMSCI	イタリア	–1.1

表10.1は、2005年１月１日～2005年11月25日の先進国のETFの結果を示している。また、**表10.2**は同時期の新興市場の投資結果を示している。

2005年のアメリカ株のパフォーマンスは、先進国の株式市場の真ん中当たりにランクされているが、これは一部の高パフォーマンスの新興市場よりもかなり低い。

ただ、これらの表はあくまである年の11カ月間のパフォーマンスだということと、2005年に最強の新興市場ファンドが将来もそうだとは限らないということを念頭に置いて見てほしい。

これらの表からは、次のような推測を導き出すこともできる。

●世界中の経済と株価トレンドの変化に注意しておけば、間違いなくチャンスは見つかる。

表10.2　新興市場のETF（2005/1/1～2005/11/25＊）

シンボル	ETF	国	変化率
EWZ	iシェアーズMSCI	ブラジル	+53.1%
EWY	iシェアーズMSCI	韓国	+39.8
EWW	iシェアーズMSCI	メキシコ	+38.5
EZA	iシェアーズMSCI	南アフリカ	+16.6
EWS	iシェアーズMSCI	シンガポール	+9.3
SPY	S&P預託証券	アメリカ	+5.2
EWM	iシェアーズMSCI	マレーシア	0
EWT	iシェアーズMSCI	台湾	–2.8

＊中国本土のみに投資する投資信託のこの期間の利益は5～9％だった

●大企業は時価総額が大きいため、株価を大きく動かすには相当額の資本が必要になる。つまり、大企業が多い先進国より、新興国の市場のほうがおそらくチャンス（とリスク）は大きいだろう。
●ETFの登場で、世界の市場にアクセスできる流動性があって使いやすい金融商品というそれまでなかった投資が可能になった。

外国株の可能性を示す長期結果

バロンズ紙（2006年２月27日に掲載されたレズリー・Ｐ・ノートンの「ゼア・イズ・モア・オフショア」）によると、2005年のアメリカ人の投資額は国内ファンドが1020億ドルで外国ファンドが1560億ドルと、10年以上ぶりに外国ファンドの人気が国内ファンドを上回っていたという。

また、同じ記事には、2005年12月までの30年間で外国市場が9.3％上昇したのに対して、アメリカのマーケットは8.9％だったとも書いてある。ちなみに、2005年12月までの35年間では、外国株の年間リターンは8.9％、アメリカ株は7.3％だった（モルガン・スタンレーの計算による）。

これらの数字は、株のポジションを分散するときに外国株を含むべきだということを裏付けている。

外国株の成長率に便乗する

アメリカ人が外国株に投資するには、直接「普通株」（現地通貨建ての株）を買う、ADR（米国預託証券）を買う、特定の地域や国に投資するオープンエンド型投資信託を買う、アメリカと外国の資産を保有するグローバル型投資信託を買う、外国に投資するクローズドエンド型投資信託を買う、外国市場を対象としたETFを買う、などいくつもの方法がある。

ADR（米国預託証券）

1927年に始まったADRは、アメリカでトレードできる米ドル建ての株式で、外国企業の株の代わりとなる。ADRは、アメリカの株式市場で取引され、アメリカ国内の銀行やブローカーがスポンサーになっている。

ADRという商品は、アメリカの投資家が外国企業の株を簡単に保有できるようにする目的で考案されたもので、まず銀行やブローカーが大量に外国企業の株を買って、それをADRの形で再発行している。ADRはそれぞれ外国企業の特定の株数を表しており、その比率は発行者の銀行やブローカーが設定している。

ADRの価格は大部分が10～100ドルで、現地の株価によって１株以下または１株以上の外国企業の株を表している。ADRはアメリカの投資家に、通貨の両替や、関税や、外国市場での取引などをしなくても外国企業に投資できる手段を提供している。

この形態の投資のマイナス面としては、国内企業と比べて投資先の企業が見えにくいことや、流動性が国内株より劣るかもしれないということがある。また、ADRの価格には、スポンサーの銀行やブローカーの利ザヤが含まれている。

ADRを検討するときには、次のことを考慮してほしい。これらはある意味で、すべての外国証券への投資にかかわる課題とも言える。

投資先の国の政府の安定性

アメリカ政府の安定性と、この国の自由市場と資本主義を貫く強い姿勢は、アメリカの株式市場の大きな支えであり、外国投資家にとって大きな魅力になっている。ADRを使うかどうかは別として、外国の証券を買うときは、その国の政府の安定性だけでなく、政府のビジネスや自由市場の構造や西側諸国や金融債務に対する姿勢についても検討すべきだろう。

例えば、今日の中国政府は1960年代のそれとはまったく違う（1970年代、1980年代とも違う）。また、インドはアメリカとの経済的なかかわりを歓迎しているように見えるが、反米のセンチメントが人口のかなりの部分を占めるパキスタンがアメリカを信頼できる経済パートナーになるのだろうか。

為替リスク

一般的に、外国株はその通貨が米ドルより強いときはアメリカ株よりパフォーマンスが高くなる。また、通貨が弱いときはアメリカ株のパフォーマンスが上回る。この関係は固定的なものでも絶対的なものでもないが、何らかの力が働いていることは間違いない。

大部分のADRや国際的な投資信託は投資先の企業がある国の通貨の保有とかかわっているため、株価もその通貨と米ドルの相対的な価値と合わせて変動する。先述のとおり、外国企業の株はその国の通貨が米ドルより上昇すれば有利になるし、米ドルがその通貨より強くなれば不利になる。

このような関係はADRの投資に限ったことではなく、一般的に国際的な投資信託は外国通貨が米ドルより強いときはパフォーマンスがよく、逆のときは不利になる。

インフレリスク

アメリカにも強いインフレの時期はあるが、それでも多くの国に比べればアメリカのインフレ圧力はうまく抑制されている。

新興市場をかかえる国では、経済のボラティリティが非常に高くなる時期があり、経済活動も大きく変動する。例えば、1990年代初めのタイやベトナムは、深刻な経済問題に直面していた。

インフレが起こると、その国の通貨はほかの通貨に対して弱くなり、それが間接的にその国の企業の外国市場における株価を下げることになる。

通常の株や債券を保有する以上のリスク

外国投資にも、通常国内の株や債券に投資するときと同じリスクがある。ただ、多くの投資家は外国の経済状態やトレンドについて国内経済ほどすぐに情報を入手することができない。

さらに、多くの株式市場、特に新興国や新興市場はアメリカよりもボラティリティがかなり高くなっている。例えば、新興市場のなかでも1997年のロシア市場は年率98％も上昇したが、1999年には85％も下落して、２年間の通産損益は－70％以上になった。韓国向け投資のファンドも1997年に70％下落して1998年に99％上昇したが、1999年と2000年に再び急落している（http://www.atozinvestments.com/）。

いくつかの「流行の」国に集中して投資したいという衝動に駆られることもあるかもしれないが、外国投資をする場合は、幅広く分散するという方針を国内投資の場合以上に貫くことが重要になる。

米ドルで「普通株」に投資するか、それとも外貨建ての普通株に投資するか

外国株は、一部の国内外のブローカーを通じて現地通貨で買うこともできる。このような保有の仕方をすると、ある程度その企業にかかわることができるし（例えば株主総会への参加）、間接的に買う（投資信託を通すなど）より有利な価格で購入できるかもしれない。

ただ、ほとんどの投資家にとっては、通貨関係や、通貨にかかわる問題や税金など外国証券の直接保有に伴う課題を気にしなくてすむ別の道を選択するほうがよいだろう。

外国の普通株を直接保有するのは、すでにその国にかかわっている投資家なら分かるが、普通の投資家にとってあまりメリットがあるとは思えない。

もし、外国株保有に関するさらなる情報が必要なら、フォーリンストックスのサイト（http://www.foreignstocks.com/）が参考になる。

ADRやそれ以外の方法にも可能性はあるが、大部分のアメリカ人投資家にとっては外国に投資するなら、プロが運用していて、最初から分散されていて、実際の外国株より流動性が高い投資商品のほうが向いている。

その意味では、平均的な投資家なら外国株や外国債券のETFも検討すると良いだろう。

外国のETF対オープンエンド型の国際的な投資信託

ETFはインデックスの投資信託とよく似ているが、取引終了時の純資産価値ではなく日中もトレードできることや、保有者間のトレードが多いこと（保有者と発行会社ではなく）、価格は正確な純資産価値（ETFの保有資産の）になるよりも、売り手と買い手の間で決まる場合が多いことについてはすでに述べた。

ETFの価格は実際の保有資産の価値よりも上下することもあるが、大口の保有者はETFを資産の株と交換できるという仕組みがあるため、プレミアムやディスカウントは通常小幅に止まっている。

少しおさらいしておこう。仮にETFが10銘柄の外国株式で構成されていて、合計株価がETF１口当たり40ドルだったとしよう。もしこのETFが大幅にディスカウントされて１口当たり35ドル（12.5％のディスカウント）でトレードされていたら、大口投資家はETFを買って（この場合最低でも５万口）株式と交換すれば、35ドルで40ドル分の原資産の株を確保できるし、交換した株はマーケットで純資産価値で売ることができる。ただ、これほどのディスカウント率はクローズドエンド型投資信託では珍しくないが、ETFがここまでディスカウントされる可能性は低い。

ETFの価格が純資産価値とまったく同じかかなり近いことは、クローズドエンド型投資信託より有利な点だが、オープンエンド型投資信託と比べると若干不利になるかもしれない。ただ、ほかにも利点はある。

最初から分散してある

ADRや外国株を直接買うのと比較して、ETFなら１回購入すれば分散した複数の外国株を保有することができる。また、選択肢の幅も広がっていて、例えば地理的な条件や特定の国などという具合に

ETFを選ぶことができるようになってきた。

透明性と柔軟性

証券取引所や店頭でトレードされている外国投資のETFなら、指値や、ストップ、成り行きなどの注文を出すこともできる。ETFならばポジションを建てるための金額を限定することもできるが、オープンエンド型投資信託だと通常は購入するまで支払額がいくらになるか分からない。

最終的に有利になるのかどうかは分からないが、EFTは信用買いをしたり、空売りをしたり、ヘッジや投機目的でプットやコールオプションを売買したりできる（プットはオプション保有者が規定の証券を規定の価格で規定の時期まで売ることができる権利で、買い手は売り手にプレミアムを支払ってこの権利を取得する。コールオプションは保有者が規定の証券を規定の価格で規定の時期まで買うことができる権利で、買い手は売り手にプレミアムを支払ってこの権利を取得する）。

プットやコールオプションを使ったヘッジや投機に関する戦略については、オプションスマート（http://www.optionsmart.com/）などのウエブサイトに詳しく載っている。

オプションを使った戦略は、現実のパフォーマンスより理論的な説明のほうが良く聞こえることが多い（現実の世界では、手数料や売買スプレッド、薄商いなどがからんでくるため）。ただ、それでも基本的なヘッジ戦略は、ポートフォリオマネジメントにぜひ含めておくべき要素と言える。

流動性

ETFは買い手が購入時の条件を設定することもできるが、実際に希望の価格で売れるかどうかの保証はない。急いで売らなければならないときは、大きな売買スプレッドなどで条件が悪くなるケースもあることを理解しておいてほしい。このことは、ETFを通じて外国市場に投資をする場合（特にトレード量が少ないときは）間違いなく不利になる。

ETFの保有資産内容は、オープンエンド型投資信託の内容よりもｐ頻繁に公表されている。自分の投資先を常に把握しておきたい投資家には、ETFのほうが向いている。

有利な税制措置

オープンエンド型投資信託は保有資産を売ってキャピタルゲインを投資家に分配することがよくあるが、これは課税対象になる。一方、ETFは大口保有者に現金ではなく対象企業の株式で償還するため、その対価がほかの保有者の課税対象になることはない。これはETFのメリットのひとつと言える。

低い費用率

ETFの費用率が典型的な投資信託よりも低いことは知られているが、外国株に投資するETFと投資信託の差はほかのセクターよりさらに大きい。外国への投資が中心のETFの多くは年間費用率が１％以下で、これは大部分の国際投資型の投資信託（オープンエンド型もクローズドエンド型も）の費用の約半分の水準になっている。

受動的な運用――損か得か

ETFは、どの指数が組み込まれているのかは明確でないとしても基本的にインデックスファンドなので、積極的な運用の投資信託と比べてポートフォリオの入れ替えはそう頻繁ではないし、投

資している割合は常に高いし、パフォーマンスも（必ずしも投資信託よりも良いというわけではなくても）予想しやすい。

インデックスファンドは受動的な運用で、ポートフォリオマネジャーの目標は株式市場を上回ることではなく対象分野の指数と連動することにある。通常、この目標にかなり近い結果にはなるが、費用やスプレッドやそのほかの経費がかかるため、実際にはベンチマークを若干下回ることになる。これは好評なバンガードS&P500インデックスファンドでさえ例外ではない。

積極的な運用の投資信託は、通常投資家の経費が高いだけでなく、間違ったタイミングで現金にしていたり、正しい銘柄でもタイミングを間違っていたりすることがある。また、積極的な運用ファンドのパフォーマンスは、ベンチマークの指数を大きく下回ることもあるが、マネジャーが優れていれば、かなり大幅に上回ることもある。

予想がしやすくて経費率が低いことが、少なくとも明敏なマネジャーがいて、素晴らしいパフォーマンスを上げる可能性を秘めた幅広く保有するオープンエンド型投資信託よりも有利なのだろうか。これは難しい問題だ。

要するに勝者は……引き分けとしよう。ETFのメリットは、毎日、日中でも清算できることや低い経費率、償還手数料やトレードの制限がないことなどである。

一方、オープンエンド型投資信託は多くの場合、積極的な運用と、多くの国際的な投資信託ファミリーとの連携があり、それに伴うサポートを受けることができる。

外国への投資も含めて分散するときは、投資可能なETFに加えてさまざまなオープンエンド型投資信託もぜひ検討してほしい。両方とも数多くのチャンスを提供してくれる。

クローズドエンド型外国投資信託

第５章「Ｔボンドのリスクでジャンクボンドの利回りを確保する」で説明したクローズドエンド型投資信託の構造とメリット（とデメリット）は、外国市場への投資においても変わらない。

クローズドエンド・ミューチュアルファンド・アソシエーション（CEFA）によると、2005年春の時点でクローズドエンド型投資信託は660あり、総資産は約2000億ドルに上っていた。そして、このうちの約３分の１が何らかの形で株式に投資されていたという。

この660のファンドのうち、44が外国市場への投資を中心に行っているが、総額はわずか100億ドルにしかならない。ただ、国際的なクローズドエンド型投資信託の数はそう多くないが、投資先のなかには成長率が最も高い地域も含まれている。

クローズドエンド型の国際的な株式ファンドの一部を紹介しておこう。

●アジア・タイガース・ファンド（GRR）
●アジア・パシフィック・ファンド（APB）
●アバディーン・オーストラリア・エクイティ・ファンド（IAF）
●ブラジルファンド（BZF）
●カナディアンワールド（T.CWF）
●チリファンド（CH）
●チャイナファンド（CHN）
●ヨーロッパファンド（EF）
●ファースト・イスラエル・ファンド（ISL）
●フランス・グロース・ファンド（FRF）
●ジャーマニファンド（GER）
●インディアファンド（IFN）

●インドネシアファンド（IF）
●ターキッシュインベストメント（TKF）
●タイワンファンド（TWN）

これはほんの一部で、ほかにもメキシコ、スペイン、南米、日本、東ヨーロッパ、スイスなどに投資するクローズドエンド型投資信託など多数存在する。

クローズドエンド型外国投資信託に関するさらなる情報は、クローズドエンドファンド（http://www.closed-endfunds.com/）から入手できる。

メリット

外国に投資するクローズドエンド型投資信託は、トレードする銘柄や頻度や一定の保有期間より短い償還手数料などに制限のあるオープンエンド型の外国投資信託と違って、日中のトレーディングにも制限のないことがプラス面と言える。

また、クローズドエンド型投資信託は、全般的に広く投資するのではなく、特定の比較的狭い地域に投資するチャンスを提供している。例えば、先のリストにはトルコ、インドネシア、イスラエル、チリなど特定の国に投資するものが含まれているが、これらの運用は各地域のスペシャリストが担当している。

デメリット

残念ながら、この柔軟性にはコストがかかる。

クローズドエンド型投資信託はレバレッジを使ったり頻繁にトレードしたりするなど積極的な運用を行っているものが多く、これには高い経費がかかる。国際的なクローズドエンド型投資信託は、同じタイプのオープンエンド型のものよりかなり高く、高い経費に薄商いのマーケットと大きい売買スプレッドが合わさって、日中の流動性と地域的な選択肢の多さというメリットを上回ってしまう場合も多い。

クローズドエンド型投資信託のプレミアムやディスカウントの関係は不規則で、無用心な投資家にとっては煩わしい問題を引き起こす可能性もはらんでいる。一例として、中国の株式に特化したクローズドエンド型のチャイナファンド（CHN）の推移を見てみよう（**図10.2**）。

このファンドは、過去に定期的に高値圏まで上昇して、純資産価値にかなりのプレミアムがついていた。例えば1993年には、１口当たりの価格が純資産価値を一時的に40％も上回っていたし、2003年には50％になったこともあった。

プレミアム・ディスカウントの駆け引き

クローズドエンド型投資信託は純資産価値にプレミアムが付くよりもディスカウントされてトレードされていることのほうが普通で、プレミアムが付くということは、近い時期に何か重要な出来事がかかわっている場合が多い。

クローズドエンド型投資信託に大きなプレミアムが付くのは、すでに相当な値上がりがあったあとで、そのセクターがブルになっている非常に投機的な時期しかない。このような時期は昔からファンドにとって危険な時期であり、大部分の投資家はディスカウントになるまでかかわるのは待ったほうがよい。

反対に、経験豊富な投資家は純資産価値が大幅にディスカウントされる悲観的な時期を利用する。ただ、このとき単にディスカウントかどうかを見ているのではなく、このファンドの通常のディスカウント

図10.2　チャイナファンド（CHN）の過去のパフォーマンスとプレミアム・ディスカウントの関係（1992～2004年）

このチャートは、マーケットが楽観的で投機的な買いがファンドの価格を純資産価値の40％以上に押し上げた2つの期間（1993～1994年と2003～2004年）を含んでいる。プレミアムが極めて高いと、純資産価値と価格の関係が平常に戻るときに深刻な損失を被ることになるため、この時期は投資家にとっては非常に困難な時期となっていた。反対に、1998年と2000年にはこのファンドの価格は、純資産価値を25％以上下回っていた。しかし、このような割安の時期は素晴らしい買い時で、のちに大きな価格上昇の恩恵を受けることになった

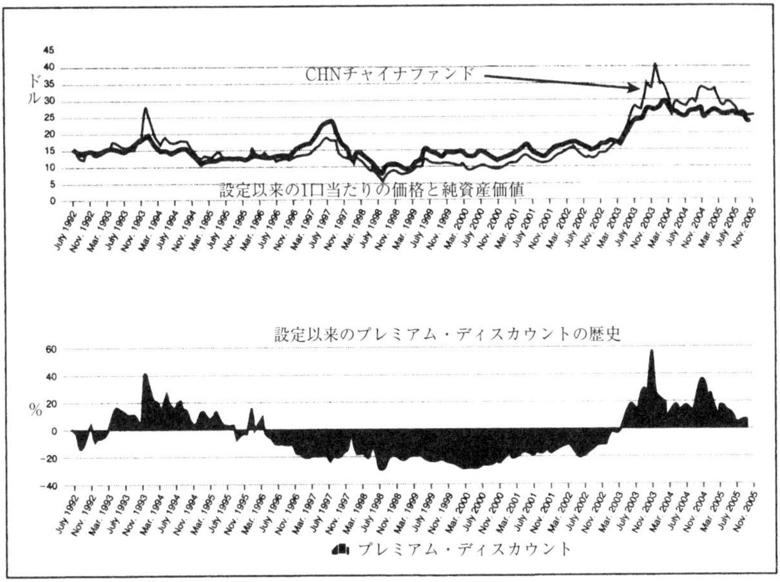

幅を上回っていることや、同じ地域に投資しているほかの投資信託の平均ディスカウント率を超えているものを探している。

もう一度**図10.2**のチャイナファンドに高いプレミアムが付いてい

る時期をよく観察してみよう。ファンドの純資産価値の変化は緩やかなのに、大衆の熱意が少し収まったとたん価格が急落している様子に注目してほしい。また、大幅なディスカウントによって価格が低い水準まで下がっているところは、このファンドの素晴らしい買いのチャンスを示している。

このようなプレミアムとディスカウントの変動は国際的なクローズドエンド型投資信託ではよく見られる。特に、新興国や発展途上国にかかわるファンドは、オープンエンド型のほうがクローズドエンド型より少ないこともあって、よく見られる。もし有利なディスカウント率で買えないときは、購入をやめるか、クローズドエンド型投資信託以外の方法で購入したほうがよい。

繰り返しになるが、重要なポイントなのでもう一度書いておく。国際的なクローズドエンド型投資信託のプレミアムやディスカウントの関係はときどき起こる特別なチャンスではあるが、全体として見たとき外国投資で安定したパフォーマンスを上げるには、ETFやオープンエンド型投資信託を利用したほうがよい。

外国株の投資信託やETFはいつ投資すべきか

ほぼすべての分散型の株式ポートフォリオには、必ず外国株の投資信託を組み込むべきだろう。この部分は次のような条件が整ったとき、最高のパフォーマンスを上げてくれる。

- 世界中の金利が低下しそうなとき
- 外国の通貨が米ドルより強含んでいるとき
- アメリカの株式市場が強含んでいるとき

最後のポイントは逆に聞こえるかもしれない。アメリカの株が高パフォーマンスを上げているときに、なぜ外国株を買わなければならないのだろう。

実際、外国とアメリカの株価動向に相関性があることは間違いない。アメリカの株が力強く上げたあとに外国の市場、特にヨーロッパがそれに続くことは多い。

2003年と2004年に当局が介入するまでは、短期の国際的なトレーダーにとってアメリカ市場が平均以上上昇した日にヨーロッパの投資信託を終値で買うという戦略がよく使われていた。ヨーロッパ市場はアメリカ市場が終わる前にすでに終了しているため、ヨーロッパの終値で買っておけばそのままアメリカの取引終了まで上昇していく。そして、アメリカが堅調なら翌日の外国市場も上がる可能性が高いため、翌日売り抜ければ低リスクで儲けることができる。

しかし、当局は投機家がアメリカと外国市場の日々の相関性を利用するオープンエンド型投資信託の継続的なスキャルピングを禁止した。ちなみに、クローズドエンド型投資信託に関してはこのような制限はない。

一般的に言って、アメリカの株式市場が堅調なときは、保有している外国株のパフォーマンスもほぼ間違いなく良くなるだろう。

どの外国ファンドを買うか

もし第２章「勝利を呼ぶポートフォリオの構築」で紹介した方法で強い投資信託を選べば、おそらくうまくいくだろう。外国の投資信託もよく観察して、前四半期にパフォーマンスのランクが高いものを選び、パフォーマンスがトップ10％から外れるまで保有し、外れたら新しくトップ10％に入った外国のファンドを組み入れればよい。

ポートフォリオに国際的な投資信託と国内の投資信託を合わせて組み入れておき、外国市場のほうが強いときは外国のファンドの割合を多くすることもできる。しかし、分散を考えればポートフォリオの一部は外国投資のためだけに確保しておいて、そのなかのランキングで選択するのもよいかもしれない。

アメリカの株式市場と最も相関性の高い外国の地域

次の国の株式市場はアメリカ市場と高い相関性があり、アメリカ市場と一緒に上下することが多い。

●カナダ
●フランス
●ドイツ
●イタリア
●スペイン
●スイス
●イギリス

次の国の株式市場はアメリカ市場と相関性があるが、そのつながりは上のグループほど強くない。

●アルゼンチン
●ブラジル
●インド
●韓国
●シンガポール
●台湾

次の国の価格はアメリカの株式市場とは独立した動きを見せて

いる。

●オーストラリア
●日本
●ロシア
●タイ
●トルコ

このリストは、2002年10月～2005年10月を対象とするモルガン・スタンレーのリサーチに基づいている。ただし、この関係は時間の経過とともに変化していく。

「クライマックス買い」にご用心！

警告！　どのセクターでも価格がエスカレートして放物線を描き、最後に崩壊するということがよくあるが、急騰の最後は妥当な水準よりはるかに上でほぼ水平になる。
例――1980年には金が１オンス当たり800ドルになり、2000年にはナスダック総合株価指数が5000以上、S&P500も当時の収益の50倍、チャイナファンドは純資産価値を50％以上上回る価格でトレードされていた。

しかし、爆発の最後は反対のスパイクになることが多く、価格は急騰したのと同じくらいの速さで下落して、そのあと何カ月、ときには何年も回復しないこともある。残念ながらレラティブストレングスの数値は強さを保っている間や上昇している間は反転の警告にはあまりならず、非常に高い投機的な水準に到達するまでは分からない。このように垂直に上昇して出来高も極めて高くなり、一般投資家が幅広く参入して多くのメディアもそれを報じたあと反転したスパイクになるパターンは、「クライマックス買い」と呼ばれている。ベアの形の一種であるこのパターンは、不吉な展開を暗示している。

保守的な戦略としては、見通しを持ち続けるということがある。投資のポジションが非常に良い展開になっているときも、それがいつか終わるということを意識しておく。もし同じ時期に周りの多くも同じくらい良い思いをしているようなら、すぐに出口に行かれるよう準備しておく必要がある。

強含んでいる時期はポジションを軽くしておく。もし周りがみんな同じように良い思いをしていて、メディアでも特定の分野への投資を繰り返し勧めたり宣伝したりするようになったときは、楽しい時期も終わりに近いと思っておいたほうがよい。

そして最後に、投資信託ファミリーが投資家の要望に応えて新興セクターのファンドを新たに設定し始めたら、そのセクターがもたらしてきた恩恵の少なくとも一部はなくなったと考えるべきだろう。

このようにみんなが妄想に浸っている時期は、だれも宴が終わることや毎日利益が積み上がっていくのを止めることなど考えたくはないため、ポジションを手仕舞って利食うのは難しいかもしれない。しかし、ここは見通しを持ち続けなければならない。

もちろん、これらのアドバイスは外国株だけでなく、すべての投資に当てはまる。

利息収入と通貨のヘッジと投機を狙った国際的な債券の投資信託への投資

当然ながら、外国のインカム商品に直接投資することは可能だし、何らかのオープンエンド型やクローズドエンド型の国際ファンドやインカムファンドを通じて投資することもできる。

また、大部分の投資家にとっては投資信託を通して外国債券を購入するのが最も簡単で費用も安いが、大口投資家の場合は投資信託の仲介手数料を避けるために直接購入を選ぶ場合もある。アメリカの債券投資なら直接購入を勧めるが、外国債券はその分野に特化した投資信託に比べて流動性が低いし情報も少ない。そして、外国のインカム投資の場合、通貨関係がリスクとリターンに大きく影響するということもある。

オープンエンド型国際投資信託への投資

外国のインカムファンドやグローバル・インカムファンド（アメリカとそれ以外の国をブレンドしてある）に投資するオープンエンド型投資信託は多数ある。この種のファンドは例えばオッペンハイマー、メインステイ、テンプルトン、エバーグリーン、ルーミス・セイレス、メリルリンチなど、投資信託の運用会社がスポンサーになっている場合が多い。

国際的な債券ファンドは、大きく分けると２種類ある。ひとつは価格と信用の安定性を重視するタイプで、もうひとつは最大利回りとキャピタルゲインを追求するタイプだ。前者は通常、先進国や信用格付けの高い国や会社が発行した債券に投資する。利回りは、アメリカの債券ファンドや信用格付けが同水準のものより高いこともあれば低いこともある。

高格付けの国際的な債券ファンド

エバーグリーン・インターナショナル・ボンドファンドＩの2005年

末の12カ月の利回りは、わずか4.6％で、10年物Tノートとほぼ同水準だった。このファンドが当時最も多く保有していた４つの国は、フランス、スウェーデン、イギリス、アメリカで、トップ10のポジションのうちヨーロッパが８つ、残りはオーストラリアとアメリカだった。

ルーミス・スタイルズ・グローバル・ボンド・インスティチューショナル・ファンドで保有している債券の割合はアメリカが最高（36.3％）で、その次にドイツ、イギリスと続いている。また、政府保証がついた債券がポートフォリオの51.5％を占め、保有債券の平均格付けはAAと非常に高くなっている。しかし、2005年末の時点で、このファンドの12カ月の利回りはわずか3.0％だった。

低格付けの国際的な債券ファンド

反対に、モルガン・スタンレー・インスティチューショナル・エマージング・マーケット・デットAファンドの平均的な格付けはわずかBBだが（投資適格未満）、この12カ月の利回りは6.0％になっている。このなかで2005年末にもっとも大きなポジションを占めていたのが、メキシコ、ロシア、ブラジルで、これは当時の典型的な新興市場の債券ファンドの内容だった。ただ、利回りの高さは魅力的だが、投資家はこのファンドが1998年に40％近く下落し、2002年も20％以上下落したという過去のリスクも知っていた（このファンドは2003年には30％近く上昇するなど、リスクを相殺するようなリワードが得られたこともある）。

クローズドエンド型債券ファンド

モルガン・スタンレー・エマージング・マーケット・デット・ファンド（シンボルはMSD）は、レバレッジを使って高利回りを狙う典型的なクローズドエンド型国際ファンドの代表格と言ってよいだろう。2005年12月に、このファンドは純資産価値から5.52％ディスカウントされてトレードされており（１口当たりの純資産価値が11.06ドルに対して、価格は10.45ドルだった）、配当は先のファンドを上回る7.93％だった。もう予想がついたかもしれないが、このファンドの保有資産は64％以上が投資適格未満で、ポートフォリオ全体の平均格付けはＢと、投資適格の最低水準であるBBBを大きく下回っていた。

このファンドのディスカウント率は当時のこの区分のなかでは低めだった。このタイプのクローズドエンド型債券ファンドはボラティリティが非常に高く、一般金利の変動（金利が上がればファンドの価格は下がる）や、通貨の関係（ドルが上がれば外国のインカムファンドは弱含む）や、国際的な出来事によってときどき大きくスイングする。このファンドの保有資産トップ10のなかには、ロシア、ブラジル、フィリピン、ボリビアなど、最も安定した政府とは必ずしも言えない国の国債も含まれている。

リスクと潜在リワードをバランスさせる

保守的な投資家も、さまざまな分散の意味を込めて高格付けの国際的な債券ファンドに投資する。このなかには、米ドルの低下をヘッジしたり、外国債の利回りが良いときはインカム収入を増やしたり、分散のためアメリカ以外の経済に投資したりするなどの目的がある。

外国の高格付けインカムファンドを買うなら、長期金利がピークを付けて下降に転じそうな時期や、米ドルがピークから下降に転じそうな時期が最高のタイミングとなる。

低格付けの外国ファンド（たいていは新興市場にかかわっている）は、特定の国が強含むことが予想されるとき、その国の株式ファンドの代替商品として利用できる。例えば、もしメキシコ経済の成長率が上がりそうならボラティリティの大きいメキシコの株式市場よりもこの国の債券に投資している投資信託を買ったほうが良い場合もある。こうすることで、キャピタルゲインのチャンスは減るかもしれないが、安定したインカム収入を得ることができるし、経済が信頼を得て債券の格付けが上がればキャピタルゲインの可能性も出てくる。また、メキシコ経済が発展すれば、リスクも低くなっていく。

クローズドエンド型債券ファンドは、レバレッジを使うことによる特別のリスクに加えて、保有資産にも投機的なものが多い。外国政府の大部分は、彼らの債務契約を履行するが、ブラジルやフィリピンの債務はイギリスやアメリカの債務とは質が違う。それらを考慮すれば、多くの国際的なクローズドエンド型債券ファンドが安全なインカム手段より高いリターンになる可能性はあるが、かなりのリスクもある。

これらのファンドは、信用市場や通貨市場を綿密に観察して難しいトレード判断を下し、チャンスを生かす意欲がある積極的な投資家に向いている。金利と通貨のトレンドを正しく見極めることでリワードを得るのは刺激的かもしれないが、高リスクを十分考慮して許容範囲を超える投資は避けなければならない。

通貨関係と外国債券の評価

通貨トレンドと国際的な債券ファンドの評価については先述したが、その関連についてはまだ説明していない。

仮に、1万米ドルでイギリスポンド建てのイギリスの債券を買いたいとする。もしこのとき為替レートが1ポンド当たり1.50米ドルなら、1万ドルは6667ポンドと交換できる。購入予定の債券が1枚当たり1000ポンドだとしたら、1万米ドルでイギリスの債券を6.67枚買えることになる。

ここで、イギリスポンドの価値が1ポンド＝2米ドルに上がったとしよう。ほかの条件は変わらないものとしてこの時点で売ると、6.67枚の債券の代金である6667ポンドは１万3340米ドルになる。現地通貨で債券の価値が上がったわけではないのに、米ドルの投資額で見れば33.4％の利益が出たのである（四捨五入）。

反対に、もしほかの条件が変わらずにポンドが1.50ドルから１ドルに下がったら、損失になることは簡単に分かるだろう。また、債券の価値は上昇しても、売却代金を米ドルに交換するときに損失が出るケースだって十分あり得る。

通貨関係は、外国投資では非常に重要な要素で、もし国際的な処理をタイミングよく行うことができれば、みんなよりずっと優位に立つことができる。

通貨の分散はそれ自体が有用な戦略になる

アメリカ人は、小さい国が隣接するヨーロッパの人たちほど通貨関係に慣れていない。

通貨トレードは、先物市場で経済の比較評価を使った極めてテクニカルな短期トレードや長期トレードにレバレッジを多用した高リスクの戦略などでは積極的に行われているが、いずれにしてもこの分野は専門家に任せておいたほうがよいだろう。

アメリカの投資家が、ほかの通貨よりもドルが弱含むことによるリスクを減らす方法として、外国通貨建ての債券などの購入資金を別途保管しておくという方法もある。これまで見てきたとおり、経済大国の高格付け債券に投資しておけば、信用と通貨のリスクを大幅に削減することができる。

理論的に言えば、外国の資本は金利が最も高いところに流れていく。ただ、アメリカの金利がかなり低くても、ＴビルやＴノートを買う外国人はたくさんいて、これにはさまざまな理由がある。米国債の大部分は外国の個人投資家と外国政府が保有しているが、この一部は外国で生産された製品をアメリカの消費者が購入していることに対する埋め合わせになっている。

外国のチャンスに対する最高のアプローチ

外国投資にはさまざまなチャンスと方法があるが、昔からそうだったわけではない。そして、21世紀に向かうなかで経済力は古くからのヨーロッパやアメリカ、日本、韓国などから、南米、ヨーロッパ、アジア、そしてもしかしたらアフリカまで含む新しい新興国へと広がりつつある。

外国への投資は、分散型ポートフォリオの重要な一部として機能しており、一般投資家が外国の市場に興味を示していない時期は増やしたり、投機の対象になっている時期は減らしたりするなど、状況に合わせて調整してほしい。

最後に３つの大胆な予測

カナダとニュージーランドとオーストラリアには長期的に平均以上の成長が期待できる。

中国の経済と生産能力は急速に伸びているが、成長率と利益率は別だ。中国向けの投資には、定期的に調整があることを知っておき、このような時期（楽観的な時期ではなく）にポジションを建てるようにしてほしい。

ただ、安定的に成長していくのは、中国や日本が製造を行うために必要となる素材や商品を提供できる国なのである。木材、石油、石炭などの素材を中国などの国に提供しているカナダの経済的地位は大きく上がったように見える。さらにカナダは、安定した民主主義政府があり、広い国土を持ちながら人口は少ない。これこそ素晴らしい可能性を秘めた国であり、直近の利益を考慮しつつ投資すべきだろう。

イギリスとほぼ同じ面積に約400万人しか住んでいないニュージーランドは、世界中（特に極東）に羊毛、食肉、木材を供給している。この国の通貨は2005年半ばまで米ドルに対して強かったが、そのあとはドルが強くなって力関係が逆転した。また、ニュージーランドの短期国債の利回りは同様の米国債より利回りが高かったが、通貨リスクがあることと、ニュージーランドの債券を購入するには複雑な手続きが必要になる（とくに小口投資家にとっては）という難点もある。それでもこの国は商品を基盤とした経済によって安定しており、長期的な成長が期待できる。

オーストラリアも人口に対して大きな陸地を持ち、安定した政府と相当量の天然資源を持っていて、世界中に資源や商品を供給している。

ニュージーランドやオーストラリアの株式投資は、ｉシェアーズMSCIパシフィック・エックスジャパン・インデックス・ファンド（シンボルはEPP）というETFを通じて間接的に行うこともできる。このファンドはオーストラリア、シンガポール、香港、ニュージーランドなどの企業に投資していて2001年10月の設定以来４年間で年率22.5％のリターンを上げていた（新規ETFとしては素晴らしいスタート）。ただ、オーストラリアとそれより比重の小さいニュージーランドに投資できる反面、ほかの国も含まれていることを甘受しなければならない。

ETFとクローズドエンド型投資信託に関する情報源としてすでに紹介したETFコネクト（http://www.etfconnect.com/）には、

外国に投資しているETFとクローズドエンド型投資信託に関する情報も、ポートフォリオの内容を含めて詳しく載っている。ETFは次々と新規のものが設定されているため、このサイトで最新の情報をチェックしておくとよい。

次はアメリカ国内の商品投資と、インフレ時にも資産価値を維持し増やしていくための手段について見ていこう。

第11章

クローズドエンド型投資信託を最大限利用する

How to Get the Most from Closed-End Mutual Fund

投資信託と聞くと、フィデリティ・マゼランやバンガードS&P500インデックスファンドなどを思い浮かべる場合が多いと思う。これらはオープンエンド型投資信託（または単に投資信託と呼ばれている）で、３つあるファンド会社のクラスの１つに当たる。あとの２つはクローズドエンド型とユニット型投資信託で、３つのクラスには共通点もあるが違いもある。まずはその違いから見ていこう。

オープンエンド型投資信託

オープンエンド型投資信託では、投資会社がファンド保有者から集めた資金を、目論見書に記載された目的と戦略に沿ってさまざまな投資を行っていく。

ファンドを売却した資金は株、債券、マネーマーケットなどファンドの方針に合ったところに投資される。投資家は、オープンエンド型投資信託を買うとファンドの受益証券を受け取り、ファンドが投資している資産を間接的に保有することになる。

大部分のオープンエンド型投資信託では、ポートフォリオマネジャーがマーケットタイミングや銘柄・セクターの選択など「マーケットを打ち負かす」ための戦略を駆使して積極的な運用を行っている。ポートフォリオは時間の経過とともに変化していくが、その頻度はポートフォリオマネジャーの投資スタイルによって違ってくる。

手数料や違約金などがかかる場合はあるが、ファンドは取引時間の終わりにほぼいつでも自分の持分を投資会社に償還（売却）することができる。償還されるのはファンド１口当たりの「純資産価値」に相当する金額（ファンドの総資産を発行済口数で割った金額）で、これはファンドが毎日算出している。売却された受益権は、また純資産価値の金額で新規顧客に売却されるため、原則として同じ日の売り手と買い手は同じ金額で売買を行うことになる（別途、取引手数料などがかかることはある）。

受益証券の口数が一定ではないオープンエンド型投資信託は、買い手の需要に応えるために口数を増やしたり、償還が購入を上回るときには口数を減らしたりすることもできる。オープンエンド型投資信託のトレードは、ファンド保有者間のトレードも可能だが、大部分は保有者とファンド会社の間で行われている。

キーポイント

- オープンエンド型投資信託の受益証券口数は一定ではない。ファンドの口数は新規保有者用に増やしたり、償還された分を減らしたりすることもできる。
- ファンドのトレードは大部分が保有者と運用会社間で行われ、通常は一定の価格で取引される。保有者間の取引も可能ではあるが、ファンド会社の許可が必要な場合もある。
- オープンエンド型投資信託は取引時間中でも売買できるが、価格はその日の取引が終了してから保有資産の純資産価値に基づいて決定される。ファンド１口当たりの純資産価値は、ファンドの保有資産の総額を発行口数で割って算出する。

●オープンエンド型投資信託は積極的な運用されている場合が多い。ファンドマネジャーは、バイ・アンド・ホールドのパフォーマンスを超えるためにさまざまな工夫を凝らしている。

オープンエンド型投資信託は投資会社が提供する最も一般的なファンドの形態で、フィデリティ、T・ロウ・プライス、バンガードなどが運用しているファンドの大部分もこれに当たる。

ユニット型投資信託

ユニット型投資信託（ユニット投信）は、SECに登録した会社が利息収入を生む証券を買って一定のポートフォリオとして維持していくために設定した単位型の投信で、その受益証券が投資家に販売される。

積極的な運用の投資信託が一定の満期日を設定していないのに対し、ユニット投信はポートフォリオごとに満期日が設定されている。満期を迎えると、資産は清算されて代金は投信の保有者に分配される。運用期間中の配当とキャピタルゲインも保有者に分配されるが、これは再投資して追加口数を受け取ることもできる。

ユニット投信は流通市場でもトレードされている（保有者と買い手間のトレードで、価格は交渉によって決まるため、必ずしも純資産価値と同じになるわけではない）。さらに、ユニット投信を設定し、運用している投資会社は、投資家の要望があれば純資産価値で買い戻す義務がある。ユニット投信を設定した委託会社は、流動性を確保するために流通市場を維持している。

キーポイント

●ユニット投信のポートフォリオは運用期間中の入れ替えは行わない。

●これらのファンドの発行済み受益証券は保有者と発行会社の間で、通常は純資産価値でトレードされる。
●流通市場におけるユニット投信のトレードは買い手と売り手の間の交渉によって価格が決まるため、必ずしも純資産価値と同じにはならない。

ユニット投信の構成は、免税債の投資家の間ではよく知られている。例えば、単独の州が発行する免税債のポートフォリオに特化したヌビーン・インベストメントなどもユニット投信を設定している。これらの投信の利息収入は投信が投資している州に居住していれば収税も連邦税も免除されるようになっている。

積極的な運用を行わないユニット投信は、マネジメント費用が低いことも魅力のひとつになっている。

クローズドエンド型投資信託

クローズドエンド型投資信託は、オープンエンド型投資信託と多くの共通点がある。例えば、ポートフォリオはファンドの目的に従って積極的に運用されている。一般的に、クローズドエンド型のほうが典型的なオープンエンド型より積極的に運用されているだけでなく、高リターンを目指してレバレッジもかけている（その分リスクも高い）。

クローズドエンド型投資信託は新規公開ファンド（IPO）として一定の株数が発行され、そのあとは証券取引所や店頭で株主間の売買が行われる（ファンド会社と売買することはない）。これは、見方によってはオープンエンド型のファンドより株式に近いとも言える。

IPO後に売買される株の価格は、マーケットの力関係によって変わり、純資産価値より高くなることもあれば（プレミアム）安くなることもある（ディスカウント）。株のトレードは取引終了時だけでなく、日中も行われている。

キーポイント

- クローズドエンド型投資信託が発行する受益証券の口数は決まっている。
- 価格は売り手と買い手の交渉で決まるため、必ずしも純資産価値と同じになるわけではない。
- トレーディングはさまざまな証券取引所で取引時間内を通して行うことができる。

クローズドエンド型投資信託の世界はオープンエンド型の世界よりかなり小さいが、２つのタイプの構造の違いはクローズドエンド型投資信託の投資家にとって特別なチャンスをもたらすこともある。

クローズドエンド型とオープンエンド型の投資信託

オープンエンド型投資信託（または単に投資信託）は、追加の受益証券を継続的に販売しているものが多いが、クローズドエンド型のファンド会社は設定時に一定数の口数を規定し、新規に一般公募する。

投資家が投資信託を売買するときの取引相手はその投資信託自体になる。購入したり売却（償還）したりする受益証券の価格はファンドの純資産価値と同額で、ファンドの持分に応じた資産額ということになる(購入手数料や償還手数料は別途かかる)。一方、クローズドエンド型投資信託には償還義務がなく、口数は一定に保たれている。クローズドエンド型投資信託の価格は売り手と買い手の交渉によって決まるため、純資産価値より高くなることもあれば（プレミアム）安くなることもある（ディスカウント）。

オープンエンド型投資信託の売買は取引時間中に行うことができるが、価格は取引終了後に純資産価値が算出されてから決まり、買い手も売り手もすべて純資産価値で取引を行う。クローズドエンド型投資信託は取引時間中もトレードできるが、価格は買い手と売り手の交渉によって決まる。

１ドルの価値がある株や債券をわずか85セントで買う方法

ニューヨーク証券取引所など、各地の取引所や店頭でトレードされているクローズドエンド型投資信託には、さまざまな形態やサイズのものがある。ブラジルからアジア、マレーシア、インド、ドイツ、そしてその間にある国々まで、ほとんどどこでもクローズドエンド型投資信託を通じて株や債券に投資することができるようになっている。もちろんアメリカ国内の株や債券へも投資できる。

繰り返しになるが、クローズドエンド型投資信託はIPOが終わると、ファンドを保有していて売りたい投資家からしか買うことができないし、売るときも（ファンド会社ではなく）これを買いたい投資家にしか売ることができない。

このことはクローズドエンド型とオープンエンド型投資信託の大きな違いになっている。クローズドエンド型は取引時間中いつでも清算できるうえ、買うときに純資産価値から大きくディスカウントされていることもあるし、売るときに純資産価値を上回ることもある。

また、クローズドエンド型投資信託にはブローカーの手数料や売買スプレッドがかかるが、償還手数料やトレードに関する制限はない。大部分のファンドは、少なくとも典型的な個人投資家にとっては十分な流動性がある。

クローズドエンド型投資信託の純資産価値と実際のトレード価格の関係はマーケットの状態や一般投資家の気分（楽観的か悲観的か）によって変わる。例えば、2005年９月に、中国やインドに投資している一部のクローズドエンド型投資信託には純資産価値にプレミアムがつくようになった。この時期、原資産100ドルに対して、買い手は120ドル以上支払っていたのである。

その一方で、保有債券の実際の価値より15％もディスカウントされてトレードされているクローズドエンド型債券ファンドもあり、エネルギー関連のクローズドエンド型投資信託も10％以上ディスカウントされていた。

ディスカウントはチャンス

典型的なクローズドエンド型投資信託は何らかのディスカウント（平均５～７％）でトレードされていることが多い。オープンエンド型投資信託は純資産価値でトレードされるのに、なぜクローズドエンド型はディスカウントされてしまうのだろう。

これにはいくつも理由があるが、株式や債券を現物で所有することを考えれば、このほうが純資産価値で取引されるオープンエンド型投資信託より現実的と言える。

債券ファンドのところでも述べたことだが、これらのファンドの不利な点のひとつに、投資家が受け取る実際のリターンを減らす運用手数料の存在がある。債券の投資信託（オープンエンド型でもクローズドエンド型でも）の保有者は、保有する債券の利息をすべて受け取るわけではないが、このことはオープンエンド型投資信託の価格には反映されていない（ただ、実際にはもしオープンエンド型投資信託の保有者が一斉に償還を希望したら、すべての保有者に持分に応じた純資産価値を支払うことはできないだろう)。

クローズドエンド型投資信託も同じデメリットを抱えている。運用手数料が保有する株や債券からの利益（特に債券の利息）を侵食してしまうからだ。しかし、クローズドエンド型は通常いくらかディスカウントされて売られているため、買い手の不利は部分的に軽減される。つまり、クローズドエンド型債券ファンドが通常５～７％ディスカウントされていても、その分すべてが割安になっているわけではないのである。

特に割安のものを探す

ただ、もし債券ファンドが例えば原資産の20％のディスカウントになっているとしたら、それはどういう状態なのだろう。さらに、調べてみると同じファンドはこれまで何年間も６％程度のディスカウント率だったことが分かったが、マーケットを全般的に見ても債券のポジションを建てるのにそれほど不利な状態だとは思えない。

このような状態はチャンスなのだ！

ディスカウント率は平常に向かう傾向がある。特に債券ファンドの場合は。

アメリカ国内外の株式に投資するクローズドエンド型投資信託のなかには、長期的なプレミアムやディスカウントが、ときには何年も続いているものもある。そこで、現在のディスカウントやプレミアムのレベルをこれまでの通常レベルと比較するのも良い戦略になる。マーケットが下落するとマーケットに悲観的な見方が広がり、投資信託が大幅に売られるとクローズドエンド型の株式ファンドは純資産価値を通常より大きく割り込む。ディスカウント状況を観察していると、マーケットが下げたあとには株関連の資産を本当に安く買うチャンスが多くあることが分かる。このようなディスカウント幅は株式市場の回復とともにすぐに縮まるうえ、株価回復によって追加的な利益ももたらしてくれる。

実際、クローズドエンド型株式投資信託が通常以上のディスカウントになっているということは、株式市場に過度の悲観的見方が広がっていることを示しているため、それ自体は良いサインと言える（「メディア指標」を思い出してほしい）。

クローズドエンド型債券ファンドは、クローズドエンド型株式ファンドより比較的短期間でプレミアムやディスカウントの状態から通常レベルに戻るが、それでも数日から数週間というよりは数カ月から１年程度はかかる。このことをどうすればチャンスにできるのだろう。

仮に、いくつかの債券ファンドを組み込んだクローズドエンド型債券ファンドがあり、組み込んだファンドの平均利回りが６％（手数料差し引き後）で純資産価値が１口当たり10ドルだとする。通常、このファンドが資産価値の６％ディスカウントされて9.40ドル程度でトレードされているとすると、新しくこのファンドを（純資産価値の10ドルではなく）9.40ドルで買えば、年間利息である１口当たり0.60ドルは6.38％になる。

ここで金利に対して悲観的な時期に入り、ファンドが純資産価値の10ドルから16％ディスカウントされて１口当たり8.40ドルになったとする。すると、１口当たり0.60ドルの利息収入は経費別で7.14％の利回りになるため、ディスカウント幅が拡大する前と比べて約11.9％も上昇する。

利息収入が6.38％ではなく7.14％になるということは、これ自体がメリットと言えるが、実はそれだけではない！　債券ファンドの価格は、マーケットが安定してくると通常のディスカウント率である６％、つまり9.40ドルに戻る傾向がある。もし１年で戻せば、買値の8.40から1.00ドル（11.9％）上昇する分のリターンも合わせて約１年間は＋19.05％の利益を確保できる（利息0.60ドル＋価格上昇分1.00ドル＝リターン1.60ドル、1.60ドル÷買値8.40ドル＝19.05％）。

経験豊富な債券ファンドの投資家は、ディスカウントが大きくなると年間6.38％の利払い配当のファンドが、資産価値は変わらないのにトータルリターンは19％以上になることを知っているのだ。

仮に16％のディスカウント幅が平常レベルの６％に戻るのに２年かかり、最初の年に半分回復し、翌年に残りの半分を回復したとしよう。ファンドの価格は１年目は8.40ドルから8.90ドルに上がり、価格上昇分の0.50ドルと利息配当の0.60ドルで合計リターンは1.10ドルまたは13.1％になる（ここでは原資産の価値が変わらず、一貫して6.38％の利払いが行われるものとする）。

最初の例では、通常以上のディスカウントが、リターンをファンドの利払いの３倍近くまで押し上げるチャンスになっていた。その次の例でも、通常以上のディスカウントによってリターンが約２倍になった。

純資産価値に対する平均以上のディスカウントは安全性も利益チャンスも向上する

しかし、先の例のようにディスカウント幅が通常の６％から16％まで大幅に広がっていれば、価格がさらに下落したとしてもすでにクッションができている。

純資産価値をすでに大きくディスカウントされた価格のクローズドエンド型投資信託の価格のほうが、ディスカウント率が平均以下（特にプレミアムがついている場合）のものより価格は安定している。このことは、外国債や低格付け債、株式関連のファンドなどにも該当するが、高格付けの社債、国債、地方債に投資するクローズドエンド型

図11.1　NQNヌビーン・ニューヨーク・インベストメント・クオリティ・ミュニシパル・ファンド

このファンドは、これまで価格が純資産価値の約8～9%以下に下がったとき非常に良い買い場になってきた。ディスカウント率がこの大きさになったのは、1994年と2000年と2004年で、どれもポジションを増すには素晴らしい時期だった。反対に、1997年と1999年の高プレミアムの時期はこのファンドを保有するには危険な時期だった

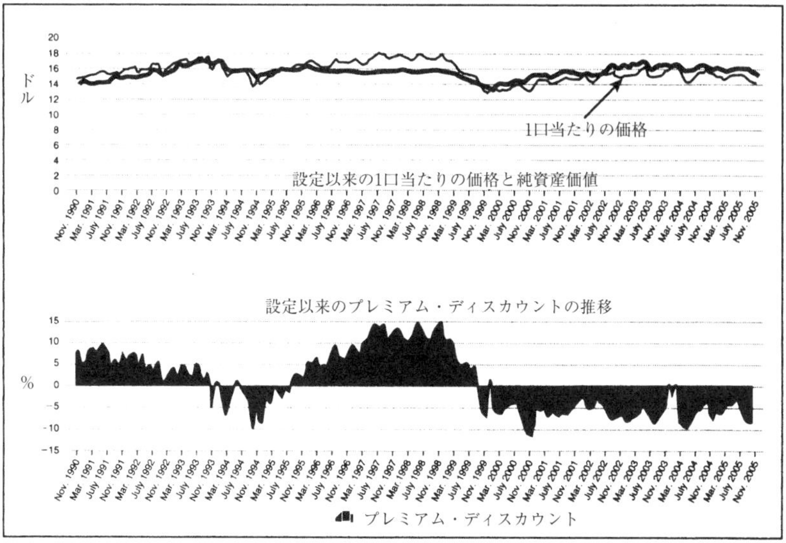

投資信託に関しては特に言える。

図11.1と**図11.2**は、プレミアムとディスカウントの関係が変化した高格付け債ファンドの典型的な価格パターンを示している。

プレミアムとディスカウントの関係を利用する

1. クローズドエンド型投資信託の世界を知る。この種のファンドは2005年の時点で600以上あり、さまざまな地域や目的のものが

図11.2　MUOパイオニア・インタレスト・シェアーズ

このファンドは、これまで価格が純資産価値の約10％以上ディスカウントになっているときが非常に良い買い場になってきた。このような買いのチャンスは1981年、1990年、1994年、1999年に起こっている。また、プレミアムが9％の水準まで近づいた年（1985年、1987年、1992年、1997年）は結果的にファンドの価格が下落する前兆になっている

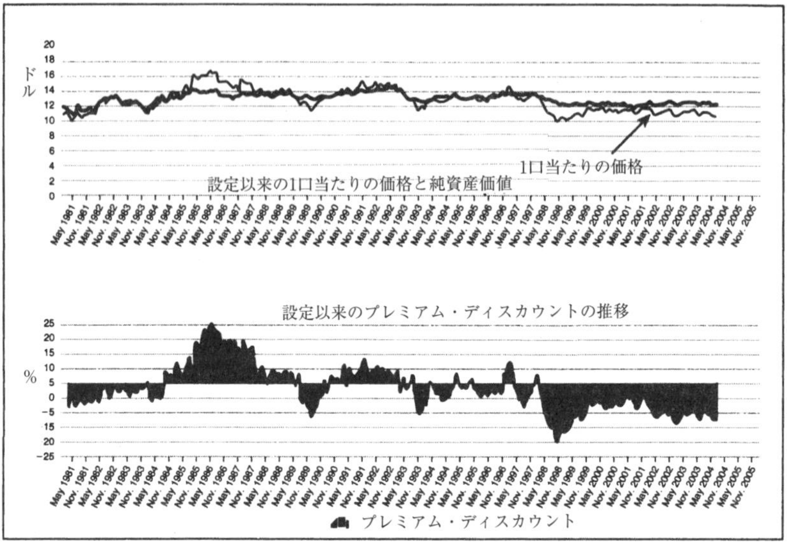

設定されている。クローズドエンド・ファンド・アソシエーション（http://www.cefa.com/）とETFコネクト（http://www.etfconnect.com/）は、プレミアムとディスカウントの関係などを含むクローズドエンド型投資信託の世界に関する優れた情報源になっている。バロンズ紙もクローズドエンド型投資信託に関する役立つ情報を広範囲にわたって提供しているし、ウエブサイトも参考になる情報が数多くある（「クローズドエンド型投資信託」で検索してみるとよい）。

2．クローズドエンド型投資信託のなかから純資産価値に対してプレミアムが通常より高くなっているもの（買わないようにするため）

と、ディスカウント率が通常より大きくなっているもの（買いの候補）を探す。

3．これまで学んだツールを使って、これらのファンドをポートフォリオに組み込む。例えば、通常よりもディスカウント率が大きいクローズドエンド型投資信託は、セクターで分散したポートフォリオの候補になる。クローズドエンド型投資信託は、レラティブストレングスの十分位で１番目にランクされている可能性があり、その場合はもしディスカウント率も大きければさらなる買いの理由になる。国際的な投資家には、外国のクローズドエンド型投資信託にもさまざまな選択肢がある。このなかからプレミアムとディスカウントの関係が有利で、優れたパフォーマンスのものを選ぶと良い。

4．保有資産のなかに純資産価値と比べてプレミアムになっているものがないかを、売りサインとして警戒しておく。プレミアムがついているクローズドエンド型投資信託は、マーケットが下降に転じると純資産価値より価格が下がることが多い。ただ、プレミアムがついていること自体が売る理由ではない。

これを使えば、クローズドエンド型投資信託同士や株式市場との比較を簡単に行うことができる。

警告

理由はともあれ、クローズドエンド型投資信託を全体として見ると、好調のオープンエンド型投資信託ほどのパフォーマンスを上げていないように見えるし、もしかしたら平均的なオープンエンド型投資信託にすら追いついていないかもしれない。しかし、

クローズドエンド型投資信託のいくつかはどう見ても非常に高パフォーマンスを上げている。これらの投資信託はバロンズ紙などに掲載されているリストを見ていれば分かる。

ディスカウント率が大きいという理由だけでファンドを購入してはならない（ただ、高格付け債ファンドは長期的な平均を超えたディスカウント率のときに高パフォーマンスを上げる傾向があることも事実だ）。

株や債券や株式投資信託を購入する前に、クローズドエンド型投資信託のなかでパフォーマンスが高いうえに、ディスカウントとプレミアムの関係が有利なものがないか探してみるとよい。

購入者への警告（買いの注意点）

新規公募のクローズドエンド型投資信託を買っても、ほとんど得るものはない！

前述のとおり、クローズドエンド型投資信託は最初はIPO（新規発行）として一般に公募される。

新規に設定されたクローズドエンド型投資信託では、規定の口数を投資家向けに公募する。仮に最初の価格を１口当たり10ドルに設定したら、その価格で投資家に販売し、代金は投資資産の購入に充てられる。販売は通常ブローカーが行い、販売手数料は含まれていないと言って顧客に購入を勧める。

ここまでは良い。経験豊富なファンドマネジャーが株や債券やファンド特有の対象に賢く分散して投資してくれることを期待して、投資家は１口当たり10ドルを投入する。それに、手数料もないというのだからさらに良い。

ただ、ブローカーにとってIPOの販売手数料がほかのどの商品

より高いということは、顧客には知らされていない。一般的に、証券を新規発行するとき、企業はブローカーにIPOの宣伝と販売の手数料として、売却代金の約５％を支払っている。

この手数料は販売代金から捻出される。つまり、新規発行の証券を1000ドルで購入すれば、そのうちの50ドルはブローカーにわたり、投資に充てられる資金は950ドルしか残らない。これは1000ドルの投資のつもりでも、実際には新しいクローズドエンド型投資信託の純資産価値に5.26％のプレミアム（販売価格の1000ドル÷資産価値の950ドル＝1.0526）を付けた価格だったということで、最初からハンディキャップを負っていることは間違いない。

また、クローズドエンド型投資信託のIPOの価格は、公募のあと設定時の５％程度のプレミアムからある程度のディスカウントになるまで下落することのほうが多い。マーケットの状態が極めて良く、ほかに代わりとなる良い投資先がないかぎり、クローズドエンド型投資信託のIPOは避けたほうがよい。

レバレッジによってチャンスは高まるが、ボラティリティとリスクもまた高まる

IPOにかかわるリスクや、株、債券の一般的なリスクのほかに、クローズドエンド型債券ファンドでは、この分野でよく使われている運用方法がさらなるリスクにつながっている。

ひとつは顧客を引き付け、つなぎとめるために、クローズドエンド型債券ファンドではレバレッジを使って利回りを上げ、潜在利益を最大にしようとしている。例えば、クローズドエンド型債券ファンドでは全般的に短期金利で資金を借り入れて利率の高い長期債に投資するということがよく行われている。

このように借り入れた資金で建てたポジションは債券の信用買いに当たり、長期債市場が上昇すれば利率が上がったりキャピタルゲインを得られたりする可能性はある。しかし、債券購入のために借り入れた資金のコストは投資信託の追加経費であり、購入した資産も上昇するか（追加利益）下落するか（追加損失）は分からない。

クローズドエンド型インカムファンドは、オープンエンド型のものよりボラティリティが高いことが多いうえ、価格も安定しておらず、すべての投資家に向いているとは言い難い。同様に、クローズドエンド型株式ファンド（レバレッジを使っている場合もある）もオープンエンド型よりボラティリティが高いことが多い。

これらすべてを考慮すると、クローズドエンド型投資信託は、リスクを許容できる積極的な投資家に特別なチャンスをもたらす商品ではあるが、同時に特別なリスクもはらんでいる。

高パフォーマンスのクローズドエンド型投資信託

バロンズ紙（2005年９月12日号）のデータを基にした**表11.1**に、一般投資家が購入できるクローズドエンド型投資信託の一部を紹介してある。

また、債券ファンドにはトータルリターンの代わりに過去12カ月の利回りが記してある。

株式ファンドは、対象期間にS&P500のパフォーマンスを上回り、平均以上のディスカウント幅で売られているもの（債券ファンドと同じ条件）を載せてある。ただ、このリストは、特定のクローズドエンド型投資信託を推奨するものではないし、ここに掲載されているパフォーマンスはある時点における瞬間的なものでしかなく、将来のパフォーマンスを暗示するものではない。ただ、クローズドエンド型投資信託の調査を始める出発点として、このリストを利用することはでき

表11.1 代表的なクローズドエンド型の株式ファンドと債券ファンド（2005/9/12、一般的な株式ファンド*）

ファンド名	純資産価値（NAV）	価格	プレミアム ディスカウント	12カ月トータル リターン
ロイズ・フォーカス・トラスト	9.97	9.70	−2.7%	+25.0%
ファースト・トラスト・バリュー・ライン・イボットソン・エクイティ・アロケーション	25.68	22.07	−14.1	+36.6
ゼネラル・アメリカン	40.08	34.80	−13.2	+23.5
特殊なファンド				
コーヘン・アンド・スティアーズ・クオリティ・インカム・リアリティ・ファンド	23.77	20.90	−12.1	+28.8
エバーグリーン・ユティリティ・ハイ・インカム	26.00	23.05	−11.3	+32.8
外国株ファンド				
ヨーロッパファンド	13.04	11.66	−10.6	+29.0
アジア・パシフィック・ファンド	17.78	15.92	−10.5	+19.7
メキシコ	31.14	27.20	−12.7	+62.7
転換社債ファンド				
パトナム・ハイ・インカム・ボンド	8.76	7.85	−10.4	+8.0
TCWコンバーティブル・セキュリティーズ	5.60	5.15	−8.0	+13.8
外国債ファンド				
スカダー・グローバル・ハイ・インカム	9.11	8.18	−10.2	+7.0
ソロモン・グローバル・ハイ・インカム	15.06	13.65	−9.4	+7.6

＊この表はクローズドエンド型投資信託のなかのほんの一部を紹介しているにすぎない。これ以外にも、各州の地方債やそのほかの特殊な債券や株式など、クローズドエンド型投資信託にはさまざまな種類がある

る。

長期金利が全般的に低く、投資家が平均以上の金利を得られる投資先を探していた2005年９月は、高利回りのクローズドエンド型債券ファンドに関心が集まっていたため、ディスカウント率はある程度抑えられていた。通常、金利が上昇して債券価格が下がっているときはクローズドエンド型債券ファンドのディスカウント率が大きくなり、資本はクローズドエンド型投資信託に流入するより流出していくほうが多くなる。

第12章

インフレ——共存するどころかこれを利益につなげる

Inflation — Coexisting and Even Profiting with Inflation

死や税金のように、インフレも常にわれわれと共にある。まあ正確に言えば「常に」ではなく、ときどきかもしれない。そして、景気が悪いときはデフレ（価格の下落）になることもある。

インフレ圧力に対処する戦略について考える前に、「良いインフレ」と「悪いインフレ」の違いを明確にしておこう。

インフレとは何か

インフレは生活費や物価やサービスの価格（贅沢品だけでなく、食料、衣服、住宅、ヘルスケア、教育、燃料などの必需品を含めて）が持続的に上昇することと定義できる。この数十年、物価の上昇と同じかそれ以上の収入を得てきた企業の幹部や高収入のビジネスマンなどはこれにうまく対処できていた。しかし、低収入の人たちは1970年代以降、インフレトレンドに何とか追いつこうと苦労してきた。

インフレの打撃が最も大きいのは退職者だ。一生かけて蓄えてきた資金が毎年購買力を失っていくうえ、寿命の伸びで問題はさらに拡大している。例えば、1979年における100ドルの購買力は、2005年には40ドル以下に下落してしまった。1979年に100ドルで買えたものを2005年に買うためには250ドル必要になるのだ。

インフレのメリット

一般的にはインフレは悪いこととされていて、FRBはインフレに対抗するため頻繁に利上げを行っているように見える。しかし、現実的にはある程度のインフレは経済や一般心理や多くのマーケット（すべてではない）にメリットをもたらしている。

例えば、価格上昇が予想されるときは、個人や会社は経費を先延ばしにせずに即座に使おうとする。逆にデフレで明日の価格のほうが低いと分かっていれば、新規の購入や投資は延期されてビジネスも個人消費も停滞する。インフレには企業の拡大や消費を延期しないで、今、借金をしてでも実行させるという効果がある。

インフレ圧力には、住宅の価値や価格を高め、住宅購入やそのほかの不動産投資を促す効果もある。株式市場は、景気後退とかかわりがあるデフレよりも緩やかなインフレを好む。企業の利益成長（ある意味株価も）は必ずしも本当の成長ではなく、一部はインフレの副産物でもある。

固定資産や利息収入で生活している多くの人たちにとって、「良いインフレ」などないが、退職者でも価格上昇のメリットを受けることはある（投資収入はマネーマーケットの金利上昇とともに増えるし、債券投資家にとって緩やかなインフレは好機だし、株や住宅の価値は統制されたインフレの恩恵を受ける）。

暴走するインフレ

1979年に100ドルだった購買力が2005年に40ドルに下落したことは、見かけほど危険なことではない。これは26年間年率3.5％のインフレがあったということで、長期的に見れば平均より若干高いインフレ率でしかない。この間、株と不動産は平均以上に上昇し、債券も1990年代前半以降は上昇に転じている。

しかし、1970年代から1980年にかけてはインフレが猛威をふるい、暴走が衰え始めた1980年までに価格上昇率は10％代半ばまで急騰し、価格も冬の終わりまで急上昇した。この時期は、インフレの恩恵を大きく受ける金の価格が１オンス当たり800ドルまで上昇したり、米国債の利率が13～15％になったりもしたが、資金力のある投資家にさえ難しい時期だった。

これはドイツ大恐慌でワイマール共和国を崩壊させたり、メキシコを初めとする南米諸国を苦しめたりしたインフレほどではないかもしれないが、「悪いインフレ」と言える。インフレが吹き荒れるとパニックが起こり、富は安全な貯蓄（金）へと逃げ込む。このことは債券価格に大きく影響し、住宅ローンやそのほかのローンの銀行手数料が上がったり、信用買いの証拠金が上がったりすることで、株式市場にマイナスの影響を及ぼす。

悪いインフレに有効な防御策を見つけるのは難しいが、いくつかのステップを踏むことによってインフレの影響を軽減し、弱含んだドルを利用して儲けることすら可能ではある（米ドルの価値を下げる高度のインフレは、アメリカから外国への投資意欲を削ぎ、貿易収支に悪影響を与える）。

ただ、幸いインフレの暴走はそれほど頻繁にあることではない。

インフレの水準を測定する

- **消費者物価指数（CPI）**　ガソリン、食糧、衣服、自動車など、消費者物価とサービスの価格の変化を測定している。
- **生産者物価指数（PPI）**　国内メーカーによる物品とサービスの製造と販売価格を測定した一連の指数

通常、価格水準の比較は、前年比または全四半期比の増減として報告される。

通常、PPIに反映する価格水準の変化は、いずれ消費者物価にも影響を及ぼすことになるが、消費者がしり込みして需要が減ることを恐れ、メーカーや小売店が値上げをできない時期もある。

インフレに対処する

インカム投資――長期で借りて短期で貸す

インフレになると現在のお金（今持っている資金）の価値は将来のお金（将来返済される資金）より高いと考えられるため、この時期の金利は上昇する。これは借り手が現在借りたお金を将来返済するという前提の下で、インフレの間は貸し出しから返済までの期間に予想される購買力の低下を考慮して、貸し手が平常以上の利払いを求めるからだ。

もしインフレの時期に借りる立場ならば、変動金利で利率がインフレとともに上昇するものよりも、固定金利で利率が予想できるものを選ぶ（金利が下がり始めたら、その時点の固定金利よりもさらに低い利率に借り替える）。

もし貸し手かインカム投資家の立場ならば、インフレに連動して変動する短期の債務証書か債券に投資するとよい。長期債はインフレの間も継続して利息を支払い続ける可能性が高いが、さらに高利回りの債券が出てくるため、価格は下落することになる。金やコレクター向けのコイン、宝石、そしてもしかしたら住宅は、高インフレ下に価格が上昇する可能性が高い。しかし、金やコインや宝石のマーケットは典型的な投資家よりも、このような特殊な投資に通じた投資家のための市場と言える。

インフレが暴走している時期の終わりは突然やってくる。反転を感知したら、金利はスパイクしてピークまで達すると急速に下げ、メディアがインフレの問題点を書きたて、金地金や金加工製品や金貨に投資するインフレ対策の投資スキームが急増する。そこで、この機会に投資資産を短期の債務証券から長期の債務証券や長期債に移し替えるとよい。そうすれば、長期債の高利回りを確定できるうえ、価格自体もインフレとともに金利が低下するのに伴って、債券自体の価格は上昇すると考えられる。

インフレ連動型の米国債（TIPS）は刺激的な投資先ではないかもしれないが、インフレの破壊力を防御しながら最大限の安全性を提供してくれる（先述のTIPSの項参照）。

変動金利債――なかなか良いが、ジョーカーには注意が必要

変動金利債は自治体や企業が発行する債券で、利率がCPIやそのほかのインフレ動向を示す指数と連動している。利率は高インフレなら高くなり、調整は６カ月ごと、または１年ごとで行われる。ただ、この変動金利債を購入したいと言うと、ブローカーは必ず警告してくる。

このようなクレジット物の商品には、金利調整期間の間隔が長い長期債から、調整が数週間または数カ月間隔で行われ、短期間で売却もできる短期債まで、さまざまなものがある。後者は通常最高の投資適格よりも下の格付けだが、比較的安全なうえにマネーマーケットより利率が高いことが多い。また、自治体や政府機関が発行する債券のなかには、非課税措置がとられているものもある。

2003年と2004年に多く発行された債券のひとつに「ステップアップ債」がある。この債券は、最初の利率は一般金利に合わせて低いが（約

４％）、将来は利率が上昇していく予定になっている。例えば、2004〜2006年の利率は４％でも、そのあとクーポンが５％に上がり、2008年には６％になるというスケジュールのものなどがある。

この種の債券は、ほかの債券の利率が４％のときに平均利率が５％（４％、５％、６％と上昇するから）だと言って販売されることが多いが、これには明らかに落とし穴がある。債券発行者（借り手）には途中でこの債券を「コール」する（満期前にローンを償還する）権利があるからだ。

このような契約は、債券保有者にとって明らかに不利になる。もし金利が債券のステップアップ時期よりも先に急上昇したら、ほかの債券よりも利率の低い債券を保有していることになるし、そうなれば債券自体の市場価格も下がる可能性が高い。

そのうえ、仮に金利が下降したとしても、債券保有者はやはり行き詰ることになる。繰上償還条項によって、借り手は債務を返済し、それよりも低い利率で代わりの債券を発行することができるからだ。債券保有者は償還された代金で新しく発行された債券を購入しても、その利率は以前より低くなっている。

要するに、繰上償還条項のついたステップアップ債は、金利の方向がどうなろうと買い手が優位に立てることはない。

教訓――どのような債券でも、購入する前に「繰上償還条項」をよく読んで、近い将来償還されることがないかどうかを確認しておく（特に額面金額以上の価格を支払う場合）。そして、もし繰上償還条項が不利だと思ったら、この取引はやめる。

商品投資――継続的なインフレヘッジ

一部のインフレに連動した変動金利債のなかにはインフレに対する防衛手段になっていて、その意味では長期的に見た株（特にREITなど）

と似ている。また、石油、金、木材、パラジウム、銀、鉄鉱石、そして農産物や食品などの商品を直接または間接的に保有することも、価格上昇に対する防御策になる。

そもそも地球上の商品の供給は限られているうえ、世界の人口と消費の急激な増加に伴って商品が消耗されるペースも上昇している（警戒水準に近づいているとも言える）。かつては鉄を輸出していた中国が、現在は工業と住宅建設のための粗鋼をほかの先進国と競って輸入している。また、自動車の普及してきたインドでは、高速道路の建設が急速に進んでいて、中国と同様、コンクリートや建設資材を必要としている。国内に必要な資源が少ない日本は、数十年にわたってニューギニアなどの国の林を枯らしてきた。そして現在はニュージーランドが主な供給源となっている。

本書を執筆している2006年初めのある日の原油価格は、たった１日で4.5％と大きく上昇した。また、天然ガスの供給も、ロシアがウクライナ向けの供給を停止した件で懸念が広がっている。そして、アメリカのリーダーたちはガソリンの価格が１ガロン当たり約2.40ドルに下がってほっとしているが、２ドル以下だった１年前から見れば今も大幅に値上がりした状態だということを忘れている。

かつて商品価格の上昇は世界的なインフレの原因であり、結果でもあった。インフレで紙幣は価値を失い、資本は昔から弱い通貨の避難場所でインフレヘッジの手段でもある金に移行する（2005年に、金は長期のトレーディングレンジをブレイクして１オンス当たり500ドル以上に上げたが、それでも1980年のピークに付けた800ドル近辺ははるかに下回っている）。

もうすでに分かったと思うが、商品はその性質上、量にかぎりがあり、供給は減っているのに、工業化の拡大と経済発展によって需要は増加している。つまり、需要の増加と供給の縮小によって、価格上昇は避けられなくなっているのだ。価格は、一本調子で上げていくこともあるが、金のように上昇が一時的に止まったあと爆発的に上げ、そのあとまた長期間動きがなくなるということもある。

商品にはオレンジやそれ以外の果物などの食料品が含まれる場合もあるが、オレンジの加工品の価格は2005年にフロリダ州を襲ったハリケーンのあと急騰した。

商品価格上昇のメリットを得る

素材に投資するときは、商品ブローカーに将来の売買注文を出すが、このときかなりのレバレッジやさまざまな電子商取引の仕組みが使われることが多い。先物市場は気弱な人や経験不足の人には向いていない。商品取引所の先物ピットの新参者は、「ローカルズ」と呼ばれる経験豊富で商品にかかわる業界や農業、鉱業、その他の商品のプロとも深いかかわりがあるトレーダーと競っていかなければならないのだ。

ただ、さまざまな商品市場で価格が上昇する可能性が高いときに、それに参入する道はある（少なくとも筆者はそう思う）。数は多くないが、何らかの形で商品に投資する投資信託があるのだ。商品投資のファンドはボラティリティが高いだけでなく、比較的歴史が浅いため、実績も乏しい。ただ、ファンドの数が比較的少ない今は投資家にとっては良いチャンスなのかもしれない。すべてのファンドファミリーに商品ファンドが出そろうころには、ゲームオーバーも近いだろう（「メディアの指標」を思い出してほしい）。

次に、2006年１月の時点で購入可能な商品系のオープンエンド型投資信託と上場投信（ETF）のリストを挙げておく。ただ、ここには金関連銘柄に特化したものは載せていない。実は、金は定期的に高騰するものの、長期的に儲かる投資とは言い難い。もちろんこれは金のパフォーマンスが近い将来や長期的に良くないと言っているわけではないが、木材や農産物やエネルギー資源のような生活必需品ではないという違いはある。

また、インフレのメリットを受けると思われるエネルギー、鉱業、金属、農業、食品、そしてそれらにかかわる掘削会社や機械メーカーなどに関連する銘柄に投資している無数のファンドは、オープンエンド型もクローズドエンド型も挙げていない（例えば、エネルギー関連企業は、近年の原油価格高騰の恩恵を受けている）。次に挙げる投資信託の動きは、アメリカと外国の株式市場に投資した場合よりも、実質的に分散された商品ポートフォリオに近くなっている。

ピムコ・コモディティ・リアル・リターン・ストラテジー／A

2003年に設定されたオープンエンド型投資信託で、最初の３年間で29.1％、15.8％、15.5％と高パフォーマンスを上げている。このファンドの最初の戦略は米国債を担保にして借り入れた資金で商品先物に投資して、2005年末までに資産を26億ドルまで増加させるという魅力的なものだった。

ピムコ・コモディティは、これまでほかの商品系の投資商品以上にボラティリティが高かった。しかし、このファンドはS&P500の値動きとほとんど相関性がなく、ほかの株式投資の良いヘッジになっているように見える。ただ、償還手数料がかかる可能性があるので、購入前に確認しておいてほしい。

特別な注意　IRS（内国歳入局）がこのファンドの先物取引にかかわる税金について事情を聞いているようで、これによってファンドの事務処理方法が変更される可能性がある。もしこのファンドに投資するのであれば、彼らの戦略を注意深く検証する必要がある。

オッペンハイマー・リアル・アセットA

長期間運用している商品系のロード付き投資信託で、ゴールドマン・サックス・コモディティ・インデックス（GFSCI）に連動するようデザインされたエネルギー関連が中心のファンド。ちなみに、GFSCIは、78％がエネルギー関連の商品で構成されている。

このファンドはほかの大部分の投資信託よりもボラティリティが高く、1998〜2005年にかけて価格は－44.7％（1998年）から＋44.4％（2000年）まで大きくスイングしている。パフォーマンスを見ると、2002〜2005年にかけた４年間は毎年利益を出し、この間の平均リターンは11.6％だった。

ピムコと同様、オッペンハイマー・リアル・アセットもレバレッジを使って、少なくとも部分的には商品やデリバティブに投資している。

このファンドは、分散型ポートフォリオの長期の商品の部分に組み込むこともできる。また、好調な年には課税対象となる大きなキャピタルゲイン配当が期待できるため、税制優遇措置のある口座で保有するのが適当かもしれない。

ポトマック・コモディティ・ブル、ライデックス・シリーズ・トラスト――コモディティース／A

ポトマックファミリーとライデックスファミリーが提供しているファンドで、どちらも投資信託を何度でもトレードできるようになっている。また、両方とも新たな投資分野に対象を広げつつある。

この２つの商品ファンドは2005年に運用を開始し、商品市場の好調もあって良いスタートをきったが、投資家にとって適当かどうかを判断するには実績が短すぎる。できれば2006年以降にこれらのファンドのパフォーマンスを確認してほしい。

バン・エック・グローバル・ハード・アセット・ファンド／A

このファンドはよく分散された商品ファンドで、エネルギー関連の投資が中心だが木材やほかの資源も組み入れている。地域的には、アメリカ以外にカナダとオーストラリアが大きな割合を占めている。

1995年の設定以来、バン・エックは良い年も悪い年も経験してきたが、全体としては好調で、３年間のリターンは平均37％以上、５年間でも19％を超えている（2006年１月現在）。このファンドは、ほかの商品ファンドよりアメリカの株式市場との相関性が高いが、ボラティリティは典型的な投資信託の平均に近い。1998年には最悪のパフォーマンスに陥ったものの（－32.3％）、それ以外は設定以来ファンドの位置づけがぶれることはなく、スティール・ミューチュアルファンド・エキスパートの格付けではリターンについてもリスク調整済みリターンについてもＡを取得している。

バン・エック・グローバルの見通しに関して長年否定的だったモーニングスターは、このファンドの経費率の高さを批判してきたが、これは数年前の約2.6％から2005年10月には1.85％まで下がっている（それでもまだ高い）。モーニングスターは、資産が比較的少ないこと（２億ドル）と、2003年と2004年に起こった投資信託のスキャンダルに巻き込まれる可能性に関してもこのファンドを疑問視している。

ただ、これらの警告にもかかわらず、このファンドは大部分の商品系投資信託のパフォーマンスを長期的に上回っており、本書執筆時点で最も実績のあるファンドでもある。

ｉシェアーズ・ゴールドマン・サックス・ナチュラル・リソース・インデックス・ファンド

バークレイズ・グローバルが運用する人気の高いETFで、ゴールドマン・サックス・ナチュラル・リソース指数に連動するようデザインされている。2002年にはファンドの純資産価値が13.0％も下落したが、2003年には33.6％上昇し、その後も2004年には24.2％、2005年12月初めまでに28.4％と好調が続いている。

このファンドは、これまで紹介してきた商品ファンドよりかなりボラティリティが低いだけでなく、ｉシェアーズは取引日なら日中いつでもトレードでき、費用率も年間0.5％しかかからない。このファンドはエネルギーセクターが中心で資産の約85％を占めるが、ほかにも森林地帯、森林管理、パルプと紙製品、一部の農場などに関連するポジションを保有している。

このファンドの価格は2002年以降安定的に上昇トレンドを形成していて、プレミアムとディスカウントの関係も安定している（**図12.1**参照）。

まとめ

上のリストは、さまざまなインフレ対策になる代表的なファンドとして紹介しただけで、特定の推奨ファンドというわけではない。本書がいつ読まれるか分からない以上、特定の推奨を行うことは非常に危険だと思う。

ただ、バン・エック・グローバル・ハード・アセット・ファンド／Ａやｉシェアーズ・ゴールドマン・サックス・ナチュラル・リソース・インデックス・ファンドのパフォーマンスには注目しておくとよい。どちらも理想のインフレヘッジとは言い切れないにしても、その助けになる特性を持っていることは間違いない。もしかしたら、両方のファンドに含まれる資産がその役割を果たしてくれる可能性は高いかもしれない。

ピムコとオッペンハイマーは、設定以来十分なパフォーマンスを上げているが、高リスクのファンドのなかでは比較的安全なバン・エックと比べるとボラティリティは高い。しかし、この２つも調べてみる価値は十分ある。

図12.1　iシェアーズ・ゴールドマン・サックス・ナチュラル・リソース・インデックス・ファンド

このETFの価格はピムコやオッペンハイマーなどほかの天然資源ファンドと比較して比較的安定している。ETFの価格も純資産価値のプレミアムやディスカウントで取引されることは多いが、その割合はクローズドエンド型投資信託に比べると全般的に緩やかになっている

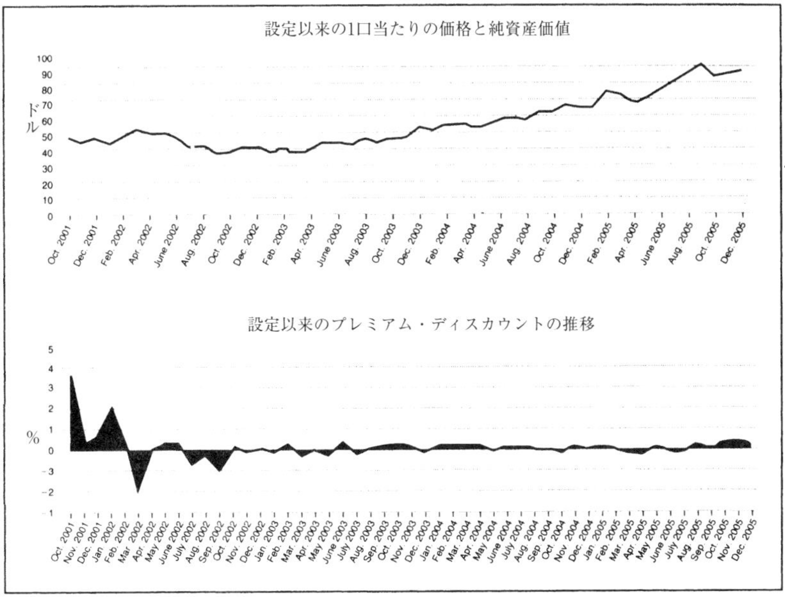

出所＝http://www.etfconnect.com

ライデックスとポトマックのファンドは、まだ新しすぎて評価を下す段階には至っていない。

最後に

インフレの過程は本質的にマイナスでもなければプラスでもないが、

インフレ率が上昇しているときや下降しているときにはチャンスもあるという筆者の考えを理解してもらえただろうか。

ポートフォリオには常にインフレヘッジの部分を組み込んでおいてほしい。ただその形態は、インフレのマイナス効果を軽減するようデザインされた債券から、世界中で素材の需要が緊迫することを見越して天然資源やエネルギー関連の投資信託や個別銘柄までさまざまな選択肢がある。

また、商品を世界に供給している国に投資するETFや投資信託は、長期ポジションで保有することをぜひ考慮してほしい。先述のとおり、ニュージーランド、カナダ、オーストラリアなどを含む地域がこれに該当する。

次章は、本書を通して学んできた数多くの概念や戦略の最終的なまとめになる。

第13章

さまざまなチャンスに対する戦略を確認する

Reviewing Our Array of Opportunity Strategies

本章では、これまで本書で述べてきた主な概念をおさらいしていく。これを投資判断の指針として利用してほしい。

自分の人生の状況や、許容できるリスク水準や、投資目標を客観的に評価すると、自分に最も合ったポートフォリオを構築することができる。

投資ゴールの理想的な達成の仕方

退職時の投資ポートフォリオは、社会保障年金や、そのほかの年金、そしてもしあればその時点の給与を別として最低でも年間生活費の20倍は必要だとされている。理想を言えば、税金やインフレによる購買力の低下や資本の減少を考慮すると、毎年の支払いが予想される社会保障制度と年金などを別にして収入の40倍の投資資産があるとよい。

退職後に必要な収入の水準を算出するときは、平均寿命の伸びとともに退職後も長い期間積極的に活動することになる（旅行など）ことと、医療費（年齢とともに増加する）が急速に増えることを覚えておいてほしい。

退職時に用意しておきたい資産である年間生活費の40倍（たとえ20倍であっても）というのは、多くの人にとって達成するのが難しいゴールではあるが、早いうちから始めて規律を持って貯蓄と投資を行っていけば達成可能なゴールでもある。

一般的に言えば、投資リターンを最大にすることよりも、投資損失を避けることのほうが重要だ。引退生活に入ってかけがえのない資産を運用しているときは特にそうだろう。

そして、現実的な予想を立てる必要がある。長期的に見れば株のリターンは年率10〜11%、債券はそれよりも多少低め（ただし株のリターンよりも予想しやすい）になる。本書で紹介した戦略や投資の原則を応用すれば、リターンは平均を上回ることができると筆者は信じている。

リスクコントロールのための戦略

資産は、自分に必要な成長率と許容できるリスクの現実的なバランスを考えて配分する。

●株のポートフォリオでは、ボラティリティ（リスク）が平均以下の投資信託やその他の投資商品と、実際に収益を上げている企業（見込みではなく）に投資する株や投資信託を中心に組み込んでいく。
　許容リスクという観点からポートフォリオのバランスを査定する。一般的には、株式70%、債券30%でポートフォリオを構成するとリスク調整済みの結果が良くなると言われている。ただ、保守的な投資家は債券の割合を高めてリスクを減らすこともできる。また、もしすでに退職後の収入を確保できるだけの十分な資産がある場合は、それを守ることが第一目標になる（リスクをとるのは余剰資金の投資のみにする）。

●分散、分散、そしてまた分散！　地域的に分散する、株と債券で分散する、業種別に分散する、そしてインフレ下で高パフォーマンスを上げるものと価格安定期に高パフォーマンスになるもので分散する。

また、業界やセクターのなかでも１～２銘柄に集中しないで、分散する。

第１章「バイ・アンド・ホールドという神話」と第２章「勝利を呼ぶポートフォリオの構築」で紹介した分散プログラムを読み返す。例えば、さまざまな業種の、相関性が比較的低い銘柄でポートフォリオを構築するとよい。このような分散の仕方によって、パフォーマンスは向上し、リスクは減る可能性が高い。一例を挙げると、アメリカ株を中心に、投資信託とETFを含めて不動産、エネルギー、公共株、ヘルスケア、金融、テクノロジー、天然資源に投資する７セクターのポートフォリオなどが考えられる。

各セクターには複数の投資信託を組み入れる。もちろん管理できない数のポジションを保有するのは賢明とは言えないが、さまざまなタイプの分散を重ねていくことで、パフォーマンスがなだらかになり、リスクも減る可能性が高い。

また、株のポートフォリオには外国株の投資信託などとアメリカ国内の企業に投資する商品の両方を組み込むべきだろう。さらに、外国投資は数カ国に地理的な配置も考慮して分散してほしい。

債券やそれ以外のインカム投資も分散すべきで、債券ラダー（第１章）を使えば時間的にも分散できる。また、外国の債券を使えば通貨でも分散できるし（第10章「外国のチャンス――ブラジルからイギリスまで」）、最大の利回りを求めるなら、高利回り債券を組み入れればよい（第５章「Ｔボンドのリスクでジャンクボンドの利回りを確保する」）。一般的には、４～８年で満期を迎える債券がリスクと利息収入のバランスが最も良いと言われている。

●ポートフォリオを積極的にモニターして、バランスを維持し、定期的に再配分と見直しを行うことで、適度な分散を維持しつつも最高のパフォーマンスを上げている分野に重点的に投資していく。本章やほかの章で取り上げた戦略をよく見直しておく。また、手仕舞う戦略も準備しておき、期待したほどのパフォーマンスが上がらなければ、損失が積み上がる前に素早く損切りできるようにしておく。通常、損失は少なくて早いうちのほうがよい。逆に、パフォーマンスの良いポジションは、その状態が続くかぎり維持しておきたい(第３章「最も成功しそうな投資信託を選ぶ」参照)。

- 投資計画を規律を持って実行する。

　大事なことはすべての投資で必ず利益を上げることではなく、それは現実的ではない。それよりも、確率を見極め、勝ちトレードの利益が負けトレードの損失を上回るようにすればよい。また、投機的な状況に巻き込まれたり、友人や家族に影響されたり、金融メディアなどに惑わされたり（よくある）しないことも重要だ。

　もし、（大衆に惑わされないで）自分の運用ができて、妥当なゴールと明確な投資計画があり、損失は起こるものでそれが自分の性格や人としての価値を反映したものではないということが分かっていれば、勝率はかなり上がる。

投資環境とお勧めの投資

価格が急上昇している時期

有利な投資

- マネーマーケットファンド、短期債の投資信託、変動金利債とそのファンドなどの短期の債務証書（第４章～第10章）。
- 商品関連の投資信託や天然資源への投資（第12章「インフレ――共存するどころかこれを利益につなげる」）など、価格上昇期にパフォーマンスが高くなる投資。

●金、コイン、一部の収集品、場合によっては不動産などの有形資産。
●インフレがあまり問題にならず、通貨が安定していて米ドルに対して強含みそうな国への投資。

不利な投資

●長期債。
●株式市場は高インフレで金利が上昇すると、悪影響を受けることが多い。
●コストが上昇しそうだが、それを価格に転換できる状態にない業界（近年、アメリカの自動車業界がこの状況にある）。

緩やかなインフレで安定している時期

4.5～５％を超えない程度の場合が多い（第10章参照）。

有利な投資

●通常、このような環境では経済成長を反映して、株式市場のパフォーマンスは良くなる。
●緩やかな金利上昇とともに住宅の価格も上がり、不動産のパフォーマンスも良くなる。
●インカム投資のパフォーマンスは特別良いわけではないが、見通しを立てて適度なリターンを受けられる。
●天然資源もパフォーマンスが向上し、有利な投資先になる。
●安定した緩やかなインフレは投資家にとって最高の時期で、株式市場の利益の大部分はこのようなインフレ環境下で生まれている。
●好調な経済が米ドルを下支えする可能性が高い。

不利な投資

●経済が弱含みそうなとき、それにつられてパフォーマンスが悪化すると予想される投資（例えば、株の空売りなどベアのポジション）。
●インフレが緩やかに抑制されていれば株価が上がるという保証はない。ただ、株式市場は緩やかなインフレよりもデフレを恐れているため、緩やかな価格上昇期の投資は全般的に好意的な見通しになる。

デフレ期――価格の下落

有利な投資

金利が低下して投資家が安全で予想できる投資先を求める時期には、投資適格の中期から長期の債券価格が上昇する。なかでも米国債の需要は高まる（1930年代初めにはＴビルの利率がマイナスになったこともあった！　銀行が破たんすることを恐れた投資家が、お金を払って政府に資金の保管を委ねたのだ）。

デフレの時期に不動産価格が上昇することはあまりないが、この分野はデフレの終盤に素晴らしい投資チャンスをもたらす可能性が高い。

不動産投信（REIT）の価格動向を観察していると、デフレが転換して株式市場も上向き始めるころにREITも堅調に推移し始めることが分かる。

ほかにも、景気が悪い時期に株式市場を上回る防御的な業界には医薬品とヘルスケア、保険、公共事業など基本的なサービスを提供する会社がある。高配当で安定した企業は、投機的な銘柄のパフォーマンスを上回る可能性が高い。

世界的に経済が悪化しているとき、米ドルは強さを維持すると考えてよい。しかし、アメリカ経済だけが悪いときは、米ドルに対して外国通貨の価値が上がり、外国株市場のパフォーマンスもアメリカ株市場を上回るだろう。

不利な投資

不動産価格（デフレの初期）、多くの株式、金、低格付け債（デフォルトのリスクがある）などはデフレ圧力にさらされる。

価格が下落している時期は、株式市場で一部の積極的なベア戦略が儲けを上げることはあるかもしれないが、普通の投資家は資本を現金か現金同等物にしておいて、いずれ価格や経済が安定したときに出てくる大きなチャンスに備えるほうがよい。

マネーマーケットファンドは利率は低いが、基本的な価格構成と安全性はほとんど変わらない（ただし例外は極めて深刻な不況に陥った場合）。絶対的な安全性を求めるなら、資産の一部をＴビルや最高格付けの地方債にしておくべきだろう。

具体的な投資戦略

株式市場のタイミングを見る

●ナスダック・NYSEレラティブストレングス指数

第１章

ナスダック総合株価指数のレラティブストレングスがNYSEを上回っているとき、株価は上昇する可能性が高い。

●３年物と５年物の利率比較モデル

第２章

利回りが６カ月前までよりも低ければ、株や債券にとってはよい。

●株や債券の利回りやそれ以外の株の利益を示すデータと益利回りの比較

第７章

益利回りが高かったり10年物Ｔノートに近かったりするときは、株が割安になっていて、投資適格の社債の利回りに近くなっている。反対に、債券の利回りが株の益利回りよりもかなり高いときは、株が割高になっていると考えられる。

●４年周期のチャンス

第７章

４年周期を探す。前半の２年間は後半の２年間（特に最後の１年）と比べて非常に高パフォーマンスになる可能性が高い（過去のケースではそうだった）。最近の４年周期で低迷した年は1994年、1998年、2002年だったため、予定では次は2006年になる。

●「主要な市場の新高値更新が示す買いサイン」

第７章

高値を更新する銘柄の割合が急増しているときは、株式市場の上昇が続く可能性が高い。

同様に、高値を更新している銘柄数と安値を更新している銘柄数の関係から、中期トレンドが転換する時期が予想できる。

●新高値・新安値を使った仕掛けと手仕舞いのサイン

第７章

新高値と新安値の関係から、いつ保有していつ手仕舞うかのヒントが得られる。

債券市場のタイミングを見る

●時間で分散する債券ラダー

第１章

保有する債券を残存期間で分散することで長期パフォーマンスを改善し、リスクを削減できる。

●３年物と５年物の利率比較モデル

第２章

金利トレンドが下降しているときは、債券価格が上昇することが多い。

●インフレトレンドに合わせた債券投資

第12章

高インフレの時期は、短期債や変動金利債やTIPS（インフレ連動国債）を中心に投資する。

●高利回り債ファンドをトレードするための1.25／0.50タイミングモデル

第５章

　高利回り債には特有のリスクがあるが、トレンドフォロー型のタイミングモデルを使えば、リターンをなだらかにすることができる。パフォーマンスの試算データを使って、具体的なタイミングのルールを研究してほしい。

投資信託やそのほかの投資商品を選ぶ

●戦略

第1章、2章ほか

分散すればするほどよい（上の章参照)。

●定期的にセクターの見直しを行う

第2章

うまく分散されたポートフォリオを維持しながら、パフォーマンスの悪いセクターよりも良いセクターを重点的に組み入れるよう再配分していく。見直しは1年に一度以上の頻度で行うとよい。

●優れた長期パフォーマンスを上げている税制上有利な投資信託で、ポートフォリオを構築する。

トリプル・ピリオド・セレクション（TPS）戦略

第3章

ボラティリティが低くてマネジメントが継続的にうまくいっていて、長期間リスク・リワードの関係も良好な投資信託を探す。

●中期的な優れた投資信託を選ぶ

ダブル・ピリオド・ランキング・モデル

第3章

パフォーマンスが同類のファンドのトップ10％に入る投資信託を買って、その成績を保っている間は保有する。

●ETFについて学び、利用する

第6章

ETFは従来の投資信託の代替商品になる。ETFのメリットやデメリットについて学び、関連する戦略を利用するとよい。ETFにはさまざまな種類や流行がある。

●分散ポートフォリオの一部としてREITを買って保有する

購入のためのチェックリスト

第９章

高利回りのREITは、分散の助けになるだけでなく、多くの株のセクターと対照をなすことでリターンが安定する。

●クローズドエンド型投資信託は素晴らしいチャンスもある代わりに追加リスクもある

第11章

大幅にディスカウントされているクローズドエンド型債券ファンドは大きな利益チャンスではあるが、短期間でボラティリティが非常に高くなることもある。クローズドエンド型投資信託はほかにもさまざまなチャンスを提供しているが、全体的に高ボラティリティで保守的な投資家にはリスクが大きすぎるかもしれない。

●外国の株式や債券に投資する投資信託やETFは、国内の株や債券を中心に投資しているポートフォリオをうまく分散させてくれる（そのうえ、非常に高パフォーマンスを上げる可能性もある）。

第10章

オープンエンド型投資信託とETFを中心に投資して、地域的にも分散する。外国市場への投資は弱い米ドルやそれに伴う購買力の低下に対するヘッジとしても使える。

●最高のパフォーマンスと最大の分散効果をもたらしてくれる外国のファンドを選ぶ

第10章

国内の投資信託用と同じレラティブストレングス戦略が使える。効率的に分散するためには、アメリカの株式市場とあまり相関性のない国のマーケットのファンドを中心に選ぶ。

●価格が急騰すると価値が上がるものに資産の一部を配分してインフレに備える。

第12章

投資資産の一部は商品、天然資源、エネルギー、木材、農産物、貴金属、短期債などに投資する投資信託にしておく。また、外国投資の部分には、オーストラリア、カナダ、ニュージーランドなど経済が商品を基盤としている国を組み入れておく。

基本の５ステップ投資順序

1．自分の生活状況、リスク許容量、必要な収入を明確にして適切なポートフォリオの配分を決める。もし不確かな部分があれば、最大利益を追求するより損失を避けるほうに重点を置く。
2．資本をさまざまな投資分野（例えば株、債券、商品、国内投資、外国投資など）に分配し、分散の方針と全般的な経済環境の評価に基づいて維持していく。
3．それぞれの投資分野のなかで、地域やセクターを組み合わせ、定期的に見直す。レラティブストレングスを使って、ポートフォリオ内で加重したり軽減したりするセクターを判断する。
4．分散ポートフォリオでセクターの配分が決まったら、長期用か中期用（数カ月）の具体的な投資信託やETF、場合によっては高パフォーマンスを上げている個別銘柄を探す。非常に短期のトレーディングはプロに任せておけばよい。

5．ポートフォリオを組み立てる。さまざまなツールを活用してときどき再配分を行ったり、これまで学んできたマーケットタイミング・テクニックや指標を使ってすべての資産を投資したりすべきか、あるいは一部は現金にしておくべきかを判断する。

目的と、独立性と、比較的保守的な姿勢と、投資先のマーケットの変化に対する警戒と、柔軟性を維持しておくようにする。

重要なのは「正しい」ことをしようとすることではないということを覚えておいてほしい。ときには損失を出すポジションもある。大事なことは、ポートフォリオ内の強いポジションを維持し、弱いポジションを外すことと、友人や家族や恐怖や欲やメディアに影響されすぎないことだ。

推薦図書

本書で紹介してきたウエブサイトやそれ以外の情報源に加えて、次の資料も調べてみるとよい。

定期刊行物

ここに挙げた刊行物は、株式市場の価格動向を観察したり予想したりするためにテクニカル分析や統計的手法をさらに詳しく知りたい投資家に向いている。

●フォーミュラ・リサーチ、ネルソン・F・フリーバーグ編集

4646 Poplar Ave. Suite 401, Memphis, TN 38117

電話　1-800-720-1080、1-901-756-8607

　タイミングの手法や株式市場全般や個別セクターに関する公平な

リサーチに定評があり、長期的なマーケットの記録に基づいたリサーチは詳しく解説してある。このレポートを読むためにはある程度統計ツールの知識が必要だが、マーケットタイミングのスキルを高めたい投資家なら読む価値はある。

●テクニカル・アナリシス・オブ・ストックス&コモディティース
4757 California Ave. S.W.,Seattle,WA 98116 (http://www.traders.com/)
商品や株やそれ以外の投資に関する非常に洗練された記事を掲載している月刊誌。通常はタイミング戦略が中心だが、ほかの分野も頻繁に取り上げている。この雑誌は特に高度な数学的知識やテクニカル分析の知識を持った投資家に向いているが、経験が少ない投資家に役立つ記事も多数掲載している。

●SFOストック、フューチャース・アンド・オプションズ・マガジン
3812 Cedar Heights Dr., Cedar Falls, IO 50613 (http://www.sfomag.com/)
投資のタイミングを見るためにチャートとそのほかのテクニックを中心とした記事を掲載している月刊誌。ストックス&コモディティースと違ってSFOの記事の多くは統計を基本としたものではないが、ある程度テクニカル分析の知識がある投資家を想定して書かれている。この雑誌は、テクニカルの手法に関する戦略について知りたい投資家がアイデアや概念を得たり、ほかの投資に関する出版物の評価を調べたりするための情報源としても使うことができる。

書籍

ここに挙げた本は、株式市場や債券市場の経験が少ない投資家にとっても、経験が豊富な投資家にとっても関心がある内容になっている。

●**『投資苑』アレキサンダー・エルダー博士著（パンローリング）**

高名な講師兼精神科医による入門書で、テクニカル分析、マネーマネジメント、投資心理などについて書かれている。続編の**『投資苑2』『投資苑3』**（パンローリング）もお勧め。エルダー博士は、投資の特別セミナーや、投資の経験や戦略を話し合うグループ討議（正式と略式がある）などをアメリカ国内や外国で主催している。さらなる情報は博士のサイト（http://www.elder.com/）を参照してほしい。

●『ザ・ストック・トレーダーズ・アルマナック』ハーシュ・オーガニゼーション編集（ワイリー＆カンパニー）

1966年以来発行されている年鑑で、もともとはエール・ハーシュが編集していたが、現在はジェフリー・ハーシュが引き継いでいる。この年鑑はカレンダー型の予定表で、株式市場に影響を及ぼす季節性、最新の季節性パターンによるパフォーマンス、前年比の統計、そのほかの投資に関する話題などの記事を掲載している。ハーシュ・オーガニゼーションは、このようなリサーチにおいてパイオニア兼第一人者としての地位を約40年間守ってきた。記事は経験のない投資家にも読みやすく書かれている。

ニュースレター

●ノーロードファンド＊X

235 Montgomery St.,Suite 1049, San Francisco, CA 94194 （http://www.fundx.com/）

本書で紹介した手法と似たレラティブストレングスの概念を使って投資信託を観察したり推奨したりする投資ニュースレター。ここで紹介したポートフォリオのパフォーマンスは、株式市場の長短期のパフォーマンスの追跡に定評のあるフルバート・ファイナンシャル・ダイジェストで高い評価を受けている。

●ザ・バリュー・ライン・インベストメント・サーベイ

220 East 42nd St., New York, NY 10017 （http://www.valueline.com/）

長い歴史を持つニュースレターで、1700銘柄以上を追跡することで相当量のファンダメンタルズデータと、将来のパフォーマンスに関する独自のランキングを掲載している。このサービスは、個別銘柄の分散型ポートフォリオを持つ長期投資家に最適で、長期的に株式市場の平均を上回るパフォーマンスを上げている。お試し購読も行っている。

●ザ・チャーティスト

P.O.Box 758, Seal Beach, CA 90740

1969年に発行を開始して以来、創刊者のダン・サリバンが編集を続けている。内容は、現在と将来のマーケットトレンドの方向性に関する予想や、サリバン自身の資産をリアルタイムで運用しているモデルポートフォリオに関する記事で、現存する投資ニュースレターのなかでも最長の発行期間を誇っている。また、テクニカル分析の紹介や推奨銘柄なども掲載している。

●ネッド・デービス・リサーチ・インベストメント・ストラテジー

2100 RiverEdge Parkway, Suite 750, Atlanta, GA 30328 （http://www.ndr.com/）

機関投資家や大口の個人投資家やマネーマネジャー向けに高い評価を受けているニュースレターで、定期的なレポート、マーケットデータ、チャート、業界と株のレーティング、マーケットの見通しなどを掲載している。ネッド・デービスが提供するサービスや刊行物は個人投資家にとっては比較的高額だが、大口のポートフォリオや企業年金・利益分配制度などの信託を運用している人にとっては十分価値がある。

本章で紹介した資料がすべてというわけではまったくない。アマゾン・ドット・コムで投資関連の本を検索すれば、きっと何かしら関心を引く本が見つかるだろう。アマゾンのサイトには本文の引用や読者の書評も載っている。

ウエブ上でオンラインの投資ニュースレターを検索すると、関心を引くもの、引かないもの、価値のあるもの、価値のないものなど膨大なリストが出てくる（どう見ても高すぎる将来のパフォーマンス予想や、どう見ても良すぎる過去のパフォーマンスを挙げてタイミングのサインや証券を推奨するようなニュースレターは疑問視してほしい）。

また、無料で購読できるオンラインニュースレターは、購読者の名前をほかの宣伝業者に売ったり、自分たちの顧客リストに載せてコストのかかるサービスを勧誘したりするのに利用していることも多い。名前を登録するのは、よく考えてからにしてほしい。

ただ、警告すべきことはたくさんあっても、インターネットは投資情報の宝庫になっている。本書でも幅広い範囲の情報を提供しているインターネットの情報源を多数紹介してきた。

投資で成功することは、生涯をかけた自己教育と自己発見のプロジェクトであることを踏まえて、新しい展開や、新しいリサーチ、投資チャンスを生かす新しい方法などの進展に遅れないようにしていってほしい。

そして、そのための良いスタートとして本書が役立つと確信している。

この過程は終わることがない。

今後もずっと投資の成功が続くよう祈っている。

ジェラルド・アペル

■著者紹介

ジェラルド・アペル（Gerald Appel）

世界的に有名な著者兼講師。テレビ、ラジオにも多く出演している。ウォール・ストリート・ウイークで共演したルイス・ルーカイザーの記事をはじめ、アペルはマネー・マガジン誌、バロンズ紙、ストックス・オプションズ・アンド・コモディティース誌、ウエルス・マガジン誌、ニューヨーク・タイムズ紙、フォーブス誌、キプリンガー・マガジン誌など多数のメディアでも取り上げられている。３億5000万ドル以上の顧客資産を運用している投資顧問のシグナラート・コーポレーションの創設者であり、『アペル流テクニカル売買のコツ』（パンローリング）など、多くの本や記事を執筆している。

■監修者

長尾慎太郎（ながお・しんたろう）

東京大学工学部原子力工学科卒。日米の銀行、投資顧問会社、ヘッジファンドなどを経て、現在は大手運用会社勤務。訳書に『魔術師リンダ・ラリーの短期売買入門』『タートルズの秘密』『新マーケットの魔術師』『マーケットの魔術師【株式編】』『デマークのチャート分析テクニック』（いずれもパンローリング、共訳）、監修に『ワイルダーのテクニカル分析入門』『ゲイリー・スミスの短期売買入門』『ロスフックトレーディング』『間違いだらけの投資法選び』『私は株で200万ドル儲けた』『バーンスタインのデイトレード入門』『究極のトレーディングガイド』『投資苑２』『投資苑2 Q&A』『ワイルダーのアダムセオリー』『マーケットのテクニカル秘録』『マーケットのテクニカル百科　入門編・実践編』『市場間分析入門』『投資家のためのリスクマネジメント』『投資家のためのマネーマネジメント』『アペル流テクニカル売買のコツ』『高勝率トレード学のススメ』『スペランデオのトレード実践講座』『株は６パターンで勝つ』『フルタイムトレーダー完全マニュアル』『投資苑３』『投資苑３　スタディガイド』（いずれもパンローリング）など、多数。

■訳者紹介

井田京子（いだ・きょうこ）

翻訳者。主な訳書に『ワイルダーのテクニカル分析入門』『トゥモローズゴールド』『ヘッジファンドの売買技術』『投資家のためのリスクマネジメント』『トレーダーの心理学』『スペランデオのトレード実践講座』『投資苑３　スタディガイド』（いずれもパンローリング）ほかがある。

2007年11月４日　初版第１刷発行

ウィザードブックシリーズ (127)

投資家のための投資信託入門
――引退までに年間経費の20倍を貯めるために

著　者　ジェラルド・アペル
監修者　長尾慎太郎
訳　者　井田京子
発行者　後藤康徳
発行所　パンローリング株式会社
〒160-0023　東京都新宿区西新宿 7-9-18-6F
TEL 03-5386-7391　FAX 03-5386-7393
http://www.panrolling.com/
E-mail　info@panrolling.com
編　集　エフ・ジー・アイ（Factory of Gnomic Three Monkeys Investment）合資会社
装　丁　パンローリング装丁室
組　版　パンローリング制作室
印刷・製本　株式会社シナノ

ISBN978-4-7759-7093-5

アレキサンダー・エルダー博士の投資レクチャー

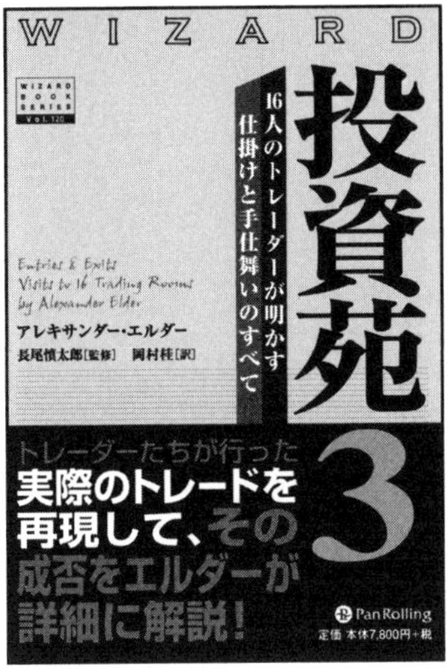

ウィザードブックシリーズ120

投資苑３

著者：アレキサンダー・エルダー

定価 本体 7,800円＋税　ISBN:9784775970867

【どこで仕掛け、どこで手仕舞う】
「成功しているトレーダーはどんな考えで仕掛け、なぜそこで手仕舞ったのか！」——16人のトレーダーたちの売買譜。住んでいる国も、取引する銘柄も、その手法もさまざまな16人のトレーダーが実際に行った、勝ちトレードと負けトレードの仕掛けから手仕舞いまでを実際に再現。その成否をエルダーが詳細に解説する。ベストセラー『投資苑』シリーズ、待望の第３弾！

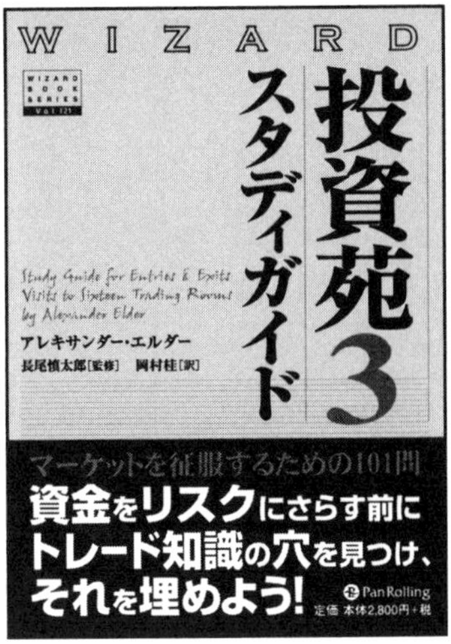

ウィザードブックシリーズ121

投資苑３ スタディガイド

著者：アレキサンダー・エルダー

定価 本体 2,800円＋税　ISBN:9784775970874

【マーケットを理解するための101問】
トレードで成功するために必須の条件をマスターするための『投資苑３』副読本。トレードの準備、心理、マーケット、トレード戦略、マネージメントと記録管理，とレーダーの教えといった７つの分野を、25のケーススタディを含む101問の問題でカバーする。資金をリスクにさらす前に本書に取り組み、『投資苑３』と併せて読むことでチャンスを最大限に活かすことができる。

DVD トレード成功への3つのM～心理・手法・資金管理～

講演：アレキサンダー・エルダー　定価 本体4,800円＋税　ISBN：9784775961322

世界中で500万部超の大ベストセラーとなった『投資苑』の著者であり、実践家であるアレキサンダー・エルダー博士の来日講演の模様をあますところ無く収録。本公演に加え当日参加者の貴重な生の質問に答えた質疑応答の模様も収録。インタビュアー：林康史（はやしやすし）氏

DVD 投資苑～アレキサンダー・エルダー博士の超テクニカル分析～

講演：アレキサンダー・エルダー　定価 本体50,000円＋税　ISBN：9784775961346

超ロングセラー『投資苑』の著者、エルダー博士のDVD登場！感情に流されないトレーディングの実践と、チャート、コンピューターを使ったテクニカル指標による優良トレードの探し方を解説、様々な分析手法の組み合わせによる強力なトレーディング・システム構築法を伝授する。

トレード基礎理論の決定版!!

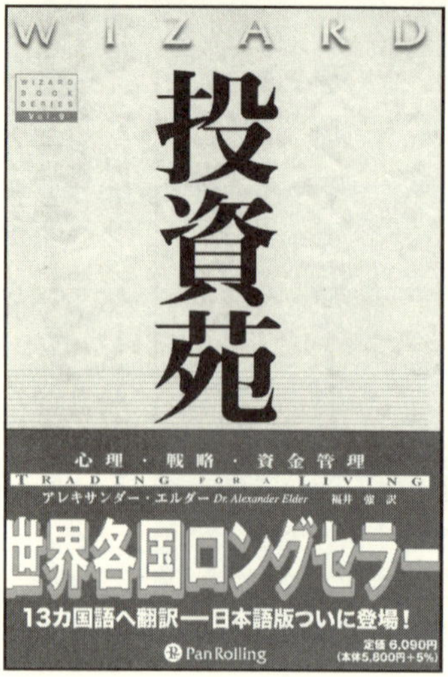

ウィザードブックシリーズ9

投資苑

著者：アレキサンダー・エルダー

定価 本体 5,800円＋税　ISBN:9784939103285

【トレーダーの心技体とは？】
それは３つのM「Mind=心理」「Method=手法」「Money=資金管理」であると、著者のエルダー医学博士は説く。そして「ちょうど三脚のように、どのMも欠かすことはできない」と強調する。本書は、その３つのMをバランス良く、やさしく解説したトレード基本書の決定版だ。世界13カ国で翻訳され、各国で超ロングセラーを記録し続けるトレーダーを志望する者は必読の書である。

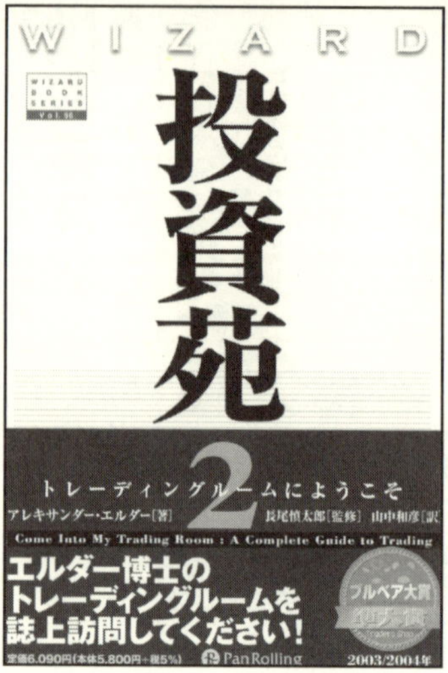

ウィザードブックシリーズ56

投資苑2

著者：アレキサンダー・エルダー

定価 本体 5,800円＋税　ISBN:9784775970171

【心技体をさらに極めるための応用書】
「優れたトレーダーになるために必要な時間と費用は？」「トレードすべき市場とその儲けは？」「トレードのルールと方法、資金の分割法は？」──『投資苑』の読者にさらに知識を広げてもらおうと、エルダー博士が自身のトレーディングルームを開放。自らの手法を惜しげもなく公開している。世界に絶賛された「３段式売買システム」の威力を堪能してほしい。

ウィザードブックシリーズ 50

投資苑がわかる203問

著者：アレキサンダー・エルダー　定価 本体2,800円＋税　ISBN:9784775970119

分かった「つもり」の知識では知恵に昇華しない。テクニカルトレーダーとしての成功に欠かせない３つのM（心理・手法・資金管理）の能力をこの問題集で鍛えよう。何回もトライし、正解率を向上させることで、トレーダーとしての成長を自覚できるはずだ。

投資苑２Q&A

著者：アレキサンダー・エルダー　定価 本体2,800円＋税　ISBN:9784775970188

『投資苑２』は数日で読める。しかし、同書で紹介した手法や技法のツボを習得するには、実際の売買で何回も試す必要があるだろう。そこで、この問題集が役に立つ。あらかじめ洞察を深めておけば、いたずらに資金を浪費することを避けられるからだ。

マーケットの魔術師 ウィリアム・オニールの本と関連書

ウィザードブックシリーズ12

成長株発掘法

著者：ウィリアム・オニール

定価 本体 2,800円＋税　ISBN:9784939103339

【究極のグロース株選別法】
米国屈指の大投資家ウィリアム・オニールが開発した銘柄スクリーニング法「CAN-SLIM（キャンスリム）」は、過去 40 年間の大成長銘柄に共通する 7 つの要素を頭文字でとったもの。オニールの手法を実践して成功を収めた投資家は数多く、詳細を記した本書は全米で 100 万部を突破した。

ウィザードブックシリーズ71

相場師養成講座

著者：ウィリアム・オニール

定価 本体 2,800円＋税　ISBN:9784775970331

【進化する CAN-SLIM】
CAN-SLIM の威力を最大限に発揮させる 5 つの方法を伝授。00 年に米国でネットバブルが崩壊したとき、オニールの手法は投資家の支持を失うどころか、逆に人気を高めた。その理由は全米投資家協会が「98 ～ 03 年に CAN-SLIM が最も優れた成績を残した」と発表したことからも明らかだ。

ウィザードブックシリーズ 93

オニールの空売り練習帖

著者：ウィリアム・オニール、ギル・モラレス
定価 本体 2,800円＋税　ISBN:9784775970577

氏いわく「売る能力もなく買うのは、攻撃だけで防御がないフットボールチームのようなものだ」。指値の設定からタイミングの決定まで、効果的な空売り戦略を明快にアドバイス。

DVDブック

大化けする成長株を発掘する方法

著者:鈴木一之　定価 本体 3,800円+税
DVD1枚 83 分収録　ISBN:9784775961285

今も世界中の投資家から絶大な支持を得ているウィリアム・オニールの魅力を日本を代表する株式アナリストが紹介。日本株のスクリーニングにどう当てはめるかについても言及する。

ウィザードブックシリーズ 95

伝説のマーケットの魔術師たち

著者：ジョン・ボイク　訳者：鈴木敏昭
定価 本体 2,200 円＋税　ISBN:9784775970591

ジェシー・リバモア、バーナード・バルーク、ニコラス・ダーバス、ジェラルド・ローブ、ウィリアム・オニール。5 人の投資家が偉大なのは、彼らの手法が時間を超越して有効だからだ。

ウィザードブックシリーズ 49

私は株で200万ドル儲けた

著者：ニコラス・ダーバス　訳者:長尾慎太郎，飯田恒夫
定価 本体 2,200 円＋税　ISBN:9784775970102

1960年の初版は、わずか8週間で20万部が売れたという伝説の書。絶望の淵に落とされた個人投資家が最終的に大成功を収めたのは、不屈の闘志と「ボックス理論」にあった。

心の鍛錬はトレード成功への大きなカギ！

ウィザードブックシリーズ32

ゾーン 相場心理学入門

著者：マーク・ダグラス

定価 本体2,800円＋税 ISBN:9784939103575

【己を知れば百戦危うからず】
恐怖心ゼロ、悩みゼロで、結果は気にせず、淡々と直感的に行動し、反応し、ただそ の瞬間に「するだけ」の境地、つまり「ゾーン」に達した者こそが勝つ投資家になる！　さて、その方法とは？　世界中のトレード業界で一大センセーションを巻き起こした相場心理の名作が究極の相場心理を伝授する！

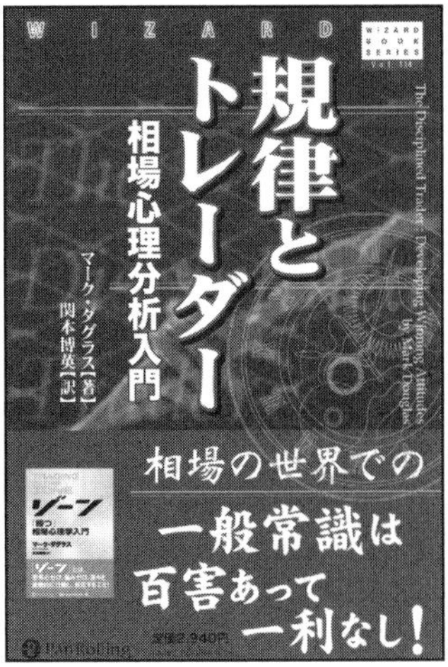

ウィザードブックシリーズ114

規律とトレーダー

著者：マーク・ダグラス

定価 本体 2,800 円＋税 ISBN:9784775970805

【トレーダーとしての成功に不可欠】
「仏作って魂入れず」――どんなに努力して素晴らしい売買戦略をつくり上げても、心のあり方が「なっていなければ」成功は難しいだろう。つまり、心の世界をコントロールできるトレーダーこそ、相場の世界で勝者となれるのだ！　『ゾーン』愛読者の熱心なリクエストにお応えして急遽刊行！

ウィザードブックシリーズ 107

トレーダーの心理学

トレーディングコーチが伝授する達人への道

著者：アリ・キエフ
定価 本体 2,800 円＋税 ISBN:9784775970737

高名な心理学者でもあるアリ・キエフ博士がトップトレーダーの心理的な法則と戦略を検証。トレーダーが自らの潜在能力を引き出し、目標を達成させるアプローチを紹介する。

ウィザードブックシリーズ 124

NLP トレーディング

投資心理を鍛える究極トレーニング

著者：エイドリアン・ラリス・トグライ
定価 本体 3,200 円＋税 ISBN:9784775970904

NLPは「神経言語プログラミング」の略。この最先端の心理学を利用して勝者の思考術をモデル化し、トレーダーとして成功を極めるために必要な「自己管理能力」を高めようというのが本書の趣旨である。

ウィザードブックシリーズ 126

トレーダーの精神分析

自分を理解し、自分だけのエッジを見つけた者だけが成功できる

著者：ブレット・N・スティーンバーガー
定価 本体 2,800 円＋税 ISBN:9784775970911

トレードとはパフォーマンスを競うスポーツのようなものである。トレーダーは自分の強み(エッジ)を見つけ、生かさなければならない。そのために求められるのが「強靭な精神力」なのだ。

相場で負けたときに読む本 ～真理編～

著者：山口祐介
定価 本体 1,500 円＋税 ISBN:9784775990469

なぜ勝者は「負けても」勝っているのか？ なぜ敗者は「勝っても」負けているのか？ 10年以上勝ち続けてきた現役トレーダーが相場の“真理”を詩的に表現。

※投資心理といえば『投資苑』も必見!!

日本のウィザードが語る株式トレードの奥義

生涯現役の株式トレード技術

著者：優利加

定価 本体 2,800円＋税　ISBN:9784775990285

【ブルベア大賞2006-2007受賞!!】
生涯現役で有終の美を飾りたいと思うのであれば「自分の不動の型＝決まりごと」を作る必要がある。本書では、その「型」を具体化した「戦略＝銘柄の選び方」「戦術＝仕掛け・手仕舞いの型」「戦闘法＝建玉の仕方」をどのようにして決定するか、著者の経験に基づいて詳細に解説されている。

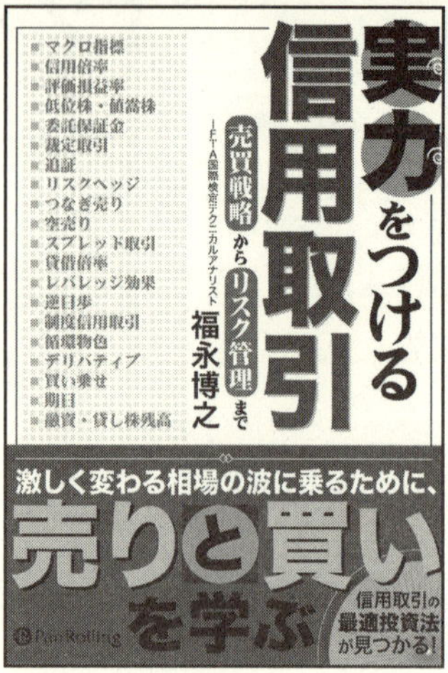

実力をつける信用取引
売買戦略からリスク管理まで

著者：福永博之

定価 本体 2,800円+税　ISBN:9784775990445

【転ばぬ先の杖】
「あなたがビギナーから脱皮したいと考えている投資家なら、信用取引を上手く活用できるようになるべきでしょう」と、筆者は語る。投資手法の選択肢が広がるので、投資で勝つ確率が高くなるからだ。「正しい考え方」から「具体的テクニック」までが紹介された信用取引の実践に最適な参考書だ。

DVD 生涯現役のトレード技術【銘柄選択の型と検証法編】
講師：優利加　定価 本体 3,800 円＋税
DVD1 枚 95 分収録 ISBN:9784775961582

ベストセラーの著者による、その要点確認とフォローアップを目的にしたセミナー。激変する相場環境に振り回されずに、生涯現役で生き残るにはどうすればよいのか?

DVD 生涯現役の株式トレード技術 実践編
講師：優利加　定価 本体 38,000 円＋税
DVD2枚組 356 分収録　ISBN:9784775961421

著書では明かせなかった具体的な技術を大公開。４つの利（天、地、時、人）を活用した「相場の見方の型」と「スイングトレードのやり方の型」とは？　その全貌が明らかになる!!

DVDブック 4つの組み合わせで株がよくわかる テクニカル分析MM法
著者：増田正美　定価 本体 3,800 円＋税
DVD1 枚 72 分収録　ISBN:9784775961216

MM（マネー・メーキング）法は、ボリンジャーバンド、RSI、DMI、MACDの4つの指標で構成された銘柄選択＋売買法。DVDとテキストを活用して知識を効率的に蓄積させよう！

DVDブック 短期売買の魅力とトレード戦略
著者：柳谷雅之　定価 本体 3,800 円＋税
DVD1 枚 51 分収録　ISBN:9784775961193

ブルベア大賞2004特別賞受賞。日本株を対象に改良したOOPSなど、具体的な技術はもちろん、短期システム売買で成功するための「考え方」が分かりやすく整理されている。

トレード業界に旋風を巻き起こしたウィザードブックシリーズ!!

ウィザードブックシリーズ1

魔術師リンダ・ラリーの短期売買入門

著者：リンダ・ブラッドフォード・ラシュキ

定価 本体 28,000円+税　ISBN:9784939103032

【米国で短期売買のバイブルと絶賛】
日本初の実践的短期売買書として大きな話題を呼んだプロ必携の書。順バリ（トレンドフォロー）派の多くが悩まされる仕掛け時の「ダマシ」を逆手に取った手法（タートル・スープ戦略）をはじめ、システム化の困難な多くのパターンが、具体的な売買タイミングと併せて詳細に解説されている。

ウィザードブックシリーズ2

ラリー・ウィリアムズの短期売買法

著者：ラリー・ウィリアムズ

定価 本体 9,800円+税　ISBN:9784939103063

【トレードの大先達に学ぶ】
短期売買で安定的な収益を維持するために有効な普遍的な基礎が満載された画期的な書。著者のラリー・ウィリアムズは30年を超えるトレード経験を持ち、多くの個人トレーダーを自立へと導いてきたカリスマ。事実、本書に散りばめられたヒントを糧に成長したと語るトレーダーは多い。

ウィザードブックシリーズ 51・52

バーンスタインのデイトレード【入門・実践】

著者:ジェイク・バーンスタイン　定価（各）本体7,800円＋税
ISBN:（各）9784775970126　9784775970133

「デイトレードでの成功に必要な資質が自分に備わっているのか？」「デイトレーダーとして人生を切り開くため、どうすべきか？」――本書はそうした疑問に答えてくれるだろう。

ウィザードブックシリーズ 53

ターナーの短期売買入門

著者：トニ・ターナー
定価 本体 2,800円＋税
ISBN:99784775970140

「短期売買って何？」という方におススメの入門書。明確なアドバイス、参考になるチャートが満載されており、分かりやすい説明で短期売買の長所と短所がよく理解できる。

ウィザードブックシリーズ 37

ゲイリー・スミスの短期売買入門

著者：ゲイリー・スミス
定価 本体 2,800円＋税
ISBN:9784939103643

20年間、大勝ちできなかった「並以下」の個人トレーダーが15年間、勝ち続ける「100万ドル」トレーダーへと変身した理由とは？　個人トレーダーに知識と勇気をもたらす良書。

ウィザードブックシリーズ 102

ロビンスカップの魔術師たち

著者：チャック・フランク　パトリシア・クリサフリ
定価 本体 2,800円＋税
ISBN:9784775970676

ラリー・ウィリアムズが11376％をたたき出して世間を驚嘆させたリアルトレード大会「ロビンスカップ」。９人の優勝者が、その原動力となった貴重な戦略を惜しみなく披露する。

相場のプロたちからも高い評価を受ける矢口新の本！

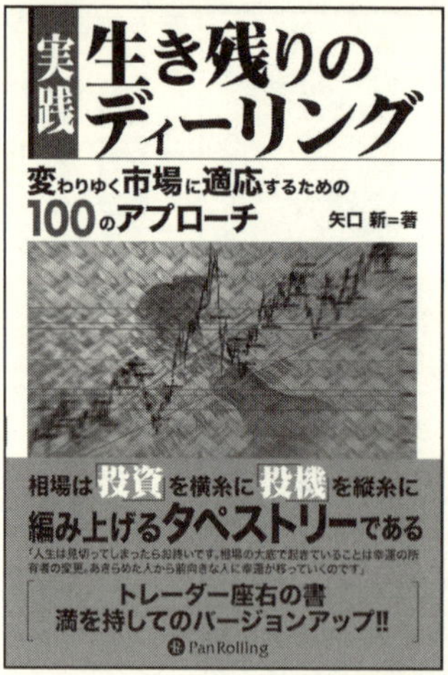

実践 生き残りのディーリング

著者：矢口新

定価 本体 2,800円＋税　ISBN:9784775990490

【相場とは何かを追求した哲学書】
今回の『実践 生き残りのディーリング』は「株式についても具体的に言及してほしい」という多くの個人投資家たちの声が取り入れられた「最新版」。プロだけでなく、これから投資を始めようという投資家にとっても、自分自身の投資スタンスを見つめるよい機会となるだろう。

なぜ株価は値上がるのか？
相場のプロが教える「利食いと損切りの極意」

著者：矢口新

定価 本体 2,800 円＋税　ISBN:9784775990315

【矢口氏の相場哲学が分かる！】
実践者が書いた「実用的」な株式投資・トレードの教科書。マーケットの真の力学を解き明かし、具体的な「生き残りの銘柄スクリーニング術」を指南する。ファンダメンタル分析にもテクニカル分析にも、短期売買にも長期投資にも、リスク管理にも資金管理にも、強力な論理的裏付けを提供。

矢口新の 相場力アップドリル[株式編]

著者：矢口新
定価 本体 1,800 円＋税　ISBN:9784775990131

相場の仕組みを明確に理解するうえで最も大事な「実需と仮需」。この株価変動の本質を54の設問を通して徹底的に理解する。本書で得た知識は、自分で材料を判断し、相場観を組み立て、実際に売買するときに役立つだろう。

矢口新の 相場力アップドリル[為替編]

著者：矢口新
定価 本体 1,500 円＋税　ISBN:9784775990124

「アメリカの連銀議長が金利上げを示唆したとします。このことをきっかけに相場はどう動くと思いますか？」――この質問に答えられるかで、その人の相場に関する基礎的な理解が分かる。本書を読み込んで相場力をUPさせよう。

マンガ 生き残りの株入門の入門 あなたは投資家？ 投機家？

原作：矢口新　作画：てらおかみちお
定価 本体 1,800 円＋税　ISBN:9784775930274

タイトルの「入門の入門」は「いろはレベル」ということではない。最初から相場の本質を知るべきだという意味である。図からイメージすることで、矢口氏の相場哲学について、理解がさらに深まるはずだ。

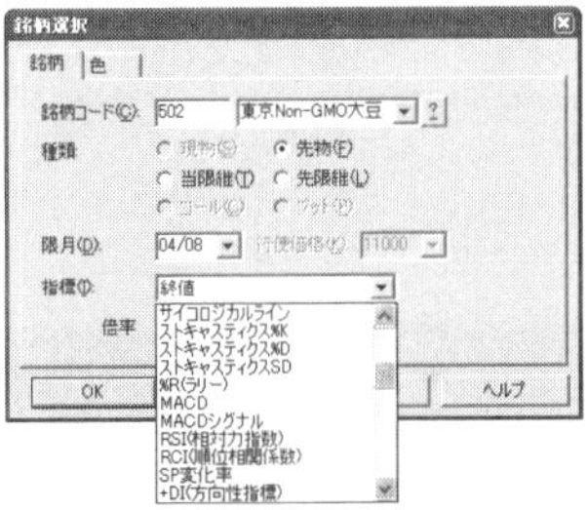

銘柄選択
OK
ヘルプ

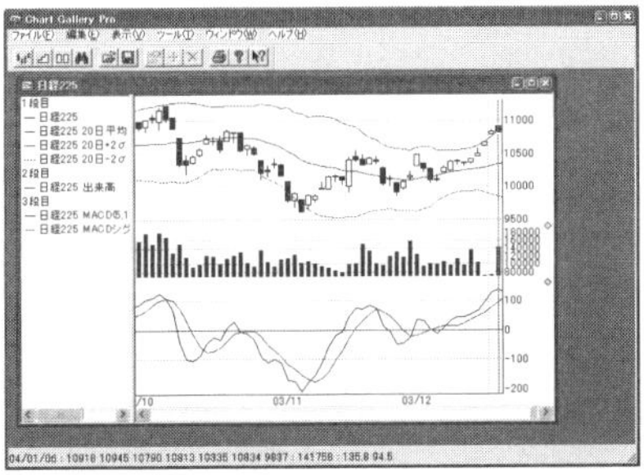

Chart Gallery Pro

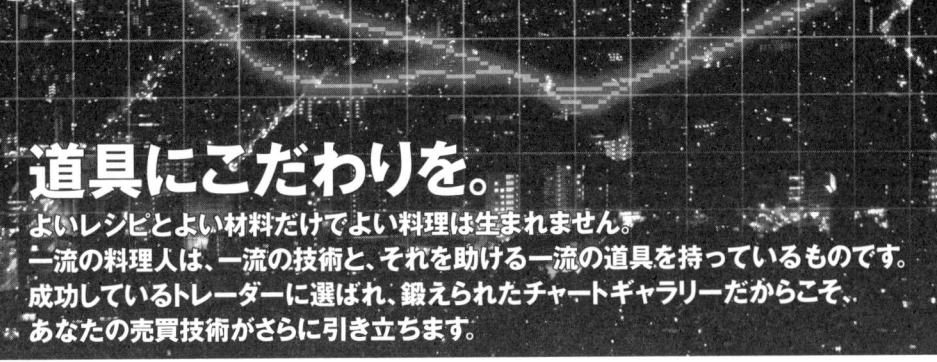